넥스트 챔피언

경쟁 없이 지속가능한 시장을 창조하는 CSV 전략

# 넥스트 챔피언

김태영, 도현명 지음

NEXT CHAMPION

흐름출판

# 누가 넥스트 챔피언이 될 것인가

시대의 변화는 언제나 새로운 챔피언을 탄생시켰다. 비즈니스의 세계도 예외는 아니다. 공고히 짜여 있던 사회 시스템과 시장에 균열이 발생하면 기회의 문이 열린다. 그 문을 제대로 이해하고 발 빠르게 움직이는 기업이 승자가 된다.

지난 세기, 전 세계적인 경제발전과 각 정부의 복지정책 확대, 기업의 혁신, 시민사회의 노력은 기아 · 절대빈곤을 해결하는 데 상당한 역할을 했다. 긍정적인 변화만 있었던 것은 아니다. 환경오염 · 빈부격차 · 기후변화 등 새로운 문제가 국경을 넘어 세계적인 과제로 떠올랐다. 당장 우리나라에서도 이전에는 크게 주목받지 못했던 미세먼지, 플라스틱 쓰레기 등 환경문제가 국가 시스템, 국제 관계, 기업 경영에까지 영향을 줄 정도로 부각되고 있다. 이에 비해 선진 사회를 중심으로 세계 경제가 저성장의 길로 들어서고, 기존의 성장 전략이 빛을 잃어가면서 문제 해결의 동력이 약화되고 있다. 갈 길은 여전히 먼데 힘을 잃은 셈이다.

해법은 없을까? 답은 시장에 있을 지도 모른다. '시장'과 '사회'가 적극적으로 융합해 사회 문제를 해결하고, 새로운 성장 동력을 찾을 수 있지 않을까? 기업 입장에서 보자면 사회 문제로 촉발된 불만과 규제를 반전의 기회로 삼아 자신의 자원과 능력을 활용해 이를 적극적으로 해결하고 경제적 이익을 올릴 수 있다. 그렇게 된다면 기업은 사회문제 해결의 주체로서 새로운 역할을 맡는 한편, 새로운 성장 동력을 찾는 기회를 잡을 수 있다. 스마트폰·블록체인의 등장이 기술 발전으로 빚어진 변화였다면 시장과 사회의 적극적 융합은 전 사회적으로 촉발된 대규모의 장기적 전환이 될 것이다.

### 넥스트 챔피언의 경영 전략, CSV

움직임은 이미 세계 곳곳에서 감지되고 있다. 실제로 우리가 모르는 사이에 경제적 가치와 사회적 가치를 다층적으로 연결해 혁신의 동력으로 삼는 기업이 시장의 강자로 떠오르고 있다. 이들은 전통의 강자 GE(미국)부터 네슬레(스위스, 식품), 야라인터내셔널(노르웨이, 농업), 보다폰(영국, 핀테크) 등 국가, 업종, 규모, 업력이 제각각이다. 그러나 하나같이 '사회적 가치'를 통해 자신만의 지속가능한 시장을 구축하고 있다.

오랫동안 갈등관계로 여겨온 사회와 시장을 융합할 기회가 우리 눈앞에 펼쳐지고 있다. 기업은 새로운 가치 창출의 원천으로서 사회 문제를 이해하고, 변화에 적응해야 한다. 어느 한 기업의 도덕이나 철학을 넘어 실제 비즈니스의 변화를 촉발할 이러한 혁신 전략을 '공유가치창출' 즉 CSV Creating Shared Value 전략이라고 부른다. 이런 패러다임의 전환Paradigm Shift에 올라탄 기업은 '넥스트 챔피언'으로 비상

할 것이다.

그렇다면 우리 기업은 넥스트 챔피언이 될 준비가 되어 있는가? 필자들의 고민은 2011년으로 거슬러 올라간다. 그해 12월 CSV의 주창자인 마이클 포터Michael E. Porter 하버드대학교 경영학 교수와 마크 크레이머Mark Kramer FSG 대표가 내한해 동아비즈니스 포럼에서 CSV에 관한 연설을 했다. 당시 필자들은 각각 포럼 기획자와 패널 토론자로 참여했고, 이를 계기로 우리 둘은 사회적 가치와 경영전략에 대한 연구 파트너가 됐다.

그리고 1년 반쯤 지나 보스턴에서 포터와 크레이머의 주최로 전문가 네트워크Affiliated Professional Service Networks 세미나와 공유가치 리더십 서밋Shared Value Leadership Summit이 열렸다. 필자들은 공유가치에 관한 여러 이슈를 학습·토론하고자 이 행사에 함께 참여했다. 특히 25개 컨설팅 회사가 참여한 전문가 네트워크 세미나는 공유가치 관련 논점을 심도 있게 정리할 좋은 기회였다.

토론 당시 필자들의 가장 중요한 질문은 "과연 CSV에서 사회적 가치와 경제적 가치는 어떻게 연결되는가"였다. 사회에 좋은 일을 하면서 기업의 이익에 도움이 된다는 게 구체적으로 어떤 의미인지를 알아야 그 둘을 논리적으로 연결해 실질적인 경영 전략을 설계할 수 있기 때문이다. 학계·현장에서는 이 질문에 대해 다양한 의견을 내왔고 무수한 컨퍼런스에서 설왕설래가 있었다. 세계적 경영학술지에도 여러 논문이 등장했다. 그러나 사회적 가치와 경제적 가치의 연결고리에 대해서는 '잘 연결되어야 한다' '두 가지 가치를 동시에 증대시켜야 한다' '사회에 좋은 일을 하면 결국 기업에도 좋다'라는 식으로 얼버무리는 경우가 많았다. 보스턴에서 전문가 네트워크 세미나의 토론을 이끌던 담당자조차 이에 대한 명확한 생각을 제시하지 못했다.

당시 토론 담당자는 다음과 같이 자신의 발표 내용을 요약했다.

"이 호텔은 다양한 변화를 통해 유해물질을 줄이고 친환경적인 호텔이 되었습니다."

앞자리에 있던 필자가 손을 들고 질문했다.

"그래서요? 그 다음 결과는 무엇인가요?"

담당자는 잠시 생각하더니 이렇게 답했다.

"호텔이 친환경적으로 변화해 좀 더 살기 좋은 환경을 만들었습니다."

필자는 질문이 제대로 전달되지 않았다고 여겨 다시 질문했다.

"그 부분은 이해했습니다. 제 질문은 호텔의 숙박료가 내려갔다거나 또는 친환경 브랜드 이미지 덕분에 고객이 얻는 차별화 요소가 있었느냐는 겁니다."

담당자는 더 이상 구체적인 답변을 내놓지 않았다. 필자들이 궁금했던 '진짜 답'은 찾을 수 없었다.


### 현장을 위한 실천적 전략을 모색하다

이런 모호함은 국내 기업 관계자와 대화할 때도 자주 경험한다. 어느 누구도 사회적 가치가 어떻게 경제적 가치로 연결되는지에 대해 명확한 답변을 제시하지 못했다. 모 기업의 임원은 다음같이 CSV 전략의 실행 계획을 발표했다.

"저희는 이런 식으로 저소득층에게 혜택을 주어 사회적 가치를 창출하려고 합니다. 그동안 회사의 이미지가 개선되어 경제적 가치를 올릴 수 있을 것입니다."

필자는 의문이 들었다. "이 기업의 이미지가 경제적 이익으로 연결되는 핵심 연결고리인가요? 기업의 이미지가 앞으로 크게 개선될 것이라고 예측한다면, 지금 기업의 이익이 정체된 까닭은 회사의 이미지가 안 좋아서라고 판단한다는 뜻이지요?"

임원은 잠시 생각하더니 곧 답변을 내놓았다.

"아시다시피 저희 회사의 이미지는 괜찮은 편입니다. 하지만 조금 더 나은 이미지를 만든다면 당연히 더 큰 이익을 가져올 수 있겠죠."

이 기업의 비즈니스는 정말 임원의 말대로 움직일까? 그는 진짜 확신을 갖고 있던 것일까, 아니면 '어차피 해야 할 일'이라 여겨 적당히 생각을 타협한 것일까? 다만 분명한 것은 이 두 경험이 필자들에게 구체적인 도전의 길을 터주었다는 것이다.

우리는 사회적 가치와 경제적 가치를 명확한 논리구조로 설명하는 작업을 시작했다. 이 부분이야말로 CSV가 경영 현장에 유의미할지를 가늠할 핵심이기 때문이다. 이를 위해 포터와 크레이머가 CSV 전략을 주장한 배경과 논의 구조, 나아가 CSV 개념이 등장하기 전에 유사한 전략으로 성공한 조직의 사례를 분석했다. 이 과정에서 GE나 네슬레 같은 글로벌 기업부터 인터페이스 같은 강소기업까지, 과거의 경영 문법이 아니라 사회적 가치로부터 경쟁력을 창출하는 넥스트 챔피언을 곳곳에서 발견할 수 있었다. 사회적 가치와 경제적 가치를 거의 본능적으로 연결한 기업 사례를 해석하고, 여기서 실천적 지침을 뽑아냈다. 이는 CSV를 살아있는 경영 전략으로 완성하는데 중요한 열쇠가 됐다.

필자들은 오랜 연구·논의와 함께 현장의 기업·소셜벤처에 자문을 제공하면서 다음 결론에 이르렀다. CSV의 핵심은 사회적 가치의 창출을 '통해through' 경제적 가치를 창출한다는 인과관계이며, 이 두 가치를 연결하는 것은 '고객가치'라는 점이다. 즉 두 가치는 '동시에 simultaneously' 창출되지 않는다. 사회적 가치가 이 관계의 촉발 요인이자 선결 요건으로서, 사회적 가치의 창출을 '통해서만' 기업 경쟁력이 창출된다. 이 책에서는 이상의 관점을 하나의 논리적인 틀로 제시한다. 이 틀이 CSV에 관한 기존 논의를 충족하는지를 확인하는 한편, 현장에서 적용할 수 있는 실천적 방법을 제시할 것이다.

안타깝게도 국내에서는 CSV 전략을 실행에 옮겨 결실까지 맺은 사례는 많지 않다. 국내에서 CSV 전략을 오해한 탓도 있지만, 무엇보다 실행 조직의 문제가 가장 큰 제약이었다. 예를 들어 CSV 전략을 추진하겠다면서, 이를 위한 통합된 비전을 제시하는 대신 과거에 머물러 있거나, 성과를 평가하는 기준이 정작 사회적 가치를 담지 못하거나, 사회적 가치를 다루는 부서와 사업 전략을 담당하는 부서가 동떨어진 채 전략을 추진하는 일이 많다.

따라서 이 책은 포터와 크레이머의 CSV 논의를 넘어 현실에 적합한 논의를 아우르려 했다. 특정 조직에만 쓸모 있는 지침보다는 새로운 시대에 맞는 리더십, 이를 위한 사회적 가치 기반의 전략과 실행을 고민했다. 대기업을 비롯해 중소기업, 스타트업, 소셜벤처, 공기업, 비영리 스타트업에도 이 전략은 새로운 경쟁의 축을 제공할 것이다.

이런 맥락에서 이 책의 두 가지 학습 포인트를 제안한다. 하나는 CSV 전략 실행의 실천적 요소를 이해하는 것이다. 이를 위해 CSV를 둘러싼 빈번한 오해를 짚는 한편, 조직혁신, 사회적 가치의 측정과 평가, 파트너십의 방안 등을 자세히 다뤘다.

다른 하나는 풍부한 실전 사례를 이해하는 것이다. 단순히 '어느 대단한 사업이 있다'라는 식이 아니라 '어떤 배경에서 시작해, 어떤 가치 간의 연결구조를 통해, 어떤 결과를 얻었다'라는 분석 틀을 현실에 적용하고자 했다. 네슬레 · 파타고니아 · 야라인터내셔널 · 인터페이스 · 세멕스 · IBM 등 다양한 기업의 비즈니스 로직을 논리적으로 정리하면 실천적 함의를 얻을 수 있다.

### 변화에 올라타거나, 사라지거나

한국의 CSV 논의는 글로벌 흐름보다 다소 더딘 것이 사실이다. 완성된 CSV 사례가 희소하고, CSV 개념을 둘러싼 뜬구름 잡는 논쟁도 여전하다. 언론에 CSV 사례로 소개되는 것 가운데에는 적절한 평가 · 검증을 거치지 않아 사실상 CSV와 무관한 내용도 많다. 잘못 적용된 사례 때문에 '공유가치 개념의 무용론'을 말하는 논자들도 있다. 한때 필자들은 이런 상황에 위기감과 조급함이 들기도 했다. 뛰어난 인재와 혁신으로 세계에서 인정받던 국내 기업이 패러다임 변화에 따른 새로운 경쟁 속에 계속 리더십을 발휘할 수 있을지를 염려했기 때문이다.

다행히 국내 생태계는 글로벌 흐름에 발맞춰 나가기 시작했다. 최근 정부는 국회와 협의해 사회적 가치 기본법을 준비하는 등 다양한 국면에서 사회적 가치를 강조하고 있다. 공기업의 평가 항목에 사회적 가치가 반영되기 시작했고, 사회는 기업에 더 능동적이고 적극적인 역할을 요청하고 있다. 이는 기업이 사회에 대한 책임을 나눠 갖는 측면으로 접근할 수도 있으나, 장기적으로 기업의 경영활동 자체가 공유가치를 창출하게끔 유인할 수 있다.

이미 국내 유수 기업에서 변화가 시작됐다. 작게나마 프로젝트를 설계 · 추진하고, 사회적 가치를 측정하고, 그 결과를 바탕으로 반성과 학습을 하고 있다. 또한 사회적 가치를 성과평가에 중요하게 반영한다든지, 기업의 철학이나 정관을 사회적 가치 중심으로 수정하고 있다. 비영리조직에서도 지속가능성과 효과성이라는 측면을 강조하고, 투입이나 산출보다는 실제적인 성과에 중점을 두려는 변화가 포착된다. 변화에 민감한 소셜벤처와 스타트업에서는 다양한 사회문제 영역에서 새로운 기회를 창출하는 사례가 속속 보고되고 있다. 이렇게 사회 곳곳에서 새로운 혁신의 파도가 높게 밀려오고 있다.

지난 8년간의 논의를 정리하며 위기감이나 혼란보다 기대감이 커졌다. 이제 소모적인 논쟁을 끝내고, 사회문제 해결을 '통해' 미래 경쟁의 우위를 점하려는 노력이 뚜렷해지고 있기 때문이다. CSV라는 전략의 새로운 축은 기업과 조직의 미래 경쟁 환경을 서서히, 그러나 대폭 바꿔 놓고 있다. 사회문제에서 새로운 시장과 성장 동력을 만드는 기업은 넥스트 챔피언의 유력한 후보가 될 것이다. 아무쪼록 이 책을 발판으로 혁신적인 길을 제시할 CSV 사례가 가득하길 바라는 마음이다.

마지막으로, 지난 몇 년 동안 성균관대학교 글로벌경영학과 학생들과 진행한 쇼SiO(Strategy, innovation and Organization) 세미나 참석자들, 바쁜 업무 가운데 집필을 지원하고 배려한 김민수 등 임팩트스퀘어 구성원들, 그리고 응원해준 가족들에게 고맙다. 특별히 자료수집과 작업 진행을 도운 이유진에게 감사의 뜻을 전한다.

2019년 5월
김태영, 도현명

차례

## 4장 혁신

## 5장 조직

## 1장

# 공유가치창출,
# 경쟁을 넘어
# 지속가능한 시장을 창조하다

마이클 포터와 마크 크레이머가 2011년 발표한 CSV 전략은 갑작스레 등장했다가 곧바로 소멸될 그런 유행이 아니다. 기업들은 기업의 사회적 책임 혹은 사회적 가치 활동에 대한 요구가 당연히 존재하는 하나의 경영환경이라고 봐야 한다. 이미 일부 시장의 강자들은 기업의 책임과 책무를 전략적 관점에서 접근해 새로운 경쟁력을 확보하는 기회로 삼고 있다.

이 장에서는 CSV 전략이 어떤 역사적 배경에서 잉태되었는지, 그리고 어느 방향으로 가고 있는지 살펴본다.

# 1

## 돈 버는 기업에서
## 문제를 해결하는 기업으로

기업의 사회적 책임Corporate Social Responsibility(이하 CSR)은 기업이 경제적·법적 책임 외에도 폭넓은 사회적 책임을 적극 수행해야 한다는 개념이다. 그 내용은 사회나 관점에 따라 다양할 수 있지만, 일반적으로는 기업활동이 사회에 미치는 악영향(예컨대 환경파괴·인권침해·사회불평등)을 해결하고, 이해관계자들과 소통하며, 이익의 일부를 사회에 기여해야 한다는 것이다.

CSR의 역사는 기업의 역사만큼이나 오래되었다. 기업이 수익을 내기 위해 하는 행동은 직접적으로 여러 사회문제를 일으키곤 한다. 그런데 기업의 자원을 활용해 오히려 사회문제를 해결할 수도 있지 않을까? 사회는 기업에 이런 요청을 끊임없이 해왔다.

실제로 기업의 초기 형태라 할 만한 중세의 상인조합이 빈곤아동을 구호하는 가톨릭 교구 활동에 기부하거나, 1차 세계대전 직후 일부 공장에서 전쟁 과부를 선발하고 훈련해 가정을 유지하는 데 도움이 된 사례가 있다. 다만 이렇게 개념적으로 존재하던 책임을 사회가 어떤 근거로, 어떤 맥락에서 기업에 요청할 수 있을지, 기업이 과연 무엇을 할 수 있을지에 대해 논의가 이뤄진 것은 현대에 들어서다. 이는 기업이 사회적 책임을 더 고민하게 되어서라기보다 기업이 사회에 갖는 무게감과 영향력이 매우 커졌기 때문이다.

기업의 영향력이 커지면서 기업의 긍정적인 면과 부정적인 면도 모두 커졌다. 기업이 질 좋은 상품과 서비스를 많이 만들어 공급할수록 인간 삶은 더 윤택해졌다. 그러나 기업이 배출하는 오염물질이나 소비하는 자원의 양도 그만큼 크게 늘었다. 기업의 사회적 책임은 부정적인 면에서 먼저 부각되었다.

미국의 경제학자 존 클라크John Bates Clark는 1916년 게재된 논문에서 '사람이 자기 행동의 결과에 책임지듯이, 기업도 사업의 결과에 법적 저촉과 상관없이 책임을 져야 한다'며 기업의 사회적 책임에 관해 현대적 논의를 시작했다. 이후 논의가 발전해, 1942년 피터 드러커Peter Drucker는 《산업인의 미래The Future of Industrial Man》에서 기업이 경제적 목적과 더불어 사회적 차원의 목적을 가져야 한다고 말하기도 했다. 여기서 기업을 사회의 구성원, 나아가 시민으로 인식하는 '기업시민'의 관점이 등장했다. 사회가 기업에 사회적 가치 창출을 정식으로 요구하게 된 것도 같은 맥락이다. 이와 관련해 오늘날까지 다양한 규범적·이론적 논의가 있었는데, 특히 기업의 사회적 책임과 관련해 보자면 4단계로 요약할 수 있다(그림 1).

**주주를 넘어 이해관계자를 생각한다**
- 기업의 환경파괴 사건들이 경각심을 불러일으킴
- 그린피스 등 NGO가 등장하여 활동함
- 초기 형태의 SRI가 추진됨

**나이키 사태로 촉발된 기업의 사회적 책임과 반성**
- 대중적인 관심 증가 및 환경 외 인권 등 이슈 대두
- 나이키의 아동노동 사건
- 국제보고기준, 지속가능지수 도입

**ISO 26000의 탄생**
- 대다수 대기업에서 기본 논의 정착
- ISO 26000 제시 및 지속가능경영보고서 확산
- 유엔 글로벌 컴팩트 결성

**사회적 가치, 신성장 전략이 되다**
- 금융위기 이후 저성장 기조에서 전략적인 관점 도입
- 사회적 가치 평가 확산
- CSV 개념 등장

그림 1. 기업의 사회적 가치 창출의 흐름

### 1단계 주주를 넘어 이해관계자를 생각한다

오늘날의 CSR 개념은 조지 고이더George Goyder의 《책임 있는 회사The Responsible Company》(1961)에 처음 등장했다는 것이 일반적인 견해다. 여기서는 기업의 책임이 종래 기업의 주인으로 이해되던 주주

shareholder를 넘어 이해관계자stakeholder에게까지 있다고 보며, CSR 개념의 실질적 토대를 마련했다. 이 논의는 다양한 사건을 거쳐 몇 가지 초기 담론이 구성됐다.

먼저 이 무렵 환경에 관한 담론이 급부상했다. 유엔 환경계획UNEP의 활동 등 환경운동이 자리 잡기도 했고, 산업화에 따른 환경오염으로 여러 실질적인 삶의 문제가 발생하기도 했던 것이다. 1987년 유엔은 〈브룬틀란 보고서Brundtland Report〉를 발표하며 환경적으로 건전하고 지속가능한 개발ESSD, Environmentally Sound and Sustainable Development, 즉 "미래 세대의 필요충족 능력을 저해하지 않으면서 현 세대의 필요를 충족시키는 발전"을 개념화했다.

그런데 1984년 미국에 본사를 둔 유니언카바이드Union Carbide의 인도 공장에서 42톤의 유독가스가 누출되는 사고가 발생했다. 이 사고로 공장 인근에 살던 주민 가운데 약 2만 명이 사망했다. 그 밖에 12만 명이 실명과 호흡곤란을, 58만 명이 중추신경계와 면역체계 이상의 지속적인 피해를 호소했다. 1989년에는 미국 석유회사 엑슨모빌Exxon Mobil의 엑슨발데즈Exxon Valdez호가 알래스카 해변에서 좌초해 약 3만 8000톤의 원유가 유출됐다. 이 사고로 바다새 수십만 마리가 죽거나 중독 증상을 보이는 등 인근 해안 생태계가 심각하게 오염되었다.

이처럼 기업활동이 심각한 환경피해를 가져올 수 있다는 사실이 세계적 이슈로 떠올랐다. 그러나 유니언카바이드가 주민들에게 평균 약 500달러를 보상하는 것으로 사후처리를 마무리하자 피해구제가 부족하다는 비난과 문제제기가 끊이지 않았다. 더군다나 이 피해는 선진국 내에서 발생한 것이 아니라 선진국의 기업이 저개발국가나 자원보유지역에서 일으킨 것이었으므로, 나날이 몸집이 커져가는 글로벌 기업에 각별히 주의를 기울여야 한다는 공감대도 생겨났다.

한편 기업마다 보고서를 작성해 사회적 책임 활동을 공개할 필요가 있다는 논의도 일었다. 특히 환경이나 고용자의 권리에 대해 관한 논의가 두드러졌는데, 일부 국가에서 일정 규모 이상의 기업에 관련 보고서를 작성하고 제출 혹은 공개하도록 강제하거나 권고했다. 이와 더불어 사회책임투자SRI, Socially Responsible Investing가 시험적으로 시작된 점도 눈여겨볼 만하다. 사회책임투자에 대한 논의는 1970년대 퀘이커 교회와 미국 감리교회를 중심으로 처음 나타났다. 당시로서는 나쁜 회사에 투자하지 말고 사회적으로 의미 있는 일을 하는 기업에 투자하는 것이 가장 좋다는 관점을 제시하는 수준이었다. 그러나 이후 주주들이 집단행동으로 기업활동을 견제하려는 움직임이 생겼다. 예컨대 그린피스Greenpeace는 최초의 비정부기구NGO, Non-Government Organization로 자리 잡으면서 환경적으로 문제가 있는 기업을 감시하는 역할을 했다.

## 2단계 나이키 사태로 촉발된 기업의 사회적 책임과 반성

1990년대에는 CSR이 정부나 일부 기업, 일부 비영리조직NPO, Non-Profit Organization을 넘어 대중적 관심을 불러모았다는 점이 무엇보다 중요하다. 1992년 브라질 리우데자네이루에서 환경 및 개발에 관한 유엔 회의, 이른바 지구정상회담Earth Summit이 185개국 대표단이 참석한 가운데 성공적으로 치러졌다. 이후 각국 기업은 세계적 변화에 촉각을 곤두세우지 않을 수 없었다.

이때 환경 논의 외에도, 노동자 인권에 관한 이슈가 강력하게 제기되었다. 여기에는 1996년 나이키의 아동노동 착취에 맞선 대규모 소비자 불매운동이 중요한 전환점이 되었다.

당시 나이키는 파키스탄에서 축구공을 생산했는데, 많은 아동이 학교에도 가지 못한 채 열악한 노동환경에서 바느질을 했다. 심지어 임금도 매우 부당한 수준이어서 이 사실이 외부에 알려지자 미국과 유럽의 시민단체와 소비자 단체는 힘을 모아 나이키 불매운동을 시작했다. 이에 나이키 본사는 법적으로 문제가 없고 축구공을 납품하는 협력사의 문제라며 발뺌해 더 큰 지탄을 받았다. 결국 나이키는 사상 유례없는 위기를 맞아 공식 사과와 함께 대대적인 개선책을 내놓았다. 나이키의 사례 역시 글로벌 기업이 개발도상국의 부족한 사회·문화 인프라의 허점을 이용해, 자국에서는 불가능했을 일을 방관하거나 악용한 경우였다. 이 일은 CSR이 중요한 이슈로 자리 잡는 데 큰 계기가 되었다.

한편 사회책임보고에 관한 움직임은 국제보고기준Global Reporting Initiative이 마련되면서 급물살을 탔다. 여러 이해관계자를 다루고 독립적인 기관에서 검증하는 과정이 모양새를 갖춰갔다. 다양한 결과를 수치로 환산하는 작업도 활발해졌는데, 다만 환경문제에 국한된 면도 있었다.

사회책임투자의 영역도 발전해 1999년부터 다우존스지수에 지속 가능지수DJSI, Dow Jones Sustainability Indexes가 별도로 개발되었다. 이는 장기적 관점에서 위기와 비용을 줄이는 투자 전략으로 기관투자자들에게 제시되기 시작했다.

### 3단계 ISO 26000의 탄생

2000년에 접어들어 CSR의 기본 범주는 사실상 완성단계에 이르렀다. 글로벌 기업 대다수가 기업의 핵심적인 관리나 전략에 CSR을 추가하고 각 조직의 비전과 미션에도 반영했다. 이때부터 CSR은 더 이상 소수가 주목하는 변두리 주제가 아니라 기업의 본질에 탑재되었다고 할 수 있다. 대부분의 글로벌 기업이 지속가능경영 보고서 또는 사회책임 보고서를 제공했다. 공공기금도 사회책임투자를 대부분 수행하기 시작했고, 사적기금도 다양한 이유로 사회책임투자를 포트폴리오에 포함하는 사례가 급격히 늘어났다.

가장 눈여겨볼 것은 CSR의 국제 가이드라인인 ISO 26000이다. 2005년 개발되기 시작해 2010년 발표된 ISO 26000은 어떤 조직이든 사회적 책임을 고려해야 한다는 관점을 담고 있다. 그러나 논의의 출발점이 기업이었고, 모든 조직 가운데 기업의 영향력이 가장 크다는 점에서 ISO 26000이 기업의 사회적 책임에 주안점을 두고 있음은 분명하다.

기본 7개 원칙은 책임성, 투명성, 윤리적 행동, 이해관계자의 이익 존중, 법규 준수, 국제 행동규범 그리고 인권이다. 그 세부 영역은 조직 거버넌스, 인권, 노동 관행, 환경, 공정운영 관행, 소비자 이슈, 지역사회 참여와 발전이다. 요컨대 사회적 책임을 이행하고 커뮤니케이션을 제고하는 방법에 관한 가이드라인인 셈이다.

유엔 글로벌 컴팩트UN Global Compact도 비슷한 시기에 등장했다. 1999년 코피 아난Kofi Annan 전 유엔 사무총장이 발의해 2000년 발족된 유엔 산하기구로, 지속가능한 사회를 만드는 데 기업이 중요한 역할을 하게끔 하는 것이 목표다. 1만여 개 조직이 이 논의에 참여하고 있으며 10대 원칙을 지키는 서약을 수행하고 있다.

이처럼 CSR 개념이 성숙하자 기업도 상당한 자원을 여기에 배분하지 않을 수 없었다. 그러나 이윤을 추구하는 기업의 본질상 CSR을 실현하는 데 적극적으로 나선 기업은 드물었다.

다행히 선도적 기업을 중심으로 이런 흐름을 피할 수 없는 것으로 전제하고, 기업의 핵심역량을 통해 전략적으로 사회공헌 영역에서 성과를 내려는 노력이 있었다. 이를테면 사회문제 해결이라든지 기업의 이미지 제고와 관련한 목표를 세운 것이다. 점차 CSR은 기업 입장에서도 미래의 위험을 낮추고 시민으로서 역할을 다할 기회로 받아들여졌다.

### 4단계 사회적 가치, 신성장 전략이 되다

CSR이 더 능동적·적극적인 관점에서 고도화되던 2007년, 전 세계를 강타한 경제위기로 많은 기업의 자원이 경직됐다.

당장 적자가 늘고 미래의 먹거리가 눈에 보이지 않는 상황에서, 사

CSR의 탄생과 성장은 기업이 사회에 미치는 영향력의 확대와 그 궤를 같이 한다. CSR은 기업이 일으킨 환경오염과 인권침해 등에 사회가 반응하면서 점차 고도화되었다. CSV의 출발도 이와 비슷하다. 2007년 금융위기로 촉발된 기업에 대한 부정적 인식의 확산, 위기에 대한 기업 내·외부의 반성, 그리고 새로운 기회의 탐색이 그 주된 원인이다.

회적 책임을 지라는 목소리는 퇴색하고 자원을 사용해 분명한 결과를 얻지 않으면 안 된다는 의식이 생겨났다. 앞서 시도된 전략적 CSR 또는 전략적 사회공헌이 탄력을 받았으며, 사회성과를 명확하게 확인하고 관리하려는 측정·평가 작업이 폭넓게 이루어졌다.

2011년 마이클 포터Michael Porter와 마크 크레이머Mark Kramer가 CSV을 소개했다. CSV는 CSR과는 다른 차원의 개념이다. CSR이 기업의 사회적 책임이라면, CSV는 사업 전략이다. 그러나 초기 몇 년 동안은 마치 CSV가 CSR의 다음 패러다임인 것처럼 이야기되어 격렬한 논쟁이 일었다. 화제를 불러 일으키려는 마이클 포터 개인의 전략도 작용했지만 무엇이든 성과에 집착하는 기업들, 깊이 있는 이해가 부족한 전문가들이 얽히고설켜 역효과를 냈다.

물론 CSV가 CSR의 패러다임에서 몇 가지 함의를 끌어낸 것은 사실이다. 사회적 책임을 기업의 큰 전략에 통합할 수 있다는 것, 사회문제 해결을 기업의 사업전략으로 재조명할 수 있다는 것은 놀라운 이야기였다. 서로 차원은 다르지만 사회문제를 다루는 것이므로, CSR에 진지하게 접근해온 기업이라면 CSV에도 유리하다는 등 연계점이 제시되었다. 나아가 CSR이 CSV와 상호 작용함으로써 새로운 전기를 맞이하거나, 더 큰 범주에서 고도화된 전략을 탑재할 수 있으리라는 희망적인 전망도 나왔다.

유엔에 의하여 지속가능발전목표<sup>SDGs</sup>●가 발표된 이후 가장 중요한 강조점 중 하나가 기업의 능동적 참여다. 그리고 기업의 활동에 지속가능발전목표를 연계하기 위한 수많은 노력들이 이어지고 있다. 그러나 이는 단순히 '어떻게 사회문제 해결에 기업이 기여하겠는가'라는 책임의 차원을 넘어서, '사회문제를 해결을 하려는 전 세계적 노력이 기업에게는 또 하나의 혁신의 기회로 바꾸어질 수 있겠냐'는 전략적 질문에 가깝다.

요컨대 CSV는 CSR과 나란히 놓일 수 없지만, CSR의 건강한 성장을 토대로 등장한 개념이라 할 수 있다. 기업이 탄생한 이래 산업혁명의 질주를 거치며 시장과 사회는 갈등관계로 오해되었다. 그러나 우리 사회는 느리지만 꾸준히 더 좋은 사회로 나아갈 방향을 찾고 있다. CSR이 그 중요한 증거다. CSV 역시 이런 배경을 공유하며 기업과 사회의 관계를 올바르게 정립하는 데 박차를 가한다. 그러므로 이

---

● 지속가능발전목표(SDGs, Sustainable Development Goals)는 새천년발전목표의 후속 사업으로 2016~2030년 동안 진행한다. 새천년발전목표가 추구하던 빈곤퇴치 완료를 최우선 목표로 하되, 지속가능한 발전을 위협하는 각국 공통의 요인을 동시적으로 완화하기 위한 글로벌 협력 어젠다이다.

책에서는 두 개념이 다른 차원에 존재함을 이해하면서도 같은 고민의 축에서 논의하고자 한다.

# 사회적 가치,
# 전략과 연결되다

더욱 깊이 있고 올바른 방향성을 가진 CSV 논의를 위해서는 포터와 크레이머의 연구 흐름을 분석해야 한다. 포터는 현대 경영전략의 최고 권위자라 할 수 있다. 특히 경쟁우위competitive advantage와 경쟁전략에 대한 연구는 30년이 훌쩍 지난 지금도 영향력이 지대하다. 포터는 경쟁전략 연구를 발표한 지 20년쯤 됐을 때 크레이머와 우연히 만났다. 크레이머는 가족재단●을 운영한 경험을 바탕으로, 자선 분야에서 재단이 어떻게 전략을 수립하고 수행할지 컨설팅을 제공할 수 있는 전문성이 있었다. 즉 포터는 연구자로서 기업 전략을, 크레이머는 현장 전문가로서 자선 전략을 다룬 경험이 있는데, 두 사람이 만나 새로운 차원의 논의가 시작된 것이다.

---

● 한 가족이나 가문이 공동의 재산을 출연하여 하나의 재단을 이루고, 그 자산을 관리하거나 활용함으로써 공공성 혹은 사회적 가치를 창출하는 활동을 하는 재단의 한 유형이다.

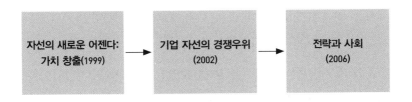

**그림 2. CSV의 논의 발전 과정**

포터와 크레이머는 2011년 〈빅 아이디어: 공유가치창출The Big Idea: Creating Shared Value〉을 발표하기 전에도 같은 맥락에 있는 몇 가지 연구를 진행했다. 〈자선의 새로운 어젠다: 가치 창출Philanthropy's New Agenda: Creating Value〉(1999), 〈기업 자선의 경쟁우위The Competitive Advantage of Corporate Philanthropy〉(2002), 〈전략과 사회: 경쟁우위와 기업의 사회적 책임의 연결고리Strategy & Society: The Link Between Competitive Advantage and Corporate Social Responsibility〉(2006)를 통해 '자선'과 '사회적 책임'이 어떻게 기업의 경쟁력에 연계될 수 있는지에 대해 고민을 발전시켜왔다. CSV는 그 고민의 종착지라 할 수 있다. 특히 2013년 보스턴에서 열린 공유가치 리더십 서밋Shared Value Leadership Summit에서 포터는 공유가치에 관한 고민이 2007년 금융위기 이후 확신으로 바뀌기 시작했다고 직접 밝히기도 했다.

### 마이클 포터 따라잡기

〈자선의 새로운 어젠다: 가치 창출〉은 아직 기업과 자선을 적극적으로 연결하려는 시도는 보이지 않지만, 자선활동에 전략이 어떻게 적용될 수 있는지를 탐구하고 있다. 당시 빠르게 성장한 미국의 재단들이 약 3만 3000억 달러에 이르는 자산을 가지고 매년 200억 달러 수준의 기부를 한다는 사실을 상기시키며, 이 거대해진 재단들이 사회진보를 이끌어내야 한다는 과제를 던진다. 그러나 재단들이 실제로 사회진보에 충분히 기여하는지에 대해서는 의문을 제기하며, 성과 측정이 제대로 되지 않고 전략적인 접근도 매우 부족하다고 지적한다. 당시 재단들은 한 해에 자산의 5.5퍼센트만 사용하고 나머지는 지속 가능성을 담보하기 위해 수익 활동에 투자하고 있었다. 그 밖에도 행정관리 비용 등을 고려하면 사회적 목적에 직접 사용되는 금액은 훨씬 적었다.

포터와 크레이머는 결국 재단이 사회적 가치를 스스로 만든다기보다는 다른 이들의 손을 빌리기 때문에, 단순 규모로만 볼 때 기부받는 금액에 비해 충분한 사회적 가치를 창출할 경쟁력이 없다고 판단했다. 따라서 전략적으로 접근해야만 재단의 존재 가치가 있다고 역설했다.

이 논문에 따르면 재단은 적정 수혜자를 고르고, 다른 기부자들을 끌어들이고, 기부 대상의 성과를 높이거나 해당 영역 전체의 효과성을 제고하는 방식으로 사회적 가치에 기여할 수 있다. 여기서 전략적 접근이란 재단이 스스로 가치를 창출한다는 자기인식을 갖고 더 나은 성과를 목표로 하며, 그에 맞는 차별화된 포지셔닝positioning을 탐색한 뒤 차별화된 활동을 하는 것이다. 이때 어떤 포지셔닝이든 한정된 예산 안에서 선택과 집중이 필요하며, 선택할 수 있는 가치들 간의 상충관계도 고려해야 한다. 결국 자선을 하더라도 좋은 사회적 가치를 내려면 차별성과 경쟁력을 확보하려는 노력, 그리고 그에 따르는 평가와 관리 시스템이 필요하다는 주장이었다. 이는 피터 드러커의 《비영리단체의 경영Managing the Non-Profit Organization》(1990)의 논의와도 일맥상통하는 면이 있어서, 당시 비영리 및 자선의 영역에 좋은 상승효과를 제공한 것으로 평가받는다.

〈기업 자선의 경쟁우위〉도 자선을 이야기한다. 그러나 자선의 주체는 기업으로 옮겨 갔으며, 이런 논의에 물꼬를 튼 첫 논문이기도 하다. 당시 미국의 기업 자선은 줄어들고 있었다. 이는 기업 자선이 CSR에 대한 요구에도, 단기 이익에 대한 요구에도 직접 기여하지 못했기 때문이다. 포터와 크레이머는 기업 자선이 의미를 회복하려면 반드시 전략을 탑재해야 한다고 역설한다. 여기에는 사회적 목적과 경제적 목적이 장기적 관점에서는 갈등하지 않고 오히려 통합되며, 자선적 노력이 경쟁에 도움이 되도록 전략을 개발할 수 있다는 주장이 담겨있다. 또 거꾸로 기업의 경쟁력이 사회문제 해결에 매우 효과적이며 기업의 차별성에도 기여할 수 있다고 본다.

대표적인 예로 드는 것이 시스코Cisco의 네트워킹 아카데미다. 당시 시스코는 꾸준히 성장하고 있었지만 관련 IT 업계가 겪는 인력난을 피하지 못했다. 이에 시스코는 청년층이 좋은 일자리를 얻기 힘든 사회문제를 인지하고, 청년을 주 대상으로 회사의 네트워크 장비와 IT 기기를 다룰 수 있는 기술을 가르치는 아카데미를 설립했다. 이 아카데미의 졸업생 대부분이 일자리를 찾았고 거기서 시스코의 네트워크 장비를 구입하기도 했다. 결과적으로 시스코는 기업 매출을 올리는 한편 업계 인력을 보충하는 데도 기여했다. 이 사례를 통해 논문에서는 기업이 전략적 자선과 연결되지 않고서는 이런 전략을 시도할 수도 없다고 한다.* 아울러 비영리조직이나 다른 기관과의 협업, 사회적 인프라의 활용을 강조하기도 한다.

〈전략과 사회: 경쟁우위와 기업의 사회적 책임의 조화〉에서는 사회변화를 반영해, 단순히 기업의 자선이 아니라 사회적 책임, 즉 CSR의 수준에서 전략적 관점을 논의한다. 당시 미국을 비롯해 전 세계적으로 기업이 사회에 미치는 영향에 책임을 져야 한다는 요구가 높아지고 있었다. 이에 따라 다양한 CSR 평가·순위가 등장해 대중과 정부에게 중요한 정보를 제공하기도 했다.

그런데 문제는, CSR 평가 항목이 대체로 실제 사회변화(결과)보다는 기업이 어떤 노력을 하는지(과정)를 중심으로 짜여 있었다는 점이다. 많은 기업이 실제로 CSR을 구축하기보다는 순위경쟁에 가깝게 표면적으로만 활동하고 있었다는 이야기다. 그 한 예가 2015년 폭스바겐의 디젤차 배출가스 조작 사건이다. 폭스바겐은 다우존스와 로베코샘RobecoSAM이 매년 발표하는 다우존스 지속가능지수의 상위 10

---

* "The competitive advantage of nation"(HBR 1990)이라는 논문에 자세히 소개되어 있다. 네 가지 요인은 기업의 경쟁조건, 요소조건, 수요조건 그리고 연관 산업 및 지원 산업을 꼽을 수 있다. 기업의 경쟁조건(firm strategy, structure, and rivalry)은 기업의 효율적인 전략 및 경쟁 여부를 나타낸다. 요소조건(factor condition)은 숙련된 노동력, 자본 그리고 원재료의 존재 여부를 나타내며, 수요조건(demand condition)은 이러한 자원으로 만든 제품을 사려는 소비자들의 존재 여부다. 나아가 연관 산업 및 지원 산업(related and supporting industries)이 얼마나 주력 산업을 받쳐주는지에 대한 고려도 중요하다.

마이클 포터와 마크 크레이머는 CSV를 주장하기에 앞서 CSR의 전략성을 먼저 연구했다. CSR은 기업에 부수적이거나 강제로 요구되는 비용이 아니라 이해관계자들과 더불어 더 나은 기반을 만들려는 노력이다. 비즈니스와 사회가 제로섬이 아니라 상호 시너지를 창출할 수 있는 관계로 정의될 수 있다고 본 것이다.

퍼센트에 드는 최상위 기업이었다. 배출가스 조작이 드러난 직후 다우존스 지속가능지수에서 폭스바겐이 퇴출되긴 했지만, 가장 공신력 있다고 꼽히는 지표조차 폭스바겐의 도덕성 하락을 감지하지 못한 데 대해 비판이 있었다.

〈전략과 사회〉가 발표된 무렵에도 CSR 활동은 소수의 뛰어난 기업을 제외하면 대부분 소극적이었고 보고서를 내는 데 급급한 경우가 많았다. 그래서 포터와 크레이머는 기업에 다양한 기회비용이 생기고 사회적으로도 투입자원 대비 충분한 효과를 내기 어려운 이런 상황을 타개하려면, 전략적인 CSR이 필요하다고 역설했다. CSR이 기업에게 기회의 원천이자 혁신이자, 경쟁우위를 만드는 방법이 되어야 한다는 것이다. 이는 비즈니스와 사회의 관계성을 제로섬이 아니라 서로 시너지를 내는 것으로서 재정의하려는 노력이었다. 아울러 CSR의 관점은 어떤 이유(도덕적 의무감, 지속가능성, 운영 허가 문제, 평판 등)에서건 기업과 사회 간의 긴장을 토대로 한다는 약점도 지적됐다.

CSR이 성공하려면 사회가 건강해야 하고, 사회가 건강하려면 좋은 회사가 존재해야 한다. 이를 위해 사회문제를 능동적이고 전략적으로 선정하는 것이 중요하다. 수동적인 CSR로는 기업 이미지를 높일 수는 있겠지만, 종종 기업이 책임질 수 없거나 책임 관련성이 적은 사회문제에 참여하는 데 그치고 만다. 기업이 모든 사회문제를 해결한다는 것은 불가능할뿐더러 불필요하다. 따라서 일반적인 사회문제와, 기업이 영향을 미치거나 기업에게 영향을 미치는 문제를 구분할 필요가 있다. 공유가치Shared Value 개념은 여기서 등장한다. 네슬레 Nestlé가 커피·카카오 사업을 위해 소농가의 성장을 촉진하듯, 기업과 사회 모두에 긍정적 혜택을 창출하는 저마다의 활동이 있다는 것이다. 이때 전체 전략과 완전히 통합된 혁신적인 가치체계를 구축하고, 유일한 포지셔닝을 확보한다면 더 큰 사회적 영향력을 지닐 것이다.

요컨대 〈전략과 사회〉에서는 기업의 사회적 책임을 논의의 대상으로 끌어들이면서 공유가치 개념을 제시했다. 그러나 아직까지는 논리적으로 비즈니스와 사회가 공유할 수 있는 가치가 있다고 말하는 데 그쳐, 기업의 경영전략 수준에 대한 논의가 잘 드러나지 않았다.

## 경제와 사회적 가치의 전체 파이를 키워라

2011년 초에 발표된 〈빅 아이디어: 공유가치창출〉은 앞선 다양한 탐색에 대한 소결이라 할 수 있다. 논문의 내적 논리도 발전했지만 사회환경의 변화에 대한 통찰을 주고 있기도 하다. 2007년 금융위기 이후 기업(특히 금융기업)을 비도덕적·탐욕적이라 바라보는 시각이 커

기존 경제학의 관점에서는 사회적 혜택을 위해 기업의 경제적 성공이 희생될 수밖에 없다. 그래서 기업과 사회는 오랜 시간 대립관계에 있었다. 그러나 같은 파이를 나누는 것이 아니라 경제적·사회적 가치의 전체 파이의 크기를 증가시키는 상승적 방향성을 고려할 필요가 있다.

저갔다. 많은 기업이 사회적·환경적·경제적 문제의 주범으로 지목되는 것을 피할 수 없었다. 이런 상황에서 포터와 크레이머는, 장기적 성공을 좌우하는 광범위한 요인을 무시한 채 단기적 재무성과만 추구하는 기업들의 시대착오적인 가치 창출 접근법을 가장 큰 비난의 원인으로 지적했다.

그 해결책으로 제시된 것이 '공유가치'다. 사회의 요구와 어려움을 해결함으로써 사회에 가치를 창출하고 이를 통해 경제적 가치를 함께 창출하는 기업의 도전이 필요하다는 것이다. 공유가치는 종래 기업이 하던 사회적 가치 창출을 새로운 렌즈, 즉 기업 본연의 전략 관점에서 재조명하며 기업의 사회적 책임이라든지 자선활동, 지속가능 경영이 아니라 경제적 성과를 성취하는 것이라 정의했다.

이 논의의 핵심은 기업과 사회를 대립관계로 보던 것을 상호 보완적으로 바꿔낸 데 있다. 흔히 경제학자들은 사회적 혜택을 위해 기업의 경제적 성공을 희생해야 한다고 여겨왔다.

그러나 포터와 크레이머는 공유가치 관점에서 사회의 요구 자체를 하나의 시장으로 정의한다. 또한 사회에 존재하는 각종 위해와 약점이 기업활동의 어려움을 증폭해 내부비용을 발생시킨다고 본다. 따라서 공유가치는 기업이 이미 창출한 가치를 사회와 나눈다는 '재분배' 개념이 아니라 '경제와 사회적 가치의 전체 파이를 키운다'는 개념이다. 기업의 경쟁력과 기업을 둘러싼 지역사회의 건강은 밀접하며 상호 의존적이므로, 어찌 보면 당연한 논증이다.

## 파이를 키우는 세 가지 방법

포터와 크레이머는 경제와 사회적 가치의 전체 파이를 키우는 CSV의 방법으로 세 가지를 제시한다(그림 3).

첫째, 시장과 상품을 재구상하는 것이다. 건강 증진, 노령인구 지원, 환경피해의 감축 등 거대한 사회적 요구에 따라 필요한 재화도 급격히 늘어나고 있다. 기업은 제품·서비스 생산과 마케팅에서 정부나 비영리조직보다 훨씬 더 유리하기 때문에, 기업이 사회적 요구를 만족시키는 제품·서비스를 개발하고 판매함으로써 사회는 더 큰 이득을 얻을 수 있다. 기업 또한 혁신으로 이르는 새로운 길이 열리고 공유가치가 창출된다.

둘째, 가치사슬value chain의 생산성을 재정의하는 것이다. 기업의 가치사슬은 다양한 사회적 이슈에 영향을 미치고 또한 거기서 영향을 받는다. 사회문제는 기업의 가치사슬에 경제적 비용을 발생시킬 수 있는데 이것이 도리어 공유가치를 창출할 기회가 된다. 예컨대 에너지 효율을 높이기 위해 에너지 사용을 개선하거나, 물류 비용을 줄

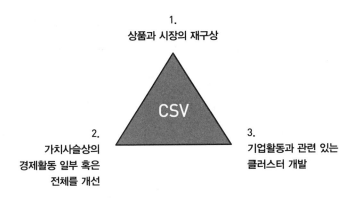

그림 3. CSV 전략의 세 가지 방법

이기 위해 운송거리를 단축하는 등 비용과 환경효과에 미치는 영향을 줄일 수 있다.

셋째, 클러스터Cluster를 개발하는 것이다. 기업의 생산성과 혁신은 지역 클러스터에 크게 영향을 받는다. 여기서 클러스터는 사업체만이 아니라 교육기관·무역협회·표준협회 등 관련 기관을 아우르며 학교, 깨끗한 수자원, 공정거래법, 품질규격 및 시장의 투명성 등 지역사회를 둘러싼 공공자원도 포함하는 포괄적 개념이다. 클러스터의 불완전한 상태는 기업활동의 비효율성으로 이어져 내부비용을 발생시킨다. 기업은 이런 결점을 해결하면서 기업의 생산성을 향상시킬 수 있는 클러스터 구축을 통해 공유가치를 창출할 수 있다. 기업은 핵심 지역에 클러스터를 구축함으로써 기업의 성공과 지역사회의 성공을 더욱 연계할 수 있다. 예를 들어 기업의 성장이 배후 산업의 고용을 창출하고, 새로운 기업에 자본을 공급하고, 관련 서비스의 수요를 늘릴 수 있다. 이때 성공적인 클러스터 개발을 위해서는 민간부문 내의 협력 외에도 지역정부 및 NGO와의 협력이 중요하다.

사회적 목적과 연관된 이익은, 사회발전과 기업성장이 함께 가는 자본주의의 고도화된 형태를 보여준다. 사회적 가치를 통해 경제적 가치를 창출할 기회는 글로벌 경제의 가장 강력한 동인이 될 것이다. 또한 고객과 생산성, 기업의 성공에 영향을 미치는 외부요인에 대한 이해에 새로운 방식을 제시하기도 한다. 이 새로운 요구, 새로운 제품, 새로운 고객, 새로운 가치사슬을 볼 때 CSV의 기회는 점점 더 많아지며 공유가치의 관점은 기업의 모든 주요 결정에 적용될 수 있다.

공유가치는 기업의 혁신과 성장을 위한 핵심 요소이며 이로써 기업이 새로운 이익을 창출할 수 있다. 따라서 자선행위가 아니라 경쟁과 경제적 가치 창출에 대한 깊은 이해에서 사회적 목적을 체화한 정교한 자본주의가 필요하다.

모든 기업이 저마다 사업과 관련해 공유가치를 창출한다면 사회 전체의 요구가 충족되고, 지역사회에서 기업의 정당성을 확보할 수 있다. 물론 사회문제가 공유가치로 다 해결되진 않는다. 하지만 기업은 그 기술과 자원, 관리 능력을 활용해 정부나 사회부문 기관에서 이루지 못한 사회진보를 이끌 수 있고, 이를 통해 다시 사회에서 존중받을 수 있다.

2장

# 전략

전략은 사업부제 전략과 전사 전략으로 나눌 수 있다. 이 장에서는 사업부제 전략의 기본 요소와 전사 전략의 종류에 대해 살펴본다.

사회적 가치는 막연하게 사업부제 전략과 전사 전략에 연결되지 않는다. 사회적 가치가 사업부제 전략에 융합된다는 것은 전략의 각 기본 요소가 사회적 가치와 전략적으로 연결된다는 의미다. 각 연결과정에서 발행하는 다양한 질문들을 점검하고, 나아가 사회적 가치가 전사 전략에 어떻게 구체적으로 연결되는지를 상세한 사례를 통해 살펴본다.

# 마이클 포터
# 경영 전략 이해하기

CSV 모델을 만들기 위해 기업의 다양한 종사자와 토론해보면, 기업의 전략적 요소가 빠지고 사회문제만 논하게 될 때가 많다. 왜 그럴까? 사회문제를 기업의 핵심역량 및 가치사슬과 연결지으면 진정성이 없다는 비판을 받기 때문이다. 반대로 사회문제에 천착하면 사업적 측면에서 효율성이 떨어진다는 비판을 받는다. 즉 진정성과 효율성을 접목하려는 시도에서 길을 잃는 경우가 많다.

사회적 가치 창출은 그 자체로도 의미 있지만, 이를 지속하려면 기업의 환경·핵심역량·경쟁 등 경영전략의 기본에 충실해야 한다. 사회적 이익과 더불어 경제적 이윤을 '동시에' 얻겠다는 막연한 생각으로 CSV 전략을 세워서는 안 된다. CSV는 결국 비즈니스 전략business strategy이기 때문이다.

여기서는 CSV 전략의 토대가 되는 마이클 포터의 주요 저작을 개

그림 4. CSV의 경영전략적 토대

괄할 것이다. CSV가 사회적 가치와 경제적 가치의 창출을 목표로 한다면, 한 축에는 사회적 가치를 위한 비영리적 사고방식, 다른 한 축에는 경제적 이윤을 위한 경영전략적 사고방식이 필요하다.

CSV에 관한 문헌에는 가치사슬, 클러스터 등 경영전략적 개념이자주 등장한다. 포터의 주요 저작을 통해 이 점을 깊이 있게 이해할수 있다. 특히 포터의 세 논문은 CSV의 경영전략적 토대를 이해하는데 필수적이다(그림 4). 이것이 사회공헌적 개념과 만나 CSV로 재탄생했다.

### 전략이란 무엇인가

〈전략이란 무엇인가〉는 포터가 구상하는 경영전략의 기본 개념을 정리한 글이다. 핵심 개념은 다음과 같다.

첫째, 전략은 운영효율성operational effectiveness이 아니다.

좋은 전략을 위해서는 운영효율성을 달성하기에 앞서 제품·서비스의 독특한 포지셔닝을 확보하는 것이 더 중요하다. 여기서 운영효율성은 비용 대비 품질을 경쟁자보다 효율적으로 향상하는 일련의 활동을 말한다. 반면 독특한 포지셔닝이란 경쟁에서 우위를 점할 수 있는 시장 내 위치를 의미한다. 즉 경쟁사가 비용우위 정책을 고수하면 차별화 정책으로 대응하고, 경쟁사가 일반 대중을 겨냥한 제품을 선보이면 틈새시장을 공략해 경쟁을 피하고 높은 수익을 확보할 수 있다. 결론적으로 전략의 궁극적 목적은 차별화된 고객가치를 창출하기 위한 것이다. 이를 바탕으로 운영효율성도 이야기할 수 있다는 게 포터의 입장이다.

둘째, 전략의 목적은 독특한 기업활동unique activities으로 구현된다.

기업활동이란 부품 구매, 제조, 마케팅, 영업, 서비스, 인력 관리 등 기업이 고객가치를 창출하는 모든 활동이다. 이때 차별화된 고객가치를 창출하려면 차별화된 기업활동을 해야 한다. 이때 무엇보다 중요한 것은 '선택과 집중'이다. 뭐든지 다 잘하려다 보면 경쟁기업의 기업활동과 비슷해지고, 이는 경쟁의 심화와 이윤의 하락으로 이어질 수밖에 없다.

여기서 전략이란 '무엇을 할지What to do'가 아니라 '무엇을 하지 않을지What not to do'를 정하는 것이라는 유명한 명제가 나온다. 선택과 집중에 따른 기업활동의 가치사슬은 각 활동이 연결되고 상호 작용하며 시너지 효과를 창출한다. 기업활동 간에 시너지와 적합성이 높을수록 차별화된 고객가치를 낼 수 있다. 결국 전략은 차별화된 고객가치를 창출하기 위해 차별화된 기업활동을 구축하는 것이며, 이를 통해 기업은 시장에서 경쟁기업과 다른 독특한 포지셔닝을 구축할 수 있다.

## 매력적인 산업을 결정하는 다섯 가지 요소

포터의 산업분석industry analysis 분석틀은 다양한 기업환경에서 오는 위험을 구조화하는 방식으로, 기업이 속한 산업의 매력도를 점검하는 데 유용한 전략적 도구다. 이는 환경에 잠재된 리스크를 예측해 기업을 방어하는 데 그 목적이 있다.

최근 IT산업처럼, 시장 성장률이 높다고 해서 반드시 매력도가 높은 것은 아니다. 산업의 매력도를 결정하는 여러 경쟁요소 가운데 특히 다섯 가지가 환경분석에서 핵심적이다. 포터는 "효과적인 경쟁전략은 다섯 가지 요소에 대항해 좋은 포지셔닝을 잡고자 방어적 혹은 공격적 행동을 취한다"라고 했다.

산업의 매력도를 결정하는 다섯 가지 경쟁요소란 시장의 경쟁정도, 잠재적 경쟁자의 위협, 공급자의 협상력, 구매자의 협상력, 대체재의 위협이다. 시장의 경쟁정도는 경쟁기업의 수, 경쟁제품의 차별화 정도 등에 의해 결정되며, 잠재적 경쟁자의 위협은 규모의 경제economy of scale, 정부의 규제 등에 의해 결정된다(그림 5).

공급자와 구매자의 협상력은 공급자와 구매자가 각각 독점에 가까울수록 높다. 또한 공급자 및 구매자로 전환하는 전환비용이 클수록 높으며 공급자 및 구매자의 수직적 통합 위협이 셀수록 높다. 마지막으로 대체품의 위협은 대체품의 가격이 낮고 품질이 좋을수록 높다.

포터의 관점에서 매력도가 높은 산업이란 (해당 기업이 속한) 시장의 경쟁 정도가 낮고, 진입장벽이 높으며, 공급자의 협상력이 낮고, 구매자의 협상력도 낮고, 대체재의 위협 역시 낮은 경우를 말한다. 기

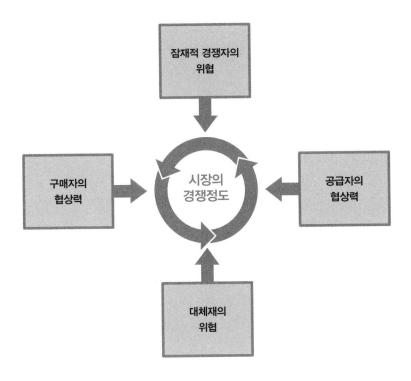

**그림 5. 산업경쟁에 영향을 주는 다섯 가지 경쟁요소**

업은 이런 최적의 기업환경을 만들기 위해 각 요소를 평소에 점검하고, 비우호적 환경에 기여하는 원인을 사전에 제거해야 한다. 이 분석틀의 장점은 한 시점에서 한 산업의 경쟁적 구도를 판단할 수 있고, 시간에 따른 트렌드 분석이나 이벤트 분석도 가능하다는 점이다.

산업분석을 할 때 유의할 점은 잠재적인 신규 진입자[new entrants]의 시각이 아니라, 이미 시장에 진입한 기존 기업[incumbents]의 시각에서 분석해야 한다는 점이다. 예를 들어 진입장벽이 높으면 신규 진입자에게 불리하고 기존 기업에게 유리하다. 진입장벽이 높으면 산업의 매력도가 증가한다는 의미는 기존 기업의 시각을 대변하는 것이다. 다시 말해서 산업분석 방법은 기존 기업이 만들어놓은 산업구조를 평가하는 방식이지, 신규 진입자가 미래에 만들 산업구조를 평가하는 것이 아니다.

기존 기업에 대한 정보는 상대적으로 많지만, 신규 진입자는 규모와 능력에 따라 양상이 매우 다양하다. 따라서 기존 기업의 산업구조에서 신규 진입자가 어느 정도 성공할지는 경우에 따라 다를 수밖에 없다. 기존 기업이 형성한 산업구조에서 공급자의 협상력이 매우 높은 경우, 신규 진입자는 이런 약점을 파고들어 진입을 시도할 수 있다.

## 클러스터 분석

클러스터란 서로 경쟁 또는 협력하는 특정 분야에서 기업, 공급자, 서비스업체, 관련 산업, 관련 기관(대학·중개기관·산업협회 등)이 일정 지역에 모여 있는 현상을 말한다. 그럴 경우 지역을 기반으로 네트워크를 형성해 새로운 지식·기술을 창출한다는 장점이 있다. 따라서 독립적으로 위치한 기업과 비교해 클러스터 지역 내 서로 가까이 위치한 기업들은 성장속도나 혁신 등에 유리하다. 이른바 집적[aggregation]의 외부경제효과로 이익을 누릴 수 있다. 클러스터가 경쟁력에 미치는 구체적 요인은 다음과 같다.

첫째, 노동시장과 공급자에 접근하기가 용이하다. 지리적 접근성은 탐색 및 거래 비용을 줄여준다. 이를 통해 기업은 기업활동에 관한 다른 비용도 줄일 수 있다. 예를 들어 클러스터 내의 기업은 풍부한 인력풀을 가지고 좋은 인력을 적당한 시간 안에 찾아 고용할 수 있다. 그뿐 아니라 클러스터가 효율적으로 돌아갈 경우 잠재된 좋은 인력을 클러스터 내로 유인할 수도 있다. 이런 과정을 통해 클러스터는 경쟁력 있고 경험이 풍부하며 차별화된 인력을 상시적으로 확보할 수 있게 된다. 나아가 제품·서비스 생산에 필요한 다양한 원료·자재·부품 및 관련된 여러 부가정보를 효율적으로 조달할 수 있다.

한편 클러스터 바깥의 기업과도 전략적 제휴 및 수직적 통합을 통해 비슷한 이점을 누릴 수 있다. 다만 복잡한 협상 과정, 운영상의 비용, 빠르게 변화하는 경쟁환경을 고려하면 그다지 효율적인 대안이 아닐 가능성이 높다.

둘째, 클러스터 내 기업은 다양한 인적 네트워크를 통해 신뢰를 구축하고, 시장·기업·기술·제품 등에 관한 수많은 정보를 공유하며, 나아가 새로운 정보를 창출하는 지식인프라를 기반으로 경쟁력을 확보할 수 있다. 클러스터 내에 수년간 축적된 정보는 기업·대학·연구소를 통해 더욱 체계화되고, 새로운 혁신에 원동력이 될 수 있다.

셋째, 주력 산업의 매력도는 호텔·식당·쇼핑몰·교통수단 등 주변의 보완적 역할을 통해 강화된다. 특히 기업활동의 가치사슬에 직접 영향을 미치는 관련 산업 혹은 인근 산업의 역할은 절대적이다. 예를 들어, 한 지역의 운송 인프라에 대한 투자가 부진하면 해당 운송 인프라를 이용하는 제반 산업에 부정적인 영향을 줄 수 있다. 목재산업의 경우, 목재운송비가 상승하면 목재를 기반으로 하는 다른 산업에 지대한 영향을 줄 수 있다. 한 지역 내에 대학 등 연구기관이 없다면 인적교류와 정보. 지식의 공유가 더뎌져 더 높은 생산성을 확보하는 기회를 놓칠 수 있다. 이런 맥락에서, 실리콘밸리에 인력과 지식을 공급하는 연구기관으로서 스탠퍼드대학의 역할을 주목할 필요가 있다.

클러스터 내 기업은 집적의 이익을 누릴 수 있지만 그만큼 경쟁도 치열해서 기업 도산율도 높은 편이다. 그럼에도 클러스터가 지속적으로 유지되는 이유는 무엇일까? 클러스터 내 창업률이 도산율보다 높기 때문이다.[*] 즉 경쟁력 없는 기업은 퇴출되고 새로운 아이디어·정보·인력으로 무장한 신생 기업은 오늘도 미래의 '애플'을 꿈꾸며 도전에 나선다. 신생 기업은 클러스터를 업그레이드하고 혁신을 선도해 클러스터의 강점을 증폭시키는 역할을 한다.

### 사회공헌과 경영전략의 융합

CSV는 앞에서 논의한 '사회공헌'과 '경영전략'의 흐름이 융합되어 이루어진 개념이다(그림 6). 단순히 사회공헌이나 경영전략, 어느 한쪽만 강조하는 개념이 아니다. 포터의 저술에서 꾸준히 논의된 두 흐

---

[*] 지역 클러스터에 대한 기본 개념 및 적용에 대해서는 다음 글을 참조. 김태영. 2012. "지역클러스터, 샘솟는 창업분위기가 생명줄" DBR(108호)

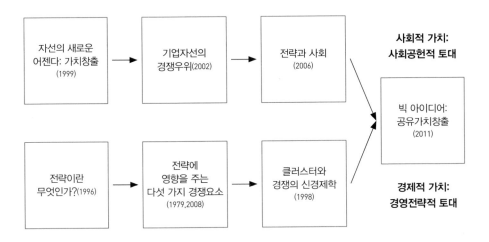

그림 6. 사회공헌과 경영전략의 만남

름이 통합된 개념이다. 따라서 두 가지 흐름에서 나오는 기본 개념을
숙지하면 CSV를 보다 체계적으로 이해할 수 있다.

# 어떻게 이길 것인가
## _사업부제 전략

비즈니스 용어에는 '전략'이라는 말이 자주 따라붙는다. 경영전략, 마케팅전략, 재무전략, 나아가 부동산전략, 주식매매전략, 매장운용전략 등 전략이라는 단어를 일상에서 수없이 사용한다. 그러나 그 의미를 생각하며 쓰는 경우는 드물다. 만일 전략을 뜬구름 잡는 개념이라거나 그럴싸하게 포장하는 용어로만 생각했다면, 전략 수립에 기초가 되는 다음 네 가지 요소에 맞춰 이 용어를 사용해보자(그림 7).

### 목표는 SMART한가

전략에는 기본적으로 기업이 지향하는 구체적인 목표goal가 담겨야 한다. 일반적으로 널리 사용하는 SMART 원칙 아래 목표를 만들면 좋다. 즉 구체적인가Specific, 측정 가능한가Measurable, 달성 가능한가Achievable, 현실적인가Realistic, 기한이 정해져 있는가Time-bound라

| 목표 | 활동범위 | 경쟁우위 | 비즈니스 로직 |
|---|---|---|---|
| **Tasks** ● 전략이 이루고자 하는 구체적인 목표 | ● 기업의 활동범위<br>● 기업의 비즈니스 기회 탐색 | ● 고객가치 정의<br>● 고객 세그먼트 분석<br>● 유통채널 분석 | ● 왜 전략이 원하는 목표를 달성할 수 있는가에 대한 근거 · 논리 · 인과관계 고찰<br>● 비즈니스를 둘러싼 다양한 가정(assumption)에 대한 검토 필요<br>● 핵심역량 정의 |
| **Output** ● ROE(return on equity: 자기자본수익율)<br>● RMS(relative market share: 상대적 시장점유율)<br>● Profit per person(일인당 순이익) | ● 제품(서비스), 지역, 기능 | ● 비용우위 전략 및 차별화 전략 | ● 자원배분과 가치사슬 구성을 위한 로드맵 작성 |

그림 7. 전략의 4대 구성 요소

는 기준에 따라 목표를 설정하는 것이다. 하나씩 살펴보자.

먼저 S, 포괄적이지 않은 구체적인 목표여야 한다.

예컨대 개별 사업부의 목표를 넘어 지나치게 넓은 목표를 설정하면, 그에 필요한 자원과 인력 등을 배치하거나 할당하는 데 혼선을 일으키게 된다. 따라서 '우리 기업은 모든 직원이 올해 정말 열심히 일하여 내년에는 고객에게 가치를 전달하는 진정한 기업이 될 것이다'라는 식의 모호한 목표는 곤란하다.

M, 가능한 자료를 모아 측정할 수 있는 목표여야 한다.

기업의 전략적 목표는 누구나 수긍할 수 있게끔 수치로 제시해야 한다. '우리 기업은 내년 말까지 현재의 시장점유율을 5퍼센트 높이겠다'라든지 '앞으로 2년 내에 영업이익률을 3퍼센트 향상시키겠다'라는 식으로 이해하기 쉽고 측정 가능한 전략적 목표를 정해야 한다. '훌륭한 회사, 좋은 회사, 우수한 회사를 만들자'라는 식의 측정하기 힘든 정성적 지표는 지양해야 한다.

A, 실현 가능한 목표여야 한다.

간혹 목표가 너무 높아 도저히 성취할 수 없거나, 목표가 너무 낮아 도전의식을 불러일으키기 힘든 경우가 있다. 목표는 경제상황이나 경쟁자 등을 고려해 신중하게 정해야 한다. '내년 말까지 현재의 시장점유율을 30퍼센트 높이겠다'라는 식의 실현 가능성이 낮은 목표는 기업의 방향성 설정에 크게 도움이 안 된다.

R, 기업의 상황에서 현실적이고 타당한 목표여야 한다.

다시 말해 어떤 목표가 회사의 핵심역량을 만드는 과정에 얼마나 관련이 있는지를 판단하는 것이다. 경쟁자와의 판촉경쟁이 과열될 경우 시장점유율은 높아져도 다른 재정적 지표가 손상될 수 있다. 시장상황에 따라 시장점유율보다 영업이익율 혹은 자기자본이익율을 높이는 것을 중요한 목표로 설정할 수 있다. 이는 시장에서 어떤 기업으로 평가받고 고객을 확보할 것인가에 대한 근본적인 전략적 포지셔닝과도 관련이 있다.

T, 목표를 달성하는 시간을 구체화한다.

'6개월 혹은 1년 내에 목표를 달성하자'라는 식으로 구체적인 시간을 설정해야 한다. 예컨대 너무 단기적인 목표를 세울 경우 기업이 연구개발 및 조직관리 등 중요한 일을 외면하고 영업 및 판촉에 몰두하게 되는 경향이 있다. 좋은 전략적 목표는 직원들에게 동기를 부여하고, 기업의 경쟁우위를 확보하고, 장기적으로 혁신을 이루는 데 훌륭한 가이드가 될 수 있다는 점에서 매우 중요하다.

### 어떤 제품, 어느 지역, 어떤 기능을 가지고 있는가

기업은 활동범위scope를 전략적으로 선택해야 한다. 활동범위란 기업이 경쟁하게 되는 가장 직접적인 환경을 말한다. 따라서 어떤 활동범위를 선택하느냐에 따라 기업의 전략적 방향이 달라진다. 예를 들어 기업의 활동범위를 너무 광범위하게 정의하면 불필요하게 많은 기업을 경쟁기업으로 정의하는 오류를 범하게 된다. 반대로 너무 협소하게 정의하면 실제로 존재하는 경쟁기업의 위협을 과소평가하는 오류를 범하게 된다.

"여러분이 일하는 기업의 활동범위는 무엇입니까? 여러분의 기업은 어디에서 경쟁하고 있습니까?"라는 질문을 던졌을 때, 보통 가장 먼저 드는 것은 기업이 속한 산업이다. 와인산업, 핸드폰산업, 시계산업, 컴퓨터산업 등 기업이 경쟁하는 상품·서비스를 중심으로 활동범위를 정하곤 한다. 그다음으로는 고객이 존재하는 기업의 활동지역이다. 이를테면 한국, 중국, 미국 등이 꼽힐 수 있다.

여기에 기업의 활동범위로 한 가지를 더 추가할 수 있다. 바로 산

| 제품(product) | 기능(function) | 지역(location) |
|---|---|---|
| 와인, 핸드폰,<br>시계, 컴퓨터 | 부품제조, 완성품제조,<br>소매/도매, 마케팅 | 한국, 중국, 미국,<br>독일, 프랑스 |

**그림 8. 활용범위의 구분**

업 간 가치사슬에서 기업의 위치, 즉 기능$^{function}$이다. 기업이 부품 제조업자인지 완성품 제조업자인지, 혹은 소매업자인지 등을 보는 것이다(그림 8). 이상의 내용을 바탕으로 예를 들어보자. "기업 A는 시계를 만드는 완성품 제조업자로서 중국 소비자를 대상으로 사업을 한다." 이 간단한 문장에 기업의 활동범위 세 가지가 모두 포함되어 있다.

### 우리만의 경쟁력은 무엇인가

기업의 활동범위가 정해졌다면, 경쟁기업과의 경쟁에서 승리하기 위한 경쟁우위$^{competitive\ advantage}$가 무엇인지를 생각해야 한다. 이를테면 기업이 원가절감 및 효율성을 추구하는 비용우위 전략$^{cost}$ $^{leadership\ strategy}$을 취할 것인지, 아니면 특정한 상품이나 서비스를 제공함으로써 차별화 전략$^{differentiation\ strategy}$을 추구할 것인지를 결정하는 것이다. 또한 일반 대중을 상대로 할 것인지, 아니면 적소시장을 겨냥할 것인지도 생각할 수 있다. 월마트$^{Wal-Mart}$는 일반 대중을 위해 제품을 저렴한 가격으로 공급하는 반면, 루이비통$^{Louis\ Vuitton}$은 상대적으로 소수의 소비자에게 고가의 제품과 서비스를 제공하여 이윤을 추구한다.

기업의 경쟁우위는 고객가치 제안customer value proposition과 직결된다. 어떤 가치를 소비자에게 제공하느냐에 따라 시장에서 기업의 전략적 포지셔닝이 결정되기 때문이다. 이때 주의할 점은 고객가치가 하나로만 정해지지 않으며 몇 개 가치가 서로 얽혀 시너지를 내는 고차원적인 것일 수도 있다는 점이다. 이케아IKEA의 고객가치는 단순히 저가상품을 판매하는 것으로 한정되지 않는다. 편리한 쇼핑공간 및 경험, DIY 경험, 그리고 스칸디나비아의 독특한 디자인이 한데 어우러져 고객가치는 증폭된다.

고객가치는 기업의 관점에서 정의되는 가치가 아니라 소비자의 관점에서 정의되는 가치이며 항상 상대적으로 평가된다. 기술공학적으로 아무리 뛰어난 제품이라 해도 고객가치로 전환되지 않으면 소용없다. 또한 독특한 고객가치는 다른 기업이 제공하는 고객가치와 비교를 통해서도 인정된다.

## 똑같은 비즈니스 로직은 없다

앞서 말한 전략의 세 가지 요소는 비즈니스 로직business logic을 통해 체계적으로 연결된다. 비즈니스 로직을 개발한다는 것은 기업 내의 가능한 자원과 환경적 조건을 감안해, 현실적이면서도 효과적으로 전략적 목표를 이뤄나갈 로드맵을 제시하는 것이다. 물론 이 로드맵은 철저히 기업의 핵심역량에 근거해 만들어져야 한다. 따라서 목표·활동범위·경쟁우위가 똑같은 두 기업이 존재한다 하더라도 전략적 목표를 이루는 비즈니스 로직(로드맵과 핵심역량)은 다를 수 있다. 다시 말해 한 가지 전략을 달성하는 접근방법은 다양할 수 있다는 이야기다.

예를 들어 기업이 비용우위 전략을 통해 전략적 목표를 달성하고자 한다면 어떻게 비즈니스 로직을 짜야할까? 가능한 비용우위 전략으로는 대량생산을 통한 규모의 경제를 달성함으로써 제품의 단가를 낮춘다든지, 특별한 기술을 도입해 생산과정의 오류를 줄인다든지, 부품 혹은 원료 제공자와의 지리적 근접성을 높이는 등 다양한 방법이 있을 수 있다. 이에 더해 기업의 다른 제반 분야, 특히 마케팅·인사관리·재무성과·기업문화 등이 동일한 전략적 방향을 갖고 일사불란하게 움직일 수 있도록 조직구조를 설계해야 한다. 만일 마케팅이 전략적 방향과 일치하더라도 기업문화와 인사관리가 그에 불일치한다면, 부서 간 시너지를 기대할 수 없으며 전략적 목표를 효율적으로 달성할 수 없다.

요컨대 전략적 목표를 달성하기 위한 방법을 끊임없이 질문하면서, 구체적 사항마다 적절한 답을 찾고 목표 달성에 중요한 사항을 체계적으로 엮는 과정은 비즈니스 로직을 개발하는 데 필수적이다. 이 과정에서 핵심역량을 바꾸거나 업그레이드할 필요도 생긴다.

미국 국내노선을 운영하는 사우스웨스트항공사Southwest Airlines는 재미와 상호 협조의 문화를 강조하는 독특한 인적자원 시스템을 통해 비용우위 전략을 효율적으로 달성하고 있다. 이 항공사는 신입사 전략의 네 가지 요소 가운데 무엇을 가장 먼저 고려할지는 그리 중요하지 않다. 네 가지 요소를 모두 고려해 전략을 수립하는 과정이 중요하다. 네 가지 요소는 서로 영향을 주고받으며 전략을 완성하는 중심축이다. 전략이란 조직 내부의 강점·단점과 외부환경의 위협·기회를 연결하여 차별화된 고객가치를 창출하는 과정이기 때문이다.

원을 채용하고 훈련하고 배치하고 평가하는 모든 과정을 기업의 전략적 목표에 맞게 체계적으로 운영함으로써, 고객의 만족도가 직원의 만족도에서 출발한다는 평범한 사실을 실현한다. 요컨대 기업의 제반 활동을 전략적 목표와 방향을 향해 효과적으로 정렬하는 것이 곧 비즈니스 로직을 개발하는 일이다. 이는 기획업무나 전략을 입안하는 담당자들의 가장 중요한 업무 가운데 하나라고 할 수 있다.

　이렇듯 전략은 전략적 목표, 기업의 활동범위, 기업의 경쟁우위 그리고 비즈니스 로직의 개발이라는 기본 요소로 이뤄진다. 이를 바탕으로 단기 성과보다는 장기적으로 기업이 어떻게 경쟁우위를 확보할지를 생각한다면 기업 경쟁력을 높이는 방안을 찾아낼 수 있다.

### 가짜 전략을 조심하라

　전략의 핵심을 파악하는 데는 '전략이 아닌 것이 무엇인지'를 생

각하는 것도 효과적이다. 네 가지 기본 요소에 비추어 다음은 전략이
아니다.

그림 9. 전략이 아닌 것

첫째, 기업의 슬로건은 전략이 아니다.

'고객에 집중하자', '학습조직이 되자', '최상의 품질로 보답하자'
같은 문구는 흔히 쓰는 홍보성 슬로건이다. 그런데 기업이 시장에서
고객의 선택을 받지 못해 심지어 파산하는 것은 결코 화려한 문구나
슬로건이 없어서가 아니다. 구체적으로 어떻게 그 내용을 채워나갈
지에 대한 방향 설정과 실행이 제대로 이뤄지지 않기 때문이다. 예컨
대 최상의 품질과 최저의 가격을 동시에 내세우는 슬로건을 본사 입
구에 걸어놓는 기업이 있다. 두 가지 목표를 한 번에 성취하면 좋겠
지만, 어떻게 이를 실현할지 로드맵을 내놓지 않으면 그 목표는 그저
현수막에 적힌 슬로건에 그치고 말 것이다.

둘째, 한 가지 재무적 기준에 따라서만 1등을 지향할 필요가 없다.

시장점유율에서 1등을 하는 기업이 있는가 하면 영업이익률에서
1등을 하는 기업도 있다. GM은 한때 전 세계 자동차 제조 기업 가운
데 시장점유율과 자동차 판매 대수에서 1등을 했지만 수익률이 높은

기업은 아니다. 오히려 BMW나 메르세데스벤츠가 수익률 면에서 상위를 차지할 때가 많다.

시장점유율 같은 한 가지 재무적 기준으로 기업의 목표를 정하는 것은 매우 위험하다. 왜냐하면 비슷한 목표가 기업들의 전략을 동질화해 자칫 소모적인 경쟁만 초래할 위험이 크기 때문이다. 전략의 주된 목적은 차별화된 고객가치를 창출하는 데 있다. 다른 기업과 비슷한 고객가치를 제공하면서 전략적 목표마저 비슷하게 정하는 것은 기업에 장기적으로 도움이 되지 않는다.

셋째, 전략적 제휴나 인수합병은 전략이 아니다.

이 두 가지는 전략을 잘 수행하기 위한 수단이라 할 수 있다. 예를 들어 기업의 저가전략을 위해 연구개발이나 마케팅 등 특정 분야에서 파트너십을 체결할 수 있고, 때로는 합작회사를 만들 수도 있다. 전략적 제휴는 상대적으로 적은 자본으로 파트너와 공동의 목표를 달성할 수 있다는 장점이 있다. 그러나 이때 파트너와 관계를 조정하는 비용, 갈등을 해결하는 노하우가 매우 중요하다. 전략적 제휴가 여의치 않을 경우 경쟁사를 인수합병 하는 방법이 대안이 될 수 있다. 인수합병은 조직의 규모나 능력을 빠르게 배가할 수 있는 장점이 있지만, 이후 발생하는 두 조직 간의 기업문화적 충돌을 극복하는 PMI<sup>post-merger integration</sup>(합병 후 통합) 과정을 슬기롭게 극복해야 한다는 부담이 있다.

# 사회적 가치와
# 사업부제 전략의 융합

앞에서 언급한 경영전략의 4대 기본 요소는 개별 사업을 운영하는 한 기업이 유사 산업에 속한 다른 기업과의 경쟁에서 이기는 사업부제 전략business strategy에 관한 것이다. 사업부제 전략에서 CSV는 전략의 기본 요소에 사회적 가치를 융합해 전략을 수립하는 과정이라 할 수 있다. 또한 CSV 전략을 수립하는 담당자는 단순히 사회적 가치를 전략과 융합하는 게 아니라, 전략의 기본 요소와 사회적 가치가 융합되는 각 과정을 철저히 점검하고 관련 질문에 답해야 한다(그림 10). 만일 융합 과정에서 만족스런 대답을 얻지 못했다면 그에 대한 대비책을 강구해야 한다.

## 던져야 할 질문들

첫째, 전략적 목표에 사회적 가치를 융합해보자. 자연스럽게 다음

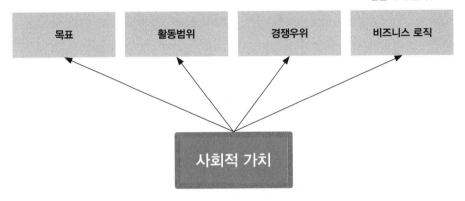

그림 10. CSV 전략 = 전략의 4대 요소와 사회적 가치

같은 질문이 생겨난다.

— 기업은 사회문제를 해결하는 과정을 통해 전략적 목표를 달성할 수 있는가?

— 사회적 가치를 융합한 CSV 전략은 그렇지 않은 일반적인 전략보다 효율적으로 목표를 달성하는가?

— CSV 전략을 통해 기업은 더 높게 혹은 더 현실적으로 전략적 목표를 수정해야 하는가?

— CSV 전략은 기업에 기존과 차별화된 전략적 목표를 제시하도록 요구하는가? 이를테면 상대적 시장점유율보다 영업이익률이 더 효율적인 전략적 목표가 되는가?

기업은 이런 질문에 스스로 답하는 과정에서 전략적 목표와 CSV 전략의 관계를 잘 이해하고 해결책을 도출할 수 있다.

둘째, 기업의 활동범위에 사회적 가치를 융합해보자. 이는 기존 활동범위가 사회적 가치를 얻음으로써 긍정적 효과를 나타내는지를 평가하는 과정이다.

— 사회적 가치는 사업범위를 확장하는 데 도움이 되는가? 이를테면 제품 다각화에 긍정적 역할을 하는가? 그렇다면 어떤 역할을 하는가?

— 사회적 가치는 기업의 활동범위와 어떻게 연관될 수 있는가? 너무 협소하게 혹은 넓게 기업의 활동범위를 정하지는 않았는가?

— 사회적 가치를 융합하는 과정에서 수정해야 할 기업의 활동범위가 있다면 무엇인가?

— 현재 기업의 내외적 조건을 감안할 때, 사회적 가치는 어떤 기업의 활동범위에 가장 직접적으로 영향을 주는가?

— 세 가지 활동범위인 제품, 기능 및 지역적 범위 가운데 우선순위를 정할 수 있는가?

— 사회적 가치를 통해 사업범위를 확장하면 재무적으로 어떤 도움이 되는가?

— 사회적 가치는 다른 지역으로 사업을 진출하는 데 도움이 되는가?

— 사회적 가치는 수직적 범위의 확장에 어떤 영향을 주는가? 요컨

대 사회적 가치가 '새로운 비즈니스 기회'를 탐색하는 데 도움을 주는가? 한 가지의 사회적 가치가 세 가지 활동범위에 동시적으로 긍정적인 영향을 줄 수도 있지만 늘 그렇지는 않다. 이 또한 전략적 판단의 중요한 몫이다.

셋째, 기업의 경쟁우위에 사회적 가치를 융합해보자.
— 사회적 가치는 비용우위 전략 및 차별화 전략에 기여하는가?
— 사회적 가치는 비용우위 전략에서 어느 정도 비용을 절감하는가? 비용절감을 통해 경쟁에서 승리할 수 있는가?
— 사회적 가치는 특정한 차별화 전략에 도움이 되는가?
— 사회적 가치를 동반한 차별화 전략은 소비자의 욕구를 충족하는 방향으로 작동하는가? 만일 그렇지 않다면 어떤 다른 차별화 전략을 추구해야 하는가?
여기서 사회적 가치를 융합하는 과정이 기존 전략을 실행하는 데 혼선을 불러일으켜서는 안 된다. 비용우위든 차별화든 기존 전략을 지속적으로 강화하고 돕는 방식으로 전략적 방향이 설계되어야 한다. 만일 기존 전략과 전혀 다른 방향으로 사회적 가치를 이용하려면 아예 별도의 경영전략을 수립해야 하므로 비용이 많이 든다는 점을 유념하자.

넷째, 기업의 비즈니스 로직에 사회적 가치를 융합해보자. 비즈니스 로직의 기반인 기업의 핵심역량은 경영전략에서 가장 중요한 요소다.

— 사회적 가치는 기업의 핵심역량을 증가시키는가, 아니면 오히려 훼손할 가능성이 있는가?

— 사회적 가치는 핵심역량을 업그레이드할 수 있는가? 핵심역량을 재정의할 가능성을 주는가?

간혹 사회적 가치가 핵심역량 향상에 도움이 되는 대신 비용만 늘린다는 판단을 할 수 있다. 이럴 경우 사회적 가치를 무리하게 진행하기보다는 가까운 미래에 핵심역량의 발전 가능성이 있을 때 다시 검토하는 것이 좋다. 장기적으로 보아 핵심역량을 훼손하지 않고 꾸준히 개선하는 쪽으로 전략적 방향을 설계해야 한다.

### 최종 점검

전략의 기본 요소에 사회적 가치를 융합하는 과정에서 발생하는 다양한 질문들에 답하고 문제점을 해결해나가는 과정에서 보다 완성된 CSV 전략에 다가갈 수 있다. 이러한 과정에서 다음의 두 가지를 최종적으로 점검해야 한다.

첫째, 사회적 가치는 전략의 기본 요소에 전체적으로 융합되어야 한다. 전략적 목표에만 혹은 기업의 활동범위에만 적용하는 부분적인 접근방식을 취해서는 안 된다. 즉, 사회적 가치가 전략의 기본 요소에 충실히 융합되었는지 신중한 점검이 필수적이다. 이는 사회적 가치가 전략의 기본 요소 각각에 융합되는 과정에서 발생할 문제점을 사전에 방지하고 다양한 대책을 세우기 위해 필요한 과정이다.

CSV 전략은 경영전략의 기본 요소와 사회적 가치를 어떻게 연결할지 묻고 답하는 과정에서 완성된다. 질문에 바로 답할 수 없다면 각 요소와 사회적 가치가 긴밀한 인과관계를 유지하도록 중·장기적 대안을 마련해야 한다.
이런 과정은 전략적 알맹이를 빼고 사회적 가치만 논하는 실수를 방지해준다. 더 나은 CSV 전략을 위해 반드시 거쳐야 할 과정이다.

둘째, 사회적 가치를 통한 기업의 활동범위의 축소 혹은 확장이 다른 전략적 기본 요소에는 어떤 영향을 주는지를 종합적으로 판단해야 한다. 예를 들면, 기업의 활동 범위의 확장이 전략적 목표의 수정을 가져올 수 있다. 시장점유율을 4퍼센트 올리려는 원래의 계획은 제품다각화에 따른 범위확장으로 2.5퍼센트로 수정될 수 있다.

또한 기업의 경쟁우위 및 이를 이루기 위한 핵심역량의 방향도 수정할 수 있다. 따라서 사회적 가치를 융합하는 과정에서 전략의 기본 요소들이 어떻게 서로 연결되어 시너지를 만들 수 있을 것인지에 대한 검토가 필요하다.

# 어떻게 성장할 것인가
## _ 전사 전략

 

사업부제 전략은 경쟁자를 어떻게 이길 것인지에 초점을 둔다. 그런데 경영전략에는 사업부제 전략 이외에 전사 전략corporate strategy이라는 개념이 있다.●

사업부제 전략이 하나의 사업을 전제로 한다면, 전사 전략은 한 개 이상의 사업부를 운영할 때 필요하다. 기업에 여러 사업부가 존재할 경우 사업부 간 공통분모를 발굴해 시너지를 내는 것이 전사 전략이다. 공통분모란 원재료 공동구매, 지식과 운영 노하우, 특허 공유 등을 의미한다. 또한 시너지는 각 사업부의 제품 단가를 낮추거나 차별화에 도움을 주어 경쟁우위를 확보할 수 있게 하는 프로세스를 의미한다. 여러 사업부를 가진 기업이라면 개별 사업부제의 이해관계를

---

● 개념에 대한 보다 자세한 내용은 Porter, Michael. 1987. "From Competitive Advantage to Corporate Strategy." Harvard Business Review. 65 (3): 2-21 참조.

넘어 전사 차원에서 사회적 가치체계를 수립할 필요가 있다.

우선 기업이 기존 산업을 확장하고 사업부제 간 시너지를 극대화할 수 있는 전사 전략에 대해 알아보자. 기본적으로는 다각화, 글로벌 전략, 수직적 통합 등 세 가지 방식이 있다(그림 11).

| 다각화<br>Diversification | 글로벌 전략<br>Global Strategy | 수직적 통합<br>Vertical Integration |
|---|---|---|

**그림 11. 기업의 전사 전략 3요소**

## 전사 전략의 세 가지 종류

다각화diversification는 기업이 시장에서 경쟁하는 상품·서비스의 종류 및 내용을 다른 산업으로 확장하는 전략적 과정으로, 흔히 수평적 범위horizontal scope라고 한다.

다각화에는 사업 내용이 비슷한 인근 산업으로 확장하는 관련다각화related diversification, 사업 내용상 거리가 먼 산업으로 확장하는 비관련다각화unrelated diversification가 있다. 예를 들어 저렴한 볼펜으로 유명한 BIG은 초기에 볼펜 등 필기도구를 만들었다. 그러다 저렴한 플라스틱 라이터 등으로 사업영역을 확장해 관련다각화를 시도했다. 대량생산에 기반한 규모의 경제를 이용하여 '가격이 낮다, 플라스틱 제품이다, 소매상점 등 유통 채널을 이용한다'라는 기존과 비슷한 전략을 취한 것이다. 이런 관련다각화의 성공에 힘입어 BIG은 전혀 다른 산업으로 진출하는 비관련다각화 전략을 시도했다. 그중 하나가 향수산업인데 좋은 성과를 내지는 못했다. 이처럼 기업의 산업범위(혹은 제품범위)는 좁을 수도 넓을 수도 있다. 단, 해당 기업이 어느 정도의 산업범위를 유지하느냐는 기업의 재무성과에 영향을 미치는 매우 중요한 전략적 선택이다.

글로벌 전략global strategy은 소비자가 상품·서비스를 구매하는 물리적 장소의 이동을 의미한다.

예컨대 미국과 중국에는 다른 소비자가 존재한다. 구매력도 다르고, 상품 선호도도 다르며, 유통망도 다르다. 따라서 기업은 어느 지역에서 경쟁할지 전략적 선택을 해야 한다. 어느 나라인지, 같은 나라 안에서도 어느 도시인지, 아니면 변두리 지역인지 선택을 해야 한다. 장소에 따라 경쟁환경이 달라지므로, 가능한 한 자기 능력을 최대한 발휘해 경쟁우위를 확보할 수 있는 지역이 우선순위가 된다. 산업범위에 관련다각화와 비관련다각화가 있듯이, 경쟁지역도 기존과 경쟁환경이 비슷한 지역으로 확장하거나 경쟁환경이 전혀 다른 지역을 포함할 수도 있다.

한국의 많은 글로벌 기업은 내수시장에서 성공해 미국 등 해외시장으로 진출했다. 최근에는 중국이나 베트남으로 진출하는 기업이 많다. 이때 해외 진출이 기업의 전체 성과에 어떤 영향을 미칠지를 전략적으로 판단하는 것이 곧 경쟁지역의 범위에 대한 판단이다.

마지막으로 기업의 활동범위를 결정하는 수직적 범위vertical scope의 문제가 있다.

이는 기업이 전체 산업의 가치사슬에서 선택하는 범위의 문제다. 이를테면 기업은 부품을 직접 만들 수도 있고, 그 부품을 구매해 완제품을 생산할 수도 있으며, 최종 완제품을 판매하기 위해 소매상을 운영할 수도 있다. 부품 공급자, 완성품 제조업자, 판매업자는 각자의 사업을 하면서도 서로 유기적으로 연결되어 있다. 이렇게 밀접하게 연결된 사업들의 흐름이 가치사슬인데, 기업은 가치사슬에 존재하는 역할 가운데서 기업의 범위를 정해야 한다. 부품 공급자, 완성품 제조업자, 판매업자의 역할 중 하나만 선택할 수도 있고 세 가지 모두를 선택할 수도 있다.

만일 세 가지 모두를 선택해 부품을 공급하고 완성품을 제조하고 최종 판매까지 수행한다면, 이런 기업을 수직적 통합성이 높은 기업이라고 할 수 있다. 나아가 완성품을 제조하다가 판매망 사업을 겸하는 경우라면 전방통합forward integration, 완성품을 제조하다가 부품사업을 겸한다면 후방통합backward integration이라고 부른다.

예를 들어 우유팩을 만드는 생산업자를 생각해보자. 우유팩은 종이가 주된 원료이므로 이 생산업자는 종이공장을 운영할 수도 있다. 또 종이는 나무에서 오므로 벌목회사를 운영할 수도 있다. 이때 우유팩—종이—나무로 이어지는 수직적 계열화가 완성된다.

이때 한 가지 질문을 던질 수 있다. 수직적 계열화 없이 우유팩만 생산하는 기업과 수직적 계열화가 완성된 기업 간에 우유팩 시장경쟁은 어떻게 전개될까? 수직적 계열화는 장단점이 있다. 장점은 종이 및 나무를 다른 회사에 아웃소싱하지 않고 내부에서 조달하기 때문에 구매가 용이하고 비용이 낮으며, 우유에 맞는 특별한 종이 기술개발에도 투자할 수 있다는 점이다.

하지만 질이 더 좋고 값이 싼 종이 혹은 나무가 시장에 존재할 수 있다. 이때는 아웃소싱하는 것이 유리한데도, 수직적 계열화를 한 기업은 그러기 어려울 수 있다. 또한 기업의 규모도 커져서 시장상황에 능동적으로 대처하기 힘들 수 있다.

이상의 세 가지 활동범위를 삼성전자의 예를 통해 살펴보자. 삼성전자는 휴대폰 및 컴퓨터 등 IT제품에서 가전제품에 이르기까지 다양한 제품군을 보유하고 있어 제품다각화 수준이 높다. 또한 미국·유럽 등 다양한 지역의 시장에서 활동하므로 지역적 범위 역시 매우 넓다. 삼성전자는 IT제품에 필요한 반도체 칩을 생산하고 노트북컴퓨터에 필요한 LCD패널 등 일부 부품업과 완성품업을 겸하고 있어 다른 경쟁자보다 수직적 통합성이 높다고 할 수 있다.

보통 기업에는 한 개 이상, 여러 사업부가 존재한다. 그럼에도 사회적 가치는 개별 사업부 수준에서만 논의될 때가 많다. 사업부 각각이 고유한 핵심역량과 가치사슬을 바탕으로 사회적 가치를 고민하기 때문이다.

플라스틱 제조회사에서 친환경 제품을 생산하는 방법을 논의한다거나, 식료품회사에서 청소년 비만을 해결하고자 관련 유해물질을 줄이려 한다고 하자. 한 기업에 한 개 이상 사업부가 있을 때 어떻게 사회적 가치를 논의할 것인가? 여러 사업부 간에 사업 내용이 다를 경우 사업부마다 독자적으로 선택한 사회적 가치를 다루는 게 효율

기업의 세 가지 활동범위는 기업의 재무성과에 큰 영향을 미치므로 신중히 결정해야 한다. 두 가지 주의할 점이 있다.

첫째, 활동범위를 확장할 때는 기존 사업과 긍정적 시너지를 내는 방향이어야 한다. 이를테면 기존 제품의 생산 및 유통에 시너지를 내는 관련다각화를 추진하고, 기존 소비자와 경쟁환경이 비슷한 인근 지역으로 이동하고, 전방통합이든 후방통합이든 사업에 직접 도움이 되는 수직적 통합 방식을 선택해야 한다. 기업의 활동범위를 정할 때 주로 상품이나 지역에만 초점을 맞추는 경향이 있다. 그러나 이와 더불어 수직적 통합에 관한 선택도 잊지 말아야 한다.

둘째, 세 가지 범위 중 무엇을 확장할지, 그리고 어느 범위부터 순차적으로 확장할지에 관한 로드맵을 수립해야 한다. 한 가지씩 시간을 두고 추진할 수도 있고 두세 가지를 한번에 추진할 수도 있다. 그 판단은 기업의 내·외부적 여건을 고려해야 하는 것이기에 매우 중요하다.

적인가? 아니면 각 사업부의 이해관계를 넘어 회사 전체적으로 일관된 주제나 접근방식을 논의하는 게 효율적인가? 나아가 기업이 다른 산업으로 확장하려 할 때 사회적 가치가 어떤 역할을 할 수 있나? 이런 질문은 대체로 개별 사업부에서 소화할 수 없다. 체계적이고 일관된 시각으로 효율적인 CSV 전략을 실행하려면 반드시 전사 차원에서 사회적 가치를 논의해야 한다.

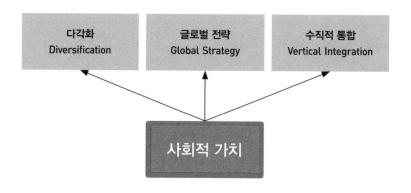

**그림 12. 전사 전략과 사회적 가치**

이제 전사 전략과 사회적 가치를 연결해 살펴볼 차례다(그림 12). 구체적인 사례를 통해 알아보자.

### 다각화: 그라민, 은행에서 통신과 식품까지

다각화와 관련해서는 다음 같은 질문을 던질 수 있다. 한 산업에서 다른 산업으로 진입하고자 할 때, 사회적 가치를 어떻게 활용하면 도움이 될 것인가? 사회적 가치로 어떻게 두 산업을 연결해 시너지를 낼 것인가? 그리하여 각 산업에서 기업의 경쟁력을 향상시킬 수 있는가?

그라민Grameen그룹은 노벨평화상 수상자인 무함마드 유누스Muhammad Yunus가 설립한 그라민뱅크Grameen Bank에서 시작된 다양한 영리 및 비영리 조직의 집합체다. 그라민뱅크는 방글라데시의 빈곤계층에게 무담보로 소액을 대출하여 빈곤 탈출에 성공적으로 기여했다. 이후 무함마드 유누스는 직접 혹은 외부협업을 통해 여러 종류의 조직을 설립해왔다. 예를 들어 노르웨이의 통신사인 텔레노어Telenor와 합작한 그라민폰Grameenphone은 현재 방글라데시 제일의 무선통신사업자이며, 다국적 식음료 기업인 다농Danone과 협력한 그라민다농Grameen Danone은 방글라데시 저소득층에게 부족한 영양소를 제공하는 데 성과를 거두고 있다. 또한 그라민펀드Grameen Fund를 통해 투자를 집행하고, 그라민샥티Grameen-Shakti로 신재생에너지 사업에도 뛰어들었다(그림 13).

그라민그룹의 사업 다각화는 기존 경영전략의 틀에서는 잘 이해되지 않는 면이 있다. 그럼에도 기업가가 확신을 갖고 상당한 수준의 확장에 성공한 것은 조금 다른 관점에서 해석해볼 여지가 있다. 사회문제를 해결하는 능력에서 싹튼 경쟁력이 사업 다각화에 디딤돌이 되었다는 점이다.

금융업의 그라민뱅크, 통신사업의 그라민폰, 식품제조사업의 그라민다농 등 서로 크게 다른 사업이 공유하는 경쟁력은 무엇일까? 힌트는 저소득층 빈곤이라는 사회문제를 비즈니스와 연결한 대목이다. 그라민그룹의 전문성은 철저하게 방글라데시를 중심으로 저소득층 빈곤을 어떻게 해결할지에 집약되었다.

보통의 은행이자율로 위험을 표시할 수 없을 정도로 신용등급이 낮은 저소득층에게 일반 금융으로 돈을 빌려줄 방법은 없다. 그러나 그라민뱅크는 저소득층, 그중에서도 아이를 가진 여성이 빈곤을 극복하려는 의지가 매우 강하다는 사실에 주목했다. 이들에게 담보가

| 그라민<br>뱅크 | 그라민<br>폰 | 그라민<br>다농 | 그라민<br>샥티 | 그라민<br>펀드 |
|:---:|:---:|:---:|:---:|:---:|
| 금융업 | 통신사업 | 식품제조 | 신재생에너지 | 기금 |

**그림 13. 그라민그룹의 다각화 전략**

될 자산은 없지만 지역주민 간의 유대와 연결이 보증 역할을 하리라는 점, 이들이 그 지역을 쉽게 떠날 수 없다는 점도 알고 있었다. 그렇게 시작된 '무담보 소액대출'은 훗날 노벨평화상의 영예를 안았다.

그라민폰은 어떤가? 빈곤층은 돈이 부족하므로 일반 대리점 판매와 가격 책정 방식이 잘 적용되지 않았다. 그런데 정보통신은 지역 마을에 사는 저소득층에게 오히려 더 큰 필요가 있었다. 상품이 거래되고 일자리에 관한 정보가 있어야 돈을 조금이라도 벌 수 있기 때문이다. 그래서 마을마다 활동범위가 넓은 여성을 '그라민폰 레이디'로 임명해 휴대전화를 임대해주었다. 다른 이들도 그 휴대전화를 이용해 외부와 소통하고, 사용량에 따라 비용을 지불하도록 했다. 말하자면 일종의 모바일 공중전화 사업자로 그라민폰 레이디를 선정한 것이다. 그라민폰은 이 프로젝트를 바탕으로 방글라데시 이동통신산업에서 50퍼센트 이상 점유율을 확보하며 1위를 고수하고 있다. 그라민뱅크와 그라민폰의 사례는 산업 전문성과 고유 자산 면에서 서로 연관성이 떨어지지만, 고객이자 수혜자인 저소득층의 문화와 행동양식을 충분히 이해하고 그들에게 가장 큰 문제인 빈곤을 해결할 방법을 사업으로 풀어낸 점에서 공통점이 있다.

이와 비슷한 사례가 더 있다. 탐스TOMS는 고객이 신발 한 켤레를 구매하면 개발도상국에 한 켤레를 기부하는 BOGOBuy One Give One 방식을 상용화한 최초의 회사다(3장에서 탐스의 사례를 상세히 소개한다). 이 메커니즘은 고객이 구매를 통해 기부를 선택하게 하는 특수한 경험을 제공했다. 이는 브랜드 확산과 홍보에도 큰 효과가 있어 실제로 유사 브랜드와 비교할 때 탐스의 마케팅 비용은 매우 적었다. 탐스는 BOGO 방식에 대한 선점과 이해도를 경쟁력으로 활용해 커피와 안경 사업으로 확장했다. 역시 산업의 전문성이나 자산과의 연결은 약하지만 세 사업 모두 고객의 기부가 특정 기부를 확정하는 형태로 설계되어 있다.

## 글로벌 전략: 아프리카를 공략한 보다폰과 야라

글로벌 전략과 관련해서는 이렇게 물을 수 있다. 기업이 해외에 진출할 때 사회적 가치는 어떻게 활용되고 도움을 줄 수 있는가? 사회적 가치는 두 지역을 연결해 어떻게 시너지를 창출할 수 있는가? 또 어느 지역부터 순차적으로 진입하는 것이 좋은가?

보다폰Vodafone은 영국의 대표적 텔레커뮤니케이션 기업이다. 이 회사는 유럽은 물론 아프리카·동유럽 등 개발도상국에도 진입하려 했다. 그리하여 케냐의 공기업이었던 사파리콤Safaricom의 지분 40퍼센트를 매입해 최대주주가 되는 방식으로 현지 시장에 진출했다. 이때 현지에 맞는 사회공헌을 고민하며 가장 중요시되던 '송금의 어려움'을 개선하는 작업을 시작했다. 당시 케냐는 넓은 국토에 비해 금융인프라가 취약하여 송금·인출과 입금이 매우 어려웠다. 신용카드 같은 결제수단은 서민층에게 매우 요원했다. 이 때문에 경제활동이 심하게 위축되고 빈곤에서 벗어날 기회도 제약을 받고 있었다. 보다폰은 개발도상국에 필요한 '문자로 소액을 송금하는 기술'을 도입했는데, 이미 영국 등 선진국에서는 기술발전으로 크게 고려되지 않은 방식이었다. 그것이 엠페사M-PESA라는 서비스로, '페사'는 돈을 뜻하는 스와힐리어이고 '엠'은 모바일을 가리킨다.

엠페사를 통해 케냐에서는 현금 없이도 결제가 가능해지고 멀리 떨어진 자녀에게 송금할 수 있게 됐다. 전국에 2만 개 넘게 분포한 작은 가게들도 엠페사 사업자로 등록하여, 엠페사 송금을 받은 뒤 일부 수수료를 제하고 현금을 돌려주는 일종의 현금입출금기 역할을 했다. 이에 따라 돈의 거래가 늘고 경제 순환도 빨라졌다. 많은 이들이 빈곤 탈출에 탄력을 받았다. 케냐의 15세 이상 인구 3000만 명 가운데 75퍼센트에 달하는 2262만 명이 이 서비스에 가입했다. 케냐의 간편결제 및 송금 시장에서 점유율은 80퍼센트를 넘는다. 우리나라에 빗대면 토스나 카카오페이가 활약하는 시장을 엠페사가 장악한 것이다. 현재 사파리콤의 기업가치는 2011년 이후 10배 이상 올라 약 12조 원을 기록하고 있다.

보다폰은 여기에 그치지 않고 더 파격적인 행보를 이어갔다. 이집트·가나·탄자니아 등 아프리카 국가는 물론, 인도·루마니아·우크라이나 등 여러 개발도상국에 엠페사를 앞세워 사업을 확장했다. 현재 보다폰의 연결재무재표 기준 매출에서 엠페사와 관련된 매출이 20퍼센트 정도를 차지할 정도로 중요한 사업이 됐다.

이 확장은 철저히 개발도상국의 사회문제가 고객가치 제안으로 연결되어, 기업의 글로벌 전략에 큰 축이 된 사례다. 사회문제는 지역과 시대에 따라 변화하긴 해도 그 원인과 현상에 상당한 공통점이 있다. 일반 기업전략에서는 여기까지 고려하지 않지만 CSV를 추진하는 전사 전략, 특히 글로벌 전략과 관련해서는 새로운 가치 창출의 원천으로 삼을 필요가 있다. 그럴 경우 어떤 사회문제의 원인과 양상이 유사한 국가를 새로운 진출 시장의 우선순위로 고려할 수 있다.

다음으로 야라인터내셔널Yara International의 사례를 살펴보자(3장 참고). 노르웨이의 야라인터내셔널은 아프리카의 여러 나라에 새로운 시장을 개척하고자 전략을 세웠다.

아프리카는 인구가 13억가량이고 평균연령이 낮아 노동력이 풍부하다. 그러나 2차·3차 산업이 발달하지 않아 여전히 많은 인구가 1차 산업에 머무르고 있다. 게다가 넓은 대지에 열악한 운송인프라, 발달되지 않은 농업기술 등에 비추어 농업 역시 경쟁력이 있다고 보기는 어렵다. 야라인터내셔널은 자사의 비료가 아프리카에서 충분히 농업 생산력을 끌어올리리라 기대하며 승부수를 걸었지만 잘되지 않았다. 그러나 포기하지 않고 현지 정부와 노르웨이 정부의 국제개발 사업 지원을 받아 클러스터 개발 사업을 진행했다. 비료회사가 타국에 가서 항만과 도로 설비 개선에 투자한다고 하면 '과도한 낭비'라는 비판이 제기될 법하다. 그러나 야라인터내셔널은 농업 생산성 문제에 부딪힌 아프리카 국가들을 자사의 비료를 활용할 크고 새로운 시장으로 확신했다.

노력 끝에 탄자니아·모잠비크 등지에 농업 클러스터를 구축하는 데 성공하며 야라인터내셔널의 아프리카 진출도 큰 탄력을 받았다. 모잠비크에서만 20만 명 이상의 저소득 농민이 혜택을 받았다. 그 밖에도 항만 및 도로 공사와 농업 산업의 확장으로 최소 35만 개의 일자리가 생겼다고 보고됐다. 야라인터내셔널의 비료사업도 아프리카에 꾸준히 침투해, 모두가 불가능하다고 했던 아프리카 지역 신시장 진출 사업은 약 10년째 꾸준히 성장해왔다.

야라인터내셔널의 사례를 보면 개발도상국 진출은 선진국 간의 확장과는 다른 고민이 필요하다는 점을 알 수 있다. 단기간의 농업 발전도를 100점 만점으로 보자면 개발도상국의 농업이 10점, 선진국의 농업은 90점이다. 당연히 90점에서 5점을 올리는 일은 한계생산성이 감소하며 매우 어렵지만, 개발도상국의 10점을 50점으로 올리는 일은 상대적으로 쉬울 수 있다. 좋은 기계와 비료와 기술만 있어도 달성할 수 있다. 그 시장의 매력을 막는 요소는 항만과 도로처럼, 개별 기업이 직접 개입하기보다 정부가 나서야 할 부분이다. 이에 기업이 협력자로 혹은 설계자이자 주도자로 나서는 것이 글로벌 전략의 핵심 요소가 된다.

## 수직적 통합: 파타고니아와 아라빈드 병원

수직적 통합에 관해 살펴보자. 기업이 가치사슬의 다른 산업으로 진입할 때, 사회적 가치는 어떻게 활용되고 도움을 줄 수 있는가? 사회적 가치는 두 산업을 연결하여 어떻게 시너지를 창출할 수 있는가?

파타고니아Patagonia는 등반가였던 이본 쉬나드Yvon Chouinard가 등반에 필요한 강철 피톤piton(못의 일종)을 만들어 팔던 데서 시작한 회사다(3장 참고). 그러나 곧 강철 피톤을 암반에 박아 넣는 것이 환경파괴를 일으킨다는 것을 알고, 암반의 자연적인 홈에 거는 알루미늄 초크로 사업의 핵심을 바꿨다. 이익의 70퍼센트를 차지하던 피톤을 포기한다는 결정은 당장에는 어리석은 일로 여겨졌지만, 환경을 고려한 등반에 대한 인식이 높아지며 파타고니아의 입지를 분명히 하는 계기가 됐다. 이후 파타고니아는 아웃도어 의류를 생산하며 100퍼센트 유기농 면화를 사용하는 등 환경을 지속적으로 고려했다. "이 자켓을 사지 마세요Don't buy this jacket"라는 파격적인 캠페인도 벌였는데, 의류를 쉽게 사서 쉽게 버리지 말고 고쳐 입자는 메시지였다. 또한 매출의 1퍼센트를 환경단체에 기부하는 등 포괄적인 활동을 이어갔다.

그러나 파타고니아는 이 정도로는 해결하지 못한 문제가 많다고 봤다. 그리하여 환경오염을 줄이고 기능성을 높이는 원단을 연구함으로써 그런 고민에 도전했다. 소재 전문업체 말덴Malden과 함께 재활용 페트병에서 신칠라Synchilla라는 새로운 원단을 만드는 데 성공했다. 신칠라는 양털과 비슷한 재질로 지금은 아웃도어 의류에 흔히 쓰이는 원단이다. 이후 파타고니아는 내부에 개발팀과 실험실을 두고 원단 연구개발에 집중 투자했다. 그 결과 다양한 친환경·재활용 원단 개발에 성공해, 현재 100퍼센트 유기농 목화로 만들어 환경영향이 거의 없는 데님, 재활용 면·나일론·울, 업계 최초로 상용화한 음료수 페트 재활용 폴리에스터, 염색하지 않은 캐시미어, 고무 대신 사용하는 율렉스Yulex, 환경영향이 거의 없는 텐셀 리오셀Tencel Lyocell 과 헴프hemp 등을 통해 의류 경쟁력을 높이고 있다. 이런 노력 끝에 파타고니아는 미국의 3대 아웃도어 브랜드로 자리 잡는 데 그치지 않고 2013년 점유율 12.7퍼센트로 노스페이스에 이어 2위에 올랐다.

CSV의 실행은 사회문제를 해결하는 과정과 비즈니스를 수행하는 과정이 서로 얽힌 가치사슬의 구성 과정이라고 볼 수 있다. 파타고니아의 경우 환경영향이 적은 아웃도어 의류를 만들려면 소재 개발이 필수였다. 만일 그 소재의 산업적 발달이 느리다면 소재를 직접 만드는 데 투자하고 참여해 사업을 확장하는 수밖에 없다. 이는 파타고니아뿐 아니라 트럭의 방수포를 활용해 가방을 만드는 프라이탁FREITAG, 세계 제일의 카펫타일회사인 인터페이스Interface(6장 참고)가 선택한 방안이기도 하다. 모두 상품의 품질을 높이는 동시에 환경오염을 줄이고자 소재 산업에 진출하는 방향으로 가닥을 잡았다.

인도의 아라빈드 안과병원Aravind Eye Hospital 사례도 있다. 아라빈드 안과병원은 안과의사인 고빈다파 벤카다스와미Govindappa Venkataswamy가 공공병원 은퇴를 앞두고 설립했다. 인도는 현재 약

6000만 명의 시각장애인이 있는 것으로 추정되며, 실명 원인의 80퍼센트는 간단한 수술로 치료할 수 있는 백내장이다. 이 안과병원은 돈이 없는 사람은 형편대로 치료비를 내거나 무료로 수술을 받고, 돈이 있는 사람은 제값을 내는 방식으로 운영되었다. 그 대신 수술 방식을 혁신해 훨씬 더 많은 시술이 가능해졌다. 이 병원 의사는 1년에 평균 2000건의 백내장 수술을 하고 있다(같은 시기 인도의 다른 안과의사는 약 300건, 미국에서는 약 125건이라고 한다). 설립 이후 현재까지 이 병원에서는 3200만 명의 환자가 진료받았고, 400만 건 이상의 수술이 진행됐다.

그러나 이 방식만으로는 한계가 있었다. 백내장 수술에 쓰이는 인공수정체가 인도의 저소득층에게는 너무 비쌌기 때문이다. 기존의 인공수정체는 해외 소수 기업이 과점하고 있어 저가에 공급받을 수가 없었다. 이 문제를 해결해야 더 많은 백내장 수술이 가능했다. 그리하여 아라빈드 안과병원은 인공수정체 생산으로 사업 영역을 넓혔다. 오로랩Auro Lab이라는 별도 법인을 세워 인공수정체 개발에 계속 투자한 결과, 기존보다 15~30배 저렴한 인공수정체를 만들었다. 미국에서 1700달러를 지불해야 하는 백내장 수술을 아라빈드에서는 10달러면 받을 수 있다. 이렇게 가격경쟁력을 갖추고 아라빈드 안과병원의 다양한 수술에 적용력도 높인 오로랩은 세계 3위 인공수정체 생산업체가 되어 전 세계 120여 개 나라에 수출을 하고 있다. 이렇게 기존 비즈니스 가치사슬 내의 확장과 달리 사회문제 해결의 관점에서 가치사슬을 조명하면, 시너지를 낼 수 있는 사업영역을 확인할 수 있다.

## CSV 전사 전략의 장점

기업은 사업부제와 전사적 차원 모두에서 경영전략을 세운다. CSV 전략 역시 사업부제 단위뿐만 아니라 전사적 차원에서 수립해야 한다. 각 사업부의 핵심역량을 통해 사회적 가치를 창출하고 이로써 각 사업부의 경쟁력을 높이는 것도 좋지만, 사업부 간의 시너지를 극대화할 방안도 연구해야 한다. 전사적 차원의 CSV 전략은 다음 세 가지 측면에서 중요하다.

첫째, 개별 사업부제 CSV 전략이 각각 잘 수행되더라도 전사적 입장에서 드러날 수 있는 불협화음을 최소화할 수 있다. 같은 회사 내에서도 사업부마다 특별한 색깔이 있다. 그래서 그 다양한 색이 자칫 경쟁 혹은 갈등관계에 놓이거나 서로 상반된 메시지를 낼 가능성이 있다. 이때 전사적 관점에서 통합된 CSV 전략이 도출된다면 오히려 이 불협화음을 폭넓은 다양성과 시너지로 바꾸어갈 수 있는 기회가 생긴다.

예를 들어 한 기업 내에는 플라스틱 소재를 판매하는 사업부도 있고 그 플라스틱으로 병을 제조하는 사업부도 있을 수 있다. 만약 플라스틱 병을 제조하는 사업부에서 환경문제 때문에 플라스틱을 사용하지 않고 새로운 대체 소재로 병을 만드는 방향만 고수한다면, 전사적 차원에서 플라스틱 소재 사업부를 고려하지 않은 까닭에 갈등관계가 야기될 수 있다. 그러나 전사적 차원에서 환경영향을 최소화하는 방향으로 통합적인 CSV 전략을 세운다면 소재 사업부에서 대체소재를 연구·개발하여 상호 시너지를 추구할 수도 있고, 아예 플라스틱 사용을 줄이기보다는 폐기물의 선순환에 중점을 두어 플라스틱 병의 수집·재생을 함께 협력하여 추진할 수도 있다.

둘째, 전사적 차원의 사회적 가치는 대외 마케팅·커뮤니케이션에서도 효율성을 높일 수 있다. 대외 마케팅과 커뮤니케이션에서 일관성은 매우 중요한 요소다. 따라서 각 사업부 CSV 전략이 실행 단계에서 대립하는 것도 문제이지만 대외 커뮤니케이션에서 통합된 메시지를 전달하지 못하는 것도 큰 문제가 될 수 있다. 특히 고객과 대중이 혼란스러워하는 수준을 넘어 CSV 전략 자체의 도덕적·철학적 한계를 노출한다면, 외부는 물론 내부 구성원에게도 큰 반감을 사 전략의 실행 자체가 실패로 귀결될 가능성이 높다. 반대로 메시지를 통합하여 커뮤니케이션 한다면 더 많은 채널에서 집중적이고 연계도가 높은 메시지가 전달되어 훨씬 더 효율적인 정보 전달과 설득 및 공감을 이끌어낼 수 있다.

셋째, 전사적 차원의 CSV 전략은 결과적으로 개별 사업부의 경쟁력 향상에 기여한다. 개별 사업부에서는 발견할 수 없었던 사회문제의 접점을 다른 사업부의 CSV 전략에서 발견한다든지, 직접 활용할 수 없었던 다른 사업부의 자원을 공유한다면 전체 가치사슬이 확장되거나 강화된다. 이는 전사적 CSV 전략의 성공으로도 이어지겠지만, 개별 사업부의 경쟁력 향상에도 기여한다.

## 3장

# 마이클 포터를 넘어서
## _실전 CSV 전략

CSV 전략은 충분히 논리적인 접근이 가능한 엄밀한 경영 전략의 한 형태이다. CSV 전략은 사회 문제 발굴로 시작하여 사회적 가치, 고객가치, 경제적 가치의 창출로 이어진다. 이 장에서는 이러한 가치의 흐름을 구체적으로 설계하고 실행하는 SCE 모델을 소개한다. 또한 SCE 모델을 기반으로 비용우위 전략, 차별화 전략, 클러스터 모델 등이 어떻게 적용될 수 있는지 성공적인 사례들을 알아본다.

　다양한 논쟁이 있어 온 탐스슈즈의 비즈니스 모델을 분석하고, 그들이 취해 온 전략 중 CSV 전략 관점에서 배울 점을 살펴보는 한편 어떤 면에서 CSV 전략이라고 보기 어려운지도 살펴보자.

# 사회적 가치를 비즈니스 모델로 전환하는 법
## _SCE 모델

CSV 전략을 수립하려면 사회문제를 둘러싼 사회·문화·경제 지식과 더불어 경영전략에 대해서도 전문가가 되어야 한다. 한편 사회복지·사회사업·사회공헌 분야에서 지식과 경험을 축적한 전문가라 할지라도 경영전략에 대한 구체적 지식 없이는 CSV 전략을 효율적으로 수립하기 어렵다. 마찬가지로 경영전략을 수립하려는 사람은 사회문제에 더욱 개방적인 사고방식을 가질 필요가 있다. 기업의 역할을 지나치게 협소하게 정의하고 시장의 범위를 현존하는 고객의 니즈needs로만 국한한다면, 새롭게 부상하는 신시장 및 혁신의 가능성을 놓칠 수 있다.

그렇다면 CSV 전략을 구체적으로 어떻게 수립하고 실행할 것인가? 기본적으로 CSV 전략도 비즈니스 전략이므로 전략의 네 가지 기본 요소에 충실해야 한다. 다시 말해 전략적 목표를 세우고, 활동범위를 정하고, 특정한 고객가치에 기반한 경쟁우위를 확보하여, 궁극적으로 경제적 목표인 이윤을 얻어야 한다. 또한 전략의 세 가지 요소를 아우르는 비즈니스 로직 역시 기업의 핵심역량에 근거해 차별적으로 수립돼야 한다. 이 장에서는 CSV 전략 수립을 위한 단계별 모델을 제시하고자 한다.

### CSV 가치 창출 과정

CSV 전략을 수립하려면 우선 CSV 가치 창출 순서에 대한 이해가 필요하다. 앞서 이야기했듯이, 기업의 전략적 고려 없이 사회의 요구에 대한 수동적 대응 차원에서 선택된 사회문제는 단기간의 홍보성 프로젝트라든지, 기업의 핵심역량 사업과 별 관련 없는 행사에 그치기 쉽다. 이런 사고방식은 '별반 성과 없이 자원만 축낸다'라며 목소리를 높이는 기업 내부의 저항을 막기에도 역부족이다.

CSV 전략이 추구하는 가치는 다음과 같이 순차적으로 창출된다(그림 14). 사회문제Social problem에서 출발해 사회적 가치Social value, 고객가치Customer value, 경제적 가치Economic value 순으로 이어지는 CSV 가치 창출 순서를 'SCE 모델'●이라고 한다. CSV 전략을 수립하고 실행하기 위해서는 고객가치가 사회적 가치와 경제적 가치를 이어주는 중간 역할을 한다. 사회적 가치를 창출한다는 여러 논의들이 사회적 가치와 경제적 가치에만 초점을 두는 경우가 많다. 포터와 크레이머

---

● 김태영. 2013. "CSV: 진짜 목표인가, 세탁용인가?" DBR(131호) 참조

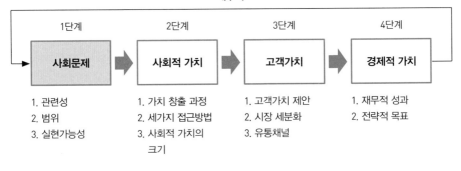

그림 14. SCE 모델(1): CSV 가치 창출 순서

의 〈빅 아이디어: 공유가치창출〉 역시 고객가치를 상세히 논의하지 않은 채, 사회적 가치와 경제적 가치를 직접적으로 연결했다. 주된 설명은 사회문제가 해결되면서 경제적 가치가 높아졌다는 식이다. 이런 설명에는 두 가지 오류가 있다.

첫째, 사회적 가치는 경제적 가치로 자동 전환되지 않는다. 사회적 가치가 반영된 상품과 서비스가 시장경쟁을 통해 고객의 선택을 받아야 비로소 경제적 가치로 전환된다. 따라서 이에 대한 충분한 분석이나 재무자료 없이 사회적 가치가 증가해 사업이 잘되고 이윤이 많이 남았다고 설명하면 CSV 전략을 수립하고 실행하는 데 도움이 되지 않는다.

둘째, 사회적 가치가 고객 가치로 직결되지 않을 경우 CSV 워싱이 발생할 가능성이 높다. 기업은 비용을 들여 사회적 가치를 창출했지만, 사실 경제적 가치를 창출하지 않았을 경우에는 CSV 전략이라고 말하기 힘들다. 혹은 사회적 가치의 크기가 너무 작아 차별화된 고객 가치에 의미 있는 영향을 주기 힘든 경우도 있다. 기업은 사회적 가치의 크기를 더 키워, 고객 가치에 영향을 줄 수 있는 방안을 전략적으로 마련해야 한다.

### 사회문제 발굴

1단계는 창출하려는 사회적 가치를 구체적 사회문제로 정의하는 작업이다.[*]

해결하려는 사회문제의 내용 및 범위 그리고 기업과의 관련성 및 역량을 점검한다. 사회문제를 선택할 때 중요한 기준은 기업의 핵심역량과의 관련성relatedness, 사회문제의 범위scope, 사회문제의 해결가능성feasibility이다.

첫째, 기업의 핵심역량과의 관련성은 CSV를 결정짓는 중요한 요소 가운데 하나다. 기업의 핵심역량과 직결되는 사회문제일수록 기업의 경쟁우위로 전환될 가능성이 높다. 반대로 핵심역량과 관련성이 낮을수록 사회문제 해결 과정은 기업의 사회공헌 프로그램으로 전환될 우려가 높다. 예를 들어 다우케미칼Dow Chemical과 코카콜라Coca-Cola는 생산 과정에서 물 사용을 줄이고, 시장조사기관 톰슨 로이터스Thomson Reuters는 농업 정보를 농민에게 제공하면서 사회적 가치와 경제적 가치를 높이는 활동을 전개했다. 이처럼 기업이 가치사

---

[*] 여러 사회문제를 선택할 수 있지만, 현실상 어려운 점도 많고 논리의 흐름을 단순화하기 위해 이 글에서는 하나의 사회문제를 설정하는 것으로 국한한다.

한국사회에서 많은 CSV 사업이 부진을 떨치지 못하고 용두사미로 끝나고 마는 이유는 무엇일까? CSV 전략은 사회문제에 대한 깊은 이해를 필요로 한다. 따라서 그런 이해와 더불어 전략적 사고를 촉진하고 단계별 진행상황을 점검할 전문인력과 CSV 전담부서가 있다면 큰 도움이 된다.

궁극적으로는 경영전략팀이 이런 과제를 수행해야 하지만, 실제로 일부 기업의 경영전략팀은 CSV 전략을 수행할 준비가 되어 있지 않다. 일반 경영전략 사업과 마찬가지로, CSV 사업을 진행하는 과정에도 수많은 어려움이 있을 것이다. 따라서 기업이 사회문제에 얼마나 헌신하느냐는 리더(최고경영자층)의 헌신도에 지대한 영향을 받는다. CSV 전담부서는 리더가 정확한 관련 정보를 얻고 전략적 사고를 하는 데 중추가 될 수 있다. 리더의 헌신도가 낮으면 CSV 전략은 중도에 변질되거나 중단될 확률이 높다.

---

슬 활동과 사회문제의 관련성을 적극 검토하면, 사회문제를 해결하는 과정이 기업에 또 다른 혁신의 과정이 될 수 있다.

둘째, 사회문제의 범위는 기업이 풀고자 하는 사회문제를 어디까지로 규정하는가 하는 전략적 선택의 문제다.

범위를 선택할 때 주요 기준은 사회문제의 당사자(수혜자), 니즈(필요), 지역성이다. 먼저 사회문제로 고통받는 당사자에 대한 깊은 이해가 필요하다. 아동·노인·청소년·직장인·중소기업·농민·일반 고객 등 당사자가 누구인가는 문제를 어떻게 해결하는가에 매우 중요한 단서를 제공한다. 예를 들어 코코아 작물의 구매·유통 구조를 개선하면 농민이 일차적으로 혜택을 얻으며, 품질 좋은 초콜릿을 구매하는 고객도 혜택을 얻는다. 하지만 공해문제를 개선하면 일반 국민 모두가 혜택을 얻는다.*

사회문제는 단기적·구체적 니즈부터 장기적·포괄적 니즈에 이르기까지 다양하다. 예를 들어 매일 한 끼 식사를 제공해 어려운 이웃을 돕는 프로그램부터, 그들을 빈곤에서 벗어나게 돕는 보다 장기적이고 체계적인 프로그램까지 다양하게 운영할 수 있다. 지역성을 고려해 사업의 성격에 따라 한 국가를 기반으로 할 수도, 여러 국가를 대상으로 글로벌 사업을 진행할 수도 있다. 또 특정 지역의 유통구조 개선 같은 문제가 있는가 하면, 환경문제처럼 특정 지역을 넘어서는 범지구적 문제도 있다.

사회문제의 범위가 정해지면 그에 대한 구체적인 조사와 지표가 필요하다. 이를테면 특정 지역의 농민 빈곤율 감소 및 소득수준 향상, 기술혁신을 통한 이산화탄소 배출량 감소, 새로운 비즈니스 모델을 통한 저소득층의 주거문제 해결 등 문제의 현황이 드러나도록 측정 가능한 지표를 설정해야 한다.

셋째, 사회문제의 해결 가능성은 한 기업이 모든 사회문제를 해결

---

* 구체적 수혜자가 정해져 있지 않으면, 수혜자를 통해 사회문제를 직접적으로 해결하는 방식이 그다지 효율적이지 않을 수 있다. 개개인의 소비자는 당장 자신은 피해를 입지 않는다는 생각에 비용을 지불하려 들지 않기 때문이다. 이럴 경우, 시민의 의식이 바뀌고 비용이 더 내려갈 때까지 정부에서 체계적인 지원제도를 마련하는 것도 대안이 될 수 있다.

할 수 없고, 때로 순차적으로 해결하는 지혜를 발휘해야 한다는 전제에서 출발한다. 따라서 경쟁우위를 높이고 시장을 개척할 수 있는, 특정 시간 내에 해결 가능한 사회문제를 선택해야 한다. 이런 경우 기업의 자원 및 문제해결 능력, 헌신 정도가 중요한 척도다. 우선 기업의 인적자원과 물적자원에 대한 단기 혹은 중·장기 접근이 필요하다. 인적자원이 충분한지, 재무관계상 투자를 꾸준히 할 수 있는지를 검토하는 것이다. 물론 핵심역량에 기반한 사업이고 자원이 풍부하다 해도, 기업은 꾸준한 연구개발 및 혁신을 통해 문제해결 능력을 보유해야 한다.

### 문제해결을 위한 접근법

2단계는 어떤 과정을 통해 사회문제를 해결할지 그 접근법을 선택하는 작업이다.

첫째, 기업은 상품과 시장을 재평가함으로써 새로운 고객가치를 창출할 수 있다.

대표적인 사례가 BoP^Bottom of Pyramid 모델이다. 예를 들어 기업은 저개발국가의 저소득층 혹은 도시 내 빈곤 가정을 돕기 위해 새로운 상품을 개발하고 저렴한 가격에 판매해 경제적 이익을 얻을 수 있다. 이때 개발된 상품이나 서비스가 저소득층 고객을 상대로 하기 때문에, 사회적 가치의 크기는 그 저소득층이 얻는 사회적 가치를 의미한다.

둘째, 기업은 가치사슬 위의 경제활동 일부 혹은 전체를 개선함으로써 사회문제 해결에 기여할 수 있다.

기업은 이산화탄소 배출을 줄이고 연료효율성을 높이는 활동을 통해 친환경적 가치를 증대할 수 있다. 이때 이산화탄소 감소량과 연료효율성을 측정할 수 있다.

셋째, 기업의 경제활동에 외부비용으로 연결되는 관련 클러스터를 개선함으로써 사회문제를 해결할 수 있다.

이를테면 IT 혹은 소프트웨어 기술자가 부족한 사회에 필요한 교육을 제공하고 필요한 인프라에 투자하여 기업환경을 개선하는 경우를 들 수 있다. 개선된 기업환경은 기업의 경제적 이익을 늘리는 데도 일조할 수 있다. 이때 무직상태에서 교육서비스를 받고 취업을 한 사람의 수를 세는 등의 방식으로 사회적 가치의 크기를 측정할 수 있다.

이 세 가지 접근법을 대기오염이라는 한 가지 사회문제에 적용해보자. 첫 번째 방법으로 대기오염 발생을 억제할 새로운 상품을 개발할 수 있다. 두 번째 방법으로 이미 생산하고 있는 제품의 일부 기능을 개선해 이산화탄소를 줄일 수 있다. 세 번째 방법으로 기업 외부에 프로그램 개발을 지원하거나, 친환경 제품 생산을 위한 인프라 구축에 힘을 보탤 수 있다.

세 가지 접근법 중 하나가 정해지면, 사회적 가치를 창출할 수 있는 구체적인 혁신 프로세스를 만들어야 한다. 이때 기술공학, 경영학적 비즈니스 모델, 디자인 혹은 미학적 관점 등을 도입할 수 있다.[*] 이 산화탄소 감소 등 친환경 정책으로 사회문제를 해결하려 할 때, GE 에코매지네이션(4장 참고)처럼 기술공학적으로 문제를 해결할 수 있고, 월마트처럼 수많은 트럭이 이동하는 동선을 최적화함으로써 원하는 목표를 달성할 수 있으며, 인터콘티넨탈호텔그룹처럼 호텔 디자인을 바꾸는 등 미학적 관점에서 접근할 수 있다. 어떤 혁신 프로세스를 추구할지는 기업의 핵심역량과 고객가치가 만나는 접점에서 정해진다.

### 고객가치

3단계는 사회적 가치를 고객가치로 전환하는 작업이다. 일반적으로 사회적 가치와 경제적 가치만을 언급하는 경향이 있다. 사회적 가치가 증가하여 경제적 가치가 늘어났다는 식의 설명이 많다. 하지만 여기에 함정이 숨어 있다. 사회적 가치는 경제적 가치로 자동적으로 전환되지 않는다. 이 전환은 고객가치를 통해서 이루어진다. 이는 기업이 원하는 사회적 가치가 아닌, 고객이 원하는 가치에 기여하는 사회적 가치를 창출해야 한다는 뜻이다. 예를 들어, 기업이 오염 배출물을 줄였다 해도 제품이나 서비스에 어떤 영향을 주지 못하고 고객이 이에 대한 어떠한 차별적인 가치도 느끼지 못했다면 CSV 전략을 수립했다고 할 수 없다. 왜냐하면 기업은 비용을 들여 사회적 가치를

---

[*] 이른바 적정기술(appropriate technology)이 사회문제 해결에 큰 역할을 할 수 있다.

창출했지만 시장에서 그 비용을 회수할 방법이 없기 때문이다. CSV 전략은 사회적 가치가 차별적인 고객가치로 이어져야 비로소 빛을 발한다.

2단계에서 설명한, 사회적 가치를 창출하는 세 가지 방법은 고객 가치의 유형에 직접적으로 영향을 미친다.

첫째, 상품과 시장을 재평가하는 것은 곧 새로운 시장을 창출하는 과정이므로, 기존과 매우 다른 고객가치를 제공할 가능성이 높다.

고가의 심장박동 측정 장비를 인도·중국 시장에 맞춰 기능을 간소화하고 가격을 대폭 낮춘 GE(제너럴 일렉트릭)의 헬시매지네이션 Healthymagination이 이에 해당한다. 이 경우 사회적 가치 창출이 고객 가치로 바로 인지될 수 있다. 그 이유는 상품·서비스에 직접 고객가치를 담을 수 있기 때문이다. 이용하는 사람이 바로 고객이면서 동시에 사회문제로 고통받는 당사자이기 때문이다.

둘째, 가치사슬상 일부 혹은 전체 기업활동을 개선하는 것은 기존 고객가치를 보완할 수 있다.

이때 가치사슬상 다른 활동과의 관계가 중요하다. 각 활동을 별개로 보는 대신, 서로 보완하며 시너지를 낼 수 있도록 제조·마케팅·유통 등 모든 활동을 전체 시스템의 하나로 보는 통합적인 시각이 필요하다.

셋째, 외부요인으로 발생하는 비용을 줄이기 위해 관련 클러스터를 개선하는 것은 장기적으로 혹은 간접적으로 고객가치에 연결될 수 있다.

CSV 가치 창출 접근법 가운데 새로운 시장과 상품을 개발한다는 첫 번째 방식에 비해, 두 번째와 세 번째 방식에서는 '사회적 가치'와 '고객가치'의 인과관계가 불분명할 때가 있다. 가치사슬의 일부 혹은 전체를 개선함으로써 CSV 전략을 수행하면, 그 효과가 상품·서비스에 바로 반영될 수도 있지만 간접적으로 반영될 수도 있기 때문이다.

패스트푸드의 유해성을 줄여 건강한 식품을 만들 경우 식품의 영양소 구성 및 첨가물 사용 등에 직접적인 영향이 미친다. 그러나 취약계층 일자리 보장, 친환경 정책 수행, 종업원 복지 증진 등 조직 내부의 인프라를 개선하는 일은 상품·서비스에 비교적 간접적으로 영향을 준다. 일부 기업은 후자를 마케팅이나 브랜드 이미지 제고의 기회로 삼기도 한다. 다만 중요한 점은 기업이 상품·서비스에 사회적 가치를 확대하는 내용을 담는 방향으로 CSV 전략을 구성해야 한다는 것이다. 고객이 사회적 가치를 분명히 인지하면 경제적 가치의 증가로 이어질 가능성이 높다.

이 경우 고객가치에 연결될 수 있는 비즈니스 모델을 구축해야 한다. 외부환경을 개선해 다른 경쟁기업이 나아진 환경에 무임승차하는 결과만 가져와서는 안 되기 때문이다. 따라서 교육·도로 등 관련 클러스터에 드는 개선 비용을 줄이고 효과를 극대화하기 위해서는 정부와 비영리조직 등의 도움을 얻어 사업을 시행하는 PPP$^{public-private partnership}$를 적극적으로 검토할 필요가 있다. 이를 통해 공공가치에 대한 기업 이미지 제고라는 부수적 효과도 가져올 수 있다.

경제적 가치

4단계는 3단계에 제안된 고객가치가 시장에서 어떻게 평가받는지를 점검하는 작업이다. 즉 일정 기간 고객가치가 경제적 가치로 전환된 결과를 측정하는 것이다. 어떤 재무적 지표를 사용할지는 기업의 전략적 방향과 밀접한 관련이 있기 때문에 신중해야 한다. 재무적 지표로는 상대적인 시장점유율[RMS], 매출액수익률[ROS], 투자수익률[ROI], 투하자본수익률[ROIC] 등을 예로 들 수 있다. CSV를 통한 재무성과는 당해년도에 바로 발생하는 것이 아니라 일정 시간이 지난 뒤에 발생할 가능성도 높다. 그러므로 CSV 전략 실행 이후 일정 기간에 걸쳐 재무성과에 관한 정보를 체계적으로 수집해야 한다.

## CSV 전략 수립은 거꾸로

그림 15. SCE 모델(2): CSV 전략 수립 과정

이제까지 CSV 가치 창출 과정을 살펴보았다. 그렇다면 CSV 전략은 어떻게 수립해야 하는가? CSV 가치 창출 순서를 그대로 따라도 좋지만, 더 효율적인 방법은 오히려 순서를 '거꾸로' 하는 것이다(그림 15). 그 이유는 CSV 전략을 수립할 때 사회문제를 먼저 선택하지 않는 것이 중요하기 때문이다. 사회문제는 전략적으로 최후에 선택한

CSV 전략 수립에서 짚고 넘어갈 문제가 있다. 과연 사회문제 해결을 통한 '사회적 가치'의 증대라는 CSV의 원칙은 경제적 가치 혹은 고객가치가 훼손되는 과정에서도 반드시 고수해야 할까? 기업의 현실을 고려하면 '반드시 그렇지는 않다'.

CSV 전략은 '사회적 가치의 증대를 통한 경제적 이익의 실현'을 추구하며, 이는 자본주의의 위기와 저성장이라는 국면에서 효율적으로 작동할 가능성이 높은 것으로 인식된다. 이런 국면에서 기업이 사회문제에 무관심한 채 경제적 이익만 확대할 수 있는 기회가 적기 때문이다. 그런데 모든 기업이 CSV 전략으로 시장에서 더 큰 경제적 이익을 누릴 수 있는 것은 아니다. 그 이유는 간단하다. 소비자들이 아직 사회적 가치의 중요성을 인지하지 못할 수 있으며, 아무리 좋은 사회적 가치도 고객가치에 반영되어 경제적 가치로 이어지는 데 생각보다 현실적으로 시간이 많이 걸릴 수 있기 때문이다. 특정한 사회적 가치를 고객가치와 경제적 가치로 연결하려면 전략의 4대 요소를 다각도로 검토하고 신중하게 전략을 수립해야 한다.

다. 이 점이 CSV 전략의 가장 중요한 특징이다.

기업의 핵심역량에 따라 선택된 사회문제는 사회구성원 입장에서는 가장 시급한 문제가 아닐 수 있다. 사회에서 당장 해결을 요구하는 사회문제와 기업이 해결할 수 있는 사회문제는 다를 수 있다는 이야기다. 예컨대 노인문제가 가장 심각하게 인식되는 사회에서는 환경오염의 시급성이 뒤로 처질수 있다. 그러나 어떤 기업의 핵심역량이 환경오염을 줄이는 기술력에 있다면, 그 기업은 환경오염을 해결하는 데 집중하고 노인문제는 다른 기업에 맡기면 된다.

앞에 제시한 SCE모델을 이용하여, '거꾸로' 경제적 가치에서 출발해보자.

첫째, 현재 재무상태를 파악하고 기업의 미래 목표를 정한다.

기업의 목적은 이윤추구이며, 어떤 재무성과를 목표로 할지에 따라 전략의 방향이 바뀔 수 있다. 따라서 시장경쟁을 통한 상대적인 재무성과를 확인해 개선 가능성 및 문제점을 파악하는 것이다. 이는 기업이 경제적 가치의 크기를 객관적으로 분석하고 미래지향적 목표를 설정하는 과정이기도 하다.

둘째, 고객가치를 (재)정의한다.

경제적 가치는 결국 고객가치 창출에서 비롯하며, 고객가치는 크게 비용우위 전략과 차별화 전략에 기반한다. 이 선택에 따라 고객가치 제안이 결정된다. 상품·서비스는 고객의 특성에 따라 다른 가격·마케팅·채널로 유통된다.

셋째, 선택한 고객가치를 어떤 접근법을 통해 창출할지 결정한다.

예컨대 고객가치는 대기오염량을 줄이고, 불필요한 유해요소를 없애고, 친환경 소재를 개발하는 경로로 창출될 수 있다. CSV 가치 창출 순서에서 언급했듯이, 기업은 새로운 제품·서비스로 신시장에 진입하거나, 기업의 가치사슬을 재정의하거나, 혹은 관련 클러스터를 개발하는 방법으로 사회적 가치를 창출할 수 있다. 어떤 방법을 선택하느냐에 따라 사회적 가치의 크기와 고객가치로 연결되는 크기 역

CSV 전략에 따르면 사회문제를 해결하는 과정에서 사회적 가치가 창출되며, 이 사회적 가치가 고객가치로 전환되고, 다시 이 고객가치가 시장에서 평가를 받아 기업의 경제적 가치인 이윤으로 만들어진다. CSV 전략을 수립하는 기획자와 CSV 전략을 실행하는 실무자 사이에 같은 전략을 바라보는 온도차가 존재할 수밖에 없는 이유가 여기 있다. 기획자와 실무자는 서로 다른 방향에서 CSV 전략을 바라보기 때문이다.

기획자는 전체 숲을 보고 길을 만드는 반면, 실무자는 길을 만들며 전체 숲을 보기 때문에 전략을 이해하는 방식도 실행하려는 방식도 달라진다. 이 간극을 좁히려면 대화 채널과 교육 기회를 확보하는 것만으로 부족하다. 기획자와 실무자가 토론을 통해 합의에 이를 수 있는, CSV 전략의 단계별 측정 지표가 구체적으로 설정되어야 하며, 각 지표별로 책임 실무자가 배치되어 역할과 책임을 분명히 해야 한다.

시 달라질 수 있다.

넷째, 사회문제에 대한 전략적 선택이 요구된다.

이는 CSV 전략에서 마지막 '신의 한 수'다. 이미 언급했듯이 기업의 핵심역량과의 관련성, 사회문제의 범위, 문제해결 가능성이 선택의 기준이 된다. 이 기준을 바탕으로 기업이 기여할 수 있는 사회문제를 구체적으로 정의해야 한다.

여기에서 간과해서는 안 되는 중요한 지점이 바로 기업은 '고객가치'에 기여하는 사회문제를 전략적으로 선택해야 한다는 것이다. 기

**그림 16. SCE 모델(3): CSV 전략 수립과 가치 창출 과정**

업의 핵심역량을 바탕으로 사회문제를 해결하여 사회적 가치를 단기간에 높이는 것만이 능사는 아니다. 단기적으로 비용을 지출하여 사회적 가치를 높이는 것도 좋지만, 장기적으로 기업의 경제적 가치를 창출하는 과정을 통해 보다 큰 사회적 가치를 창출할 수 있는 전략적 틀을 완성해야 한다. 기업은 사회문제를 해결하는 과정을 통해 고객과 함께 할 수 있는 제품과 서비스를 개발해야 한다. 사회적 가치의 크기를 강조한 나머지 고객가치와의 관련성을 무시하는 우를 범해서는 안 된다.

요컨대 'CSV 가치 창출'과 'CSV 전략 수립' 순서를 비교하면 다음과 같다(그림 16). CSV 전략을 수립할 때는 기업의 경제적 이윤, 이를 이루기 위한 고객가치, 나아가 사회적 가치 순으로 고려해야 한다. 반면 CSV 가치 창출 과정에서는 현장의 사회문제 해결을 통해 발생한 사회적 가치가 고객가치로 전환되고, 나아가 경제적 가치로 실현된다. 이렇게 CSV 전략 수립과 CSV 가치 창출 과정에서 사회문제와 경제적 가치가 서로 맞물려 돌아가게 된다.

## 핵심은 고객가치에 있다

CSV 전략 수립과 CSV 가치 창출 과정에서 앞서 언급한 전략의 네 가지 요소가 전부 등장한다. 즉 목표를 세우고, 고객가치를 정의하고, 사회적 가치 및 사회문제에 기반한 기업의 활동범위를 정하고, 이 모두를 연결할 비즈니스 로직을 세우는 일 말이다.

CSV 전략이 기존 경영전략이나 CSR 수립과 큰 차이가 있다면, 사회적 문제―사회적 가치―고객가치―경제적 가치의 전 과정을 인과적으로 연결하는 로직을 개발해야 한다는 점이다. 기존 경영전략이 고객가치―경제적 가치에 머무르고, CSR이 사회문제―사회적 가치에 집중했다면, CSV 전략은 비즈니스 로직에 사회적 차원을 고려하여 전략적 방향을 만드는 것이라 할 수 있다. 한마디로 사회문제 해결을 기업의 핵심역량에 융합하는 것이다. 이 융합 과정은 기업의 핵심역량을 바탕으로 고객가치에 기여하는 사회적 문제를 전략적으로 선택하는 것에서 시작된다.

좋은 CSV 전략은 기존 경영전략과 비교해도 경쟁우위를 갖고 높은 경제적 이윤을 보장할 수 있어야 하며 지속 가능해야 한다. 이를 위해 기존 경영전략과 사회적 가치를 고려하는 CSV 전략, 두 가지 전략을 수립해볼 것을 권한다. 그리고 두 전략 시나리오를 놓고 각 요소를 비교해 어떤 전략이 궁극적으로 기업과 사회에 유익할지를 판단해보자. 이런 비교는 더 효과적인 전략 수립에 실질적 도움을 줄 수 있다. 전략에 따라 기업의 활동범위가 어떻게 달라지며, 고객가치는 어떤 차별성을 지니는지, 경제적 이윤의 목표에는 차이가 있는지, 그리고 이를 뒷받침하는, 핵심역량에 기반한 비즈니스 로직은 어떻게 달라지는지 등을 꼼꼼하게 살펴볼 필요가 있다.

네 가지 요소가 서로 긴밀히 연결되어 하나의 전략을 완성해나가는 과정에서, 더 많은 아이디어를 얻고 혁신적 사고를 익힐 수 있다.

---

**Insight** CSV 전략의 성패는 고객가치 창출 여부에 달려 있다 ★★★

기업은 자신의 핵심역량을 기반으로 여러 가지 사회문제를 해결할 수 있다. 하지만 이렇게 생성된 사회적 가치가 고객가치로 바로 전환되는 것은 아니다. 전략이 성공하기 위해서는 기업이 원하는 사회적 가치가 아니라 고객이 원하는 가치(고객가치)에 기여하는 사회적 가치를 찾아야 한다. 즉 핵심역량을 바탕으로 사회문제를 해결하는 과정은 시장에서 차별적인 고객가치를 제공하는 일이 되어야 한다.

### 네슬레의 고객 눈높이 맞추기

네슬레는 2000년에 식음료 기업에서 영양, 건강, 웰니스 기업으로 탈바꿈을 시도한다. 2003년에는 제품에 소금, 지방 및 설탕의 비중을 낮춰 건강에 집중했다. 문제는 '변화된 제품 성분에 소비자들이 어떻게 반응할 것인가'였다. 일례로 제품의 소금 비중을 낮추면 맛이 변화하고 이는 시장점유율 하락으로 이어질 가능성이 점쳐졌다.

이런 상황에서 네슬레는 어떤 결정을 해야 할까? 시장점유율을 포기하고 소금의 비중을 낮출 것인가? 아니면 사회적 가치를 포기하고 시장점유율을 지킬 것인가? 네슬레는 소금의 비중도 줄이고 시장점유율도 지키는 방법을 찾았다. 바로 제품을 만드는 방법을 변화시킨 것이다. 음식의 표면에 소금 비중을 높이고 다른 부분에는 소금을 줄였다. 소비자는 음식을 먹는 순간, 혀가 닿는 음식의 표면에 배치된 소금 때문에 이전과 같은 맛을 느끼면서도 전체 섭취하는 소금의 양은 줄일 수 있었다. 이 제품을 만들기 위해서는 소금과 다른 제품성분과의 배합문제를 해결할 필요가 있었고 이를 위해 광범위한 재료과학연구를 수행하였다. 네슬레는 이러한 접근 방법을 통해 2015년까지 3만 3000개에 이르는 제품들을 분석하여 약 7000개의 제품에서 소금, 지방 및 설탕을 줄이는 성과를 만들어냈다.

중앙 및 서부 아프리카의 임산부와 아이들은 영양섭취 과정에서 철 성분이 부족해 빈혈 등을 자주 겪었다. 네슬레는 이 지역에서 매기(Maggi. 국물 스톡) 제품의 소비가 많다는 점, 특히 나이지리아에서만 매일 8천만 개 이상의 향신 양념이 팔린다는 점에 착안하여 철 성분이 보완된 매기 제품을 출시했다. 철 성분이 강화된 매기 제품은 소비자가 즐겨 찾는 맛과 색깔을 유지할 필요가 있었다. 2년간의 다양한 실험 끝에 네슬레는 철 성분을 보충하면서도 맛과 색깔은 유지하는 제품을 만들어냈다. 2013년까지 저소득계층을 대상으로 매기 제품의 매출을 획기적으로 늘렸으며 2014년에는 연간 55개국에서 1800억 인분의 분량을 판매했다.

네슬레의 사례에서 보듯이, 기업이 기존 고객을 잃을 걱정으로 사회적 가치 창출을 소홀히 하거나, 선제적으로 사회적 가치를 창출하여 이를 고객에게 강요해서는 안 된다. 현명한 대처방법은 차별화된 고객 가치에 기여하는 사회적 가치를 어떻게 이루어 나갈 것인가에 대한 전략적 고민에서 시작된다. 시장점유율을 높이고 사회적 가치를 실현하는 방법은 결국 고객의 눈높이에서 결정될 것이기 때문이다.

# 넥스트 챔피언을 위한
# 세 가지 CSV 비즈니스 모델

CSV는 비즈니스 전략이다. 따라서 기업의 경쟁우위를 확보하는 데 기여해야 한다. 기업의 경쟁우위는 소비자의 입장에서 고객가치를 의미한다. CSV를 입맛대로 해석할 여지가 생기는 것은 바로 고객가치의 역할에 대한 이해가 낮기 때문이다.

여기서는 기업의 경영전략에서 핵심적인 '비용우위 전략'과 '차별화 전략'을 통해, 고객가치가 CSV 전략에서 어떤 역할을 하는지 살펴볼 것이다.

## 비용우위 모델

비용우위 전략은 월마트의 '상시저가판매Every Day Low Price'라는 슬로건에 보이듯 상품·서비스를 저가에 판매해 고객가치를 창출하는 경영전략이다. CSV 전략과 관련해서는 사회적 가치를 창출하는 과

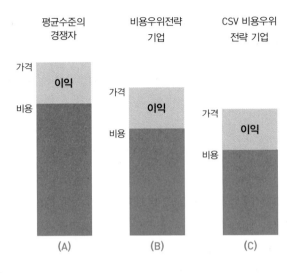

**그림 17. CSV와 비용우위 전략**


정에서 비용우위를 추구한다는 의미다.

〈그림 17〉은 일반적인 비용우위 전략과 CSV 비용우위 전략의 차이를 보여준다. (A)는 보통 수준의 경쟁력을 갖춘 기업이다. (B)는 (A)보다 비용·가격을 낮춰 경쟁우위를 확보한 기업이다. 즉 비용 절감으로 인한 낮은 가격으로 같은 품질이라면 소비자는 (A)보다 (B)의 상품·서비스를 선택할 것이다.

그렇다면 비용우위 모델에 기반한 CSV 전략을 살펴보자. (C)는 CSV 전략으로 비용과 가격을 낮춘 기업이다. 이 기업은 CSV 전략을 실행해 사회적 가치를 창출하고 경제적 가치도 얻었다. 하지만 낮은 비용·가격이 사회적 가치 창출에서 나온 것이 아니라 일반적인 경영

사회문제 해결을 통한 기업의 비용절감을 어떻게 기업 전략에 활용할 수 있을까?

'이익 = 가격 − 비용' 공식을 바탕으로, 비용절감은 두 가지 경우 기업에 이로울 수 있다. 첫째, 비용을 줄이되 가격은 내리지 않는 경우다. 그러면 기업의 순이익률이 높아진다. 기업이 늘어난 이익을 사회문제에 재투자해 더 큰 비용을 줄일 수 있다면 기업의 순이익률은 더 높아질 것이다. 즉 비용만 줄여 순이익률을 증가시키는 방법이다.

둘째, 비용을 줄이고 그에 맞게 가격도 낮추는 경우다. 그러면 기업의 순이익률은 같더라도 기업은 가격경쟁력을 가져 더 많은 고객을 확보할 수 있다. 확보된 고객만큼 기업은 수입을 확대할 수 있는 것이다(수익 = 가격×수량). 물론 시장에서 시장점유율을 단기간에 올리는 방법은 낮아진 비용만큼 가격을 낮추는 것이다. 같은 상품이라면 소비자는 낮은 가격을 선호할 테고, 이는 시장점유율 확대로 이어질 수 있다. 결국 사회적 가치 창출을 통해 줄어든 비용을, 가격 혹은 비용에 어떻게 반영할지는 기업의 내외적 경쟁상황에 달려 있다.

기법에서 나왔다면, CSV 전략을 수행하는 기업이라고 보기 어렵다. 이런 기업은 CSV 워싱washing(세탁) 기업으로 분류할 수 있으며, 이 기업이 해당 전략을 지속할 가능성은 높지 않다.

CSV 비용우위 전략을 효율적으로 진행하려면 두 가지 조건을 만족해야 한다. 첫째, 사회적 가치와 고객가치가 인과적으로 연결되는지 확인해야 한다. 둘째, (A)와 (B)보다도 낮은 비용·가격을 유지하는 기업이어야 한다.

결론적으로 CSV 전략을 시행하면서 사회적 가치의 확대를 통해 고객가치를 높이고, 시장경쟁을 통해 경제적 가치를 확보했다면 (C)는 CSV 비용우위 전략을 수행하는 기업이라 할 수 있다.

비용우위 전략을 구사하는 CSV 사례는 BoP에서 찾아볼 수 있다. BoP는 저개발국가에 매우 저렴한 상품·서비스를 제공하는 방식으로, 고객의 니즈에 맞춰 절대적으로 필요한 기능만 남기고 비용을 줄여 소비자의 부담을 대폭 낮춘 모델이다. 네슬레의 아시아·중남미·아프리카 진출 전략을 참고할 수 있다.

### Case Study. 저개발국을 공략한 네슬레 보급형 제품

네슬레는 스위스에 본사를 둔 세계 1위의 식품업체로, 유아식품·커피·아이스크림·동물사료·미네랄워터·과자 등을 판매한다. 현재 920억 달러가 넘는 매출을 내며, 194개 나라에서 33만 3000여 명이 일하고 있다. 네스카페, 네스프레소(캡슐커피 기계), 페리에, 퓨리나 등 8000여 개의 브랜드가 있다. 네슬레의 CSV 사업은 대부분의 아동식품에 적용되었다.

아시아·중남미·아프리카 등지의 저개발국가에서는 절대적 빈곤도 문제이지만, 그 빈곤을 벗어난 사람들도 영양불균형을 겪곤 한다. 이는 균형 잡힌 식습관이 정착되지 않은데다, 갑작스레 늘어난 간편식품이 특히 아이들에게 많은 인기를 끌기 때문이다. 그런데 이런 영양불균형은 면역력을 낮추고 성장을 저해하기도 한다.

네슬레는 가격을 낮춘 소포장의 보급형 제품PPP, Popularly Positioned Products을 개발하고, 기존에 출시된 제품의 영양수준이 세계건강기구의 권장 수준을 넘도록 하여 섭취자들의 영양불균형을 해소하는 데 도전하기 시작했다. 이런 보급형 제품은 특정 국가·지역에 부족한 영양소(철분, 요오드, 비타민 A, 아연)를 강화하거나 조합해 제조되며 70개 국가에 약 300종이 제공되고 있다. 또한 약 90억 달러의 판매를 기록하며 네슬레 전체 매출의 10퍼센트를 차지했고 매년 12퍼센트씩 성장하고 있다. 특히 칠레에서는 2010년 109종 제품이 판매되고 2300억가량 매출을 올렸다.

그 밖에도 네슬레는 자사 제품의 영양기여도를 높이고자 노력했다. 2012년 네슬레의 전체 식품군에서 75.7퍼센트가 자체적인 영양 세부기준을 초과 달성했다. 영양이나 건강을 위해 품질을 개선한 제품 종수가 2012년 6692개로 32퍼센트 증가했고, 필수영양소나 재료를 담은 제품도 같은 해 4691개로 22퍼센트 늘어났다. 네슬레 제품을 이용하는 고객은 저렴하게 영양을 섭취할 수 있었다.

### Case Study. CJ제일제당 베트남 고추재배 사업

CJ제일제당의 베트남 농가 고추재배 사업 역시 네슬레와 비슷한 전략을 취했다. 한식세계화를 대비한 고추수급의 다각화를 위해 베트남 빈곤 농가에 한국의 고추재배 기술을 전수했다. 이 덕분에 해당 농가의 수입이 증가해 절대빈곤에서 탈출할 수 있게 돕는 한편, 재배한 고추를 김치 등 다양한 현지 한식사업에 활용했다.

CJ제일제당은 1953년에 세워진 대한민국 최초 설탕 제조회사로 2017년 기준으로 임직원 약 5500명, 매출액 약 16.5조 원을 기록하고 있다. 현재 식품사업 부문을 중심으로 바이오 등 다양한 신규 사업으로 확장을 꾀하고 있으며 대표적인 브랜드로는 다시다·비비고·햇반 등이 있다. CJ제일제당 베트남 고추재배 사업은 '남남협력 South-South Cooperation'의 모범 사례로 국제사회의 조명을 받았다. 초기 사업 때부터 제일제당과 그룹의 사회공헌 추진단이 주축이 되어 진행했으며, 베트남 지역법인과 관련되어 있다.

베트남 고추재배 사업의 무대는 닌투언성 땀응 마을이다. 이곳은 1인당 월소득 35달러 이하인 최빈곤층 가구가 30퍼센트 이상일 만큼 베트남에서도 낙후된 지역이었다. 주민들은 특별한 재배기술이 없어 잉여 생산품을 판매하는 것은 일반적이지 않고, 채집에 가까운 방식으로 옥수수 등을 주식으로 삼았다. CJ제일제당은 KOICA Korea International Cooperation Agency (한국국제협력단)의 파트너십 사업을 통해 베트남 농촌개발사업의 일환으로 땀응 마을에서 고추를 수확하고, 수확한 고추를 가공하는 공장 설립을 추진했다. 해당 지역에 적합한 고추 종자를 찾기 위해 다양한 실험을 진행했으며, 효과적인 재배기술을 교육하고 훈련했다. 이렇게 생산된 고춧가루는 엄격한 품질검사를 거쳐 현지의 고추장·김치 등의 원료로 사용된다.

고추재배에 참여한 베트남 농가는 소득이 평균 5배가량 증가해 최저빈곤선을 탈출하는 데 성공했다. 이는 CJ제일제당이 단기 성과에 그치지 않고, CSV 전략을 통해 농업기술과 종자를 제공함으로써 장기적 기반을 마련한 결과다. 베트남 농가는 단기적으로 동남아시아에서 사용할 고추 원물을 공급할 가능성을, 장기적으로는 기존 중국산 고추 원물의 단점을 대체할 가능성까지도 갖게 됐다.

CJ제일제당 역시 베트남 현지에 설립한 약 200평 규모의 고춧가루 가공공장으로 연 최대 500톤의 물량을 처리할 수 있었다. 한식세계화를 위해 신뢰할 만한 품질의 고춧가루를 안정적으로 수급할 수 있게 되었고, 이는 장기적으로 이익률 증가를 보장했다. 나아가 베트남 정부와 국민에게 더 좋은 평판을 얻게 됐다.

### 차별화 모델

차별화 전략은 경쟁기업과 차별화된 고객가치를 내세워, 가격이 더 높더라도 그만큼의 고객가치를 제공하는 전략이다. 차별화는 상품의 크기·색깔·원료 등의 차이에서 오는 가시적인tangible 차별화와 위신·제한성·정체성·경험 등의 차이에서 오는 비가시적인intangible 차별화로 나눌 수 있다. 여기서 중요한 것은 기술·공학적 측면의 '상품가치'보다는 고객이 인지하고 느끼는 '고객가치'다.

〈그림 18〉은 일반적인 차별화 전략과 CSV 차별화 전략의 차이를 보여준다. (A)는 보통의 경쟁력을 갖춘 기업이다. (B1)은 가격이 높지만 비용을 들여 추가적 가치를 창출한 차별화 기업이다. (B1)은 (A)보다 비용·가격 면에서 높은 차별화 전략으로 경쟁자보다 나은 경쟁우위를 확보하고 있다. 즉 (A)는 제공하지 못하는 차별화된 가치를 제공하기 때문에, 소비자는 높은 가격에도 (B1)을 선택하는 것이

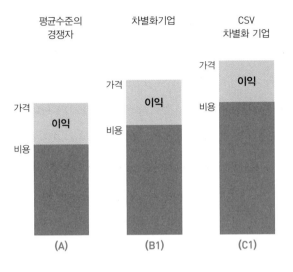

그림 18. CSV와 차별화 모델

다. (A)와 (B1)은 기존 경영전략의 차별화 전략을 보여준다.

그렇다면 차별화 전략에 기반한 CSV 전략을 살펴보자. (C1)은 CSV 전략을 채택한 기업이다. 〈그림 17〉의 (C)와 마찬가지로 (C1)은 CSV 전략을 실행해 사회적 가치를 창출하고 경제적 가치도 얻었다. 하지만 차별화가 사회적 가치 창출에서 나온 것이 아니라 일반적인 경영기법에서 나왔다면, CSV 전략을 수행하는 기업이라고 보기 어렵다. 이 경우도 'CSV 워싱' 기업으로 분류할 수 있으며, 이런 기업이 해당 전략을 지속할 가능성 역시 높지 않다.● 즉 CSV를 통한 고객

---

● CSV 사회적 가치 확대를 통해 비용과 차별화 전략을 한 번에 혁신하는 기업도 물론 있을 수 있다. 그러나 현실적으로 두 가지 전략을 한 번에 성취하기는 매우 어렵다.

가치의 차별화를 추구하지 않으면서 CSV 홍보에만 열중한다면 'CSV 워싱'일 가능성이 매우 높다.

CSV차별화 전략은 차별화의 핵심이 CSV의 사회적 가치를 만드는 과정에서 비롯해야 한다. (C1)은 CSV사회적 가치의 확대를 통해 고객가치를 높이고, 시장경쟁을 통해 경제적 가치를 확보하는 기업이다. 따라서 (A)와 (B1)보다 차별화된 고객가치로 높은 비용·가격 정책을 실행하는 (C1)의 차별화 전략이 가장 바람직하다.

차별화 전략에 사회적 가치를 융합한 CSV 전략의 사례로 파타고니아를 들 수 있다.

## Case Study. 친환경의 대명사가 된 파타고니아

패션산업은 환경오염을 일으키는 대표적인 산업이다. 상품을 폐기할 때도 다양한 오염물질이 발생하지만, 생산에서도 그렇다. 1킬로그램의 면을 생산하는 데 1만 리터의 물이 사용된다. 또한 폴리에스테르는 석유화학물질이며, 면화를 생산할 때 농약과 인공비료를 많이 사용해 독성물질이 검출되기도 한다. 이렇게 면화를 생산한 지역은 약 5년간 회복이 필요할 정도로 그 영향이 심각하다.

파타고니아는 면화 생산을 유기농법으로 대체하고, 폴리에스테르를 재활용하기로 했다. 그리고 다양한 테스트·연구 결과, 1996년 모든 면직류를 100퍼센트 유기농법 순면으로 전환하는 데 성공했다. 플라스틱 빈 병을 재활용해 재킷용 섬유를 생산하는 기술도 개발했다. 재생 폴리에스터는 석유에서 바로 뽑은 폴리에스터보다 큰 비용

사회문제 해결을 통한 차별화 전략은 다음의 방향에서 시행될 수 있다.

첫째, 차별화는 비용 상승을 동반하며, 상승된 비용만큼 상승된 가격으로 경쟁하게 된다. 이때 사회문제를 해결하면서 만들어진 차별화의 내용이 중요하다. 예를 들어 친환경적인 유기농 제품을 생산하면, 기존 생산방식에 비해 생산 단가가 높아질 수 있다. 그럼에도 차별화된 제품을 원하는 고객은 높은 가격을 기꺼이 지불하므로 경쟁력을 확보할 수 있다.

둘째, 비용이 상승되었음에도 가격을 올리지 않고 경쟁에 임할 수 있다. 즉 같은 가격으로도 더 나은 제품·서비스로 새로운 고객을 확보할 수 있다. 이 경우 시장의 상황상 일시적으로 진행될 가능성이 높고, 차별화의 내용이 고객층을 어느 정도 확보할 수 있으면 후에 가격을 높이는 정책을 펼 수도 있다. 비용우위 전략과 마찬가지로 기업의 내외적 상황에 맞게 전략적 로드맵을 만들어 대처해야 한다.

---

이 들었지만 이 방식을 멈추지 않았다. 또 고객들이 제품을 가져오면 수선해주고 반짇고리 세트를 나눠주기도 하며, 옷을 새로 사는 대신 오래 입도록 권했다.

고객들은 파타고니아의 옷이 오래 입을 수 있는 튼튼한 옷임을 인지하고, 그 옷이 활용되는 산과 자연을 보호하는 데 스스로 기여한다는 확신을 가졌다. 등산복 구입비도 절감할 수 있었으니 일석이조였다. 그렇게 파타고니아는 미국을 대표하는 아웃도어 브랜드로 자리매김했다. 파타고니아의 훌륭한 브랜드 자산 축적과 비용관리 정책은 2013년 매출을 약 7000억 원까지 끌어올렸고, 2015년 기준 약 9000억 원의 매출을 기록했다. 2008년부터는 파격적인 복지정책을 실행했는데, 직원 이직률이 급감하고 충성도가 상승하면서 이후 순이익이 3배 이상 증가했다.

결론적으로, 경영전략의 사회적 가치가 아무리 커도 기업의 핵심역량과 직결된 비용 절감이나 차별화 등 고객가치로 전환되지 않는다면 CSV 전략이라고 보기 어렵다. 기존 사회공헌 프로그램과 CSV 전략을 결정적으로 가르는 기준 가운데 하나가 바로 사회적 가치와 경제적 가치를 잇는 '고객가치'라는 연결고리다. 사회적 가치가 고객가치로 이어지려면 고객 세그먼트<sup>customer segment</sup> 및 고객에 대한 깊은 이해, 유통채널을 포함한 효율적인 CSV 마케팅전략이 뒷받침돼야 한다. 고객가치에 관한 지표로는 비용 대비 가격, 고객만족도, 고객충성도 등 전통적인 마케팅 지표를 활용할 수 있다.

### 클러스터 모델

클러스터는 기업을 둘러싼 연관 산업 및 관련 기관 등을 포함한다. 그런데 이것이 불완전한 상태일 때 기업활동의 비효율성이 높아져 내부비용이 발생한다. 기업은 이를 해결하면서 생산성을 향상시키는 클러스터를 구축함으로써 CSV를 창출할 수 있다.

노르웨이 기업 야라인터내셔널은 클러스터 방법을 이용한 대표 사례로 알려져 있다.

## Case Study. 야라인터내셔널의 아프리카 공략법

사하라 이남 아프리카 지역의 기아문제를 해결하려면 농업발전이 필수적이다. 이 지역은 대지가 넓고, 인구의 70퍼센트가 소농일 정도로 인적자원도 풍부하다. 그러나 자체적으로 비료를 생산할 시설이 부족하고, 열악한 유통망으로 운송비가 많이 들어 농업 관련 산업이 발달하지 못했다. 전 세계 농가는 헥타르당 평균 135킬로그램의 비료를 사용하는 데 비해, 사하라 이남 아프리카는 헥타르당 평균 17킬로그램의 비료를 사용한다. 이는 농업 생산성을 저하시켜 소득 감소로 나타나고 빈곤의 악순환을 일으킨다.

야라인터내셔널은 아프리카의 열악한 유통인프라 때문에 농민들이 농사에 필요한 비료 등을 쉽게 구매하지 못한다고 판단했다. 이에 모잠비크 정부와 협약을 맺어, 20억 달러 규모의 천연가스 발전 및 비료 생산을 동시에 할 수 있는 시설을 건설하기로 했다. 그리하여 연간 약 8500만 세제곱피트의 천연가스를 사용할 권리를 얻고 연간 5메가와트의 전력을 생산했다. 또한 연간 130만 톤의 암모니아·요소 비료를 생산했는데, 국내 생산으로 운송비가 낮아 저비용 공급이 가능했다. 비료 생산시설에 대한 대규모 투자는 모잠비크의 농업 발전에 기여할 것으로 기대되었다. 한편으로는 도로와 항구를 개선하기 위해 약 700억 원을 지역내 농업 클러스터에 투자했고 노르웨이 정부의 협업을 이끌어냈다. 이 프로젝트에 따라, 모잠비크의 도로가 개선되어 20만 명 이상의 소농에게 혜택이 주어지고 35만 개 일자리가 생겼다.

이러한 전략적 협업은 구체적으로 탄자니아 SAGCOT<sup>Southern</sup> Agricultural Growth Corridor of Tanzania(남부농업성장지대)이라는 협업을 통한 클러스터링으로 가능했다. 2009년 노르웨이 정부와 야라인터내셔널은 남부의 농업을 성장시키고자 남아프리카의 농업이라는 가치사슬에 연관된 시민단체·기업·정부기구 등을 파트너십으로 초청했다. Seed Co, Syngenta, Bayer CropScience, NMB 등의 파트너와 협력해 새로운 유통 시스템, 이전에는 남아프리카에 존재하지 않던 농작물 중개상을 만들었다. 또한 국내 농업발전 기구, 정부기관과 협력해 비료 사용의 중요성을 농민에게 교육했다. 탄자니아 정부는 이들의 협업을 뒷받침했다. 관개 장비, 트랙터, 농사 장비에 대한 부가가치세와 작물에 대한 세금을 없애 거래를 활발하게 했고, USAID의 후원을 받아 소작농을 위한 기반시설에 예산을 할당했다. 또한 야라인터내셔널은 WFP, BRAC, 개츠비재단<sup>Gatsby Foundation</sup>, 우드가족트러스트<sup>Wood Family Trust</sup> 등과 협력해 농작물 특화 이니셔티브를 발전시켰다. 그리하여 유니레버<sup>Unilever</sup>와 차<sup>tea</sup>에 관한 파트너십을 맺기도 하고, 수입 원재료를 사용하던 맥주 공장에 국내 작물 원재료를 조달하기도 했다. 결과적으로 SAGCOT가 생겨난 지 3년 만인 2014년 기준으로 현지 기업을 포함해 60개 이상의 파트너와 농업 관련 3개 공사가 참여했고, 탄자니아에서 야라인터내셔널의 비료 시장점유율은 2011년의 35퍼센트에서 2014년에는 50퍼센트 이상으로 높아졌다.

저개발국가의 소농은 농업 생산성이 곧 소득으로 이어지며, 해당국가·지역은 그 소득 증대가 곧 산업·시장의 성장으로 이어진다. 따

CSV 전략은 생산성을 올릴 수 있는 전략이다. 그러나 CSV 전략 없이 생산성을 올린 기업도 좋은 기업이다. 무조건 CSV 전략을 사용하는 게 더 낫다는 도그마에 빠져서는 안 된다. CSV 전략은 기업에서 중·장기 전략안을 수립하며 수익과 생산성을 높이는 방법 가운데 하나로서 고려돼야 한다.

순수익율을 1퍼센트 더 올리자는 경영전략안 A, B, C 세 가지가 있다고 할 때, 각각 실행에 따르는 장단점도 있을 것이다. CSV 전략은 이 세 가지 전략과 비교하여 경쟁력을 입증해야 한다. 이때 다음 같은 질문을 할 수 있다.

"만일 CSV 전략이 A, B, C 전략안보다 실현 가능성이 낮거나, 실행하더라도 기업 생산성에 기여하지 않는다면 어떻게 해야 할까요? 사회적 가치도 높이는 CSV 전략은 무리를 해서라도 실행하는 게 맞을까요? 아니면 당장 시행하지 않더라도 보완점을 마련해, 기업의 경쟁력 및 수익을 높이는 방향으로 나중에 실행하는 것이 맞을까요?"

필자는 후자가 맞다고 생각한다. CSV 전략을 당장 실행하지 않는 이유는 비용이 너무 많이 들거나, 고객의 인식이 거기에 미치지 않거나, 매출을 기대하기 어렵기 때문일 수 있다. 따라서 현실을 객관적으로 분석하고 전략을 보완해, 경영전반에 해를 주지 않는 방법을 모색하는 것이 타당하다. 성과를 창출하지 못하는 CSV 전략은, 사회문제 해결을 통해 경제적 이익을 도모하고 그 이익을 확대해 다시 사회문제를 해결하는 선순환관계를 만들지 못한다.

라서 이 변화는 단순히 개인이 비료를 구하기 쉬워졌다는 것만이 아니라 농업 클러스터 전체가 성장했다는 점에서 의미가 크다. 다양한 조직이 협업하여 복잡하게 구조화된 클러스터를 만드는 일은 쉽지 않다. 서로의 이해관계가 맞아야 하고, 또 하는 일들이 긴밀하게 연결되어야 시너지를 창출할 수 있다. 그렇기 때문에 무엇보다 공통의 목적을 설계하고 단계적으로 추진하는 것이 중요하다. 야라인터내셔널의 사례는 국제사회와 정부 등 기관에는 사회적 가치라는 목표를, 참여하는 다양한 기업들에는 각자의 이익과 성장 같은 목표를 적절히 제시하고 활용한 좋은 사례다.

# 탐스슈즈는
# CSV 모델인가[*]

이제 탐스슈즈[TOMS Shoes](탐스의 신발 브랜드)의 사례를 통해 CSV 전략을 살펴보자.

탐스슈즈[**]는 '당신에게서 눈을 뗄 수 없다[Can't take my eyes off of you]'라는 슬로건을 가지고 소비자가 신발 한 켤레를 구입하면 다른 한 켤레를 제3세계 어린이에게 기부하는 것을 비즈니스 모델로 한다. 창립자인 블레이크 마이코스키[Blake Mycoskie]가 아르헨티나에서 신발 없이 맨발로 뛰어 노는 아이들을 보고 사업 아이디어를 얻어, 2006년 신발 제조 및 판매 사업을 시작했다. 신발 디자인은 아르헨티나의 전

---

[*] 김태영, 도현명. 2013. "한 켤레 팔면 한 켤레 기부, 탐스슈즈는 CSR 기업 or CSV 기업?" DBR(137호) 수정 보완

[**] 탐스슈즈는 보통 '사회적 기업'이라 불린다. CSV 기업과 사회적 기업의 활동은 매우 유사한 메커니즘, 즉 사회적 가치와 경제적 가치를 창출한다는 공통점을 가지고 있다. 여기서는 탐스슈즈가 CSR과 CSV 가운데 어디에 맞는 비즈니스 모델인지를 살펴보면서, CSR과 CSV의 차이를 짚어볼 것이다.

통 신발인 알파르가타<sup>Alpargata</sup>에서 영감을 얻었고 유기농 소재만을 사용해 신발을 생산한다. 2017년 추정 매출이 약 3.8억 달러 이상을 기록했고, 설립 이래 약 8600만 켤레의 신발을 기부했다. 신발 기부를 통해, 그저 신발이 없어 생기는 피부병과 그에 따른 학습능력 저하 등을 해결할 수 있기 때문에 전 세계의 호응과 대중적 인기를 얻었다. 탐스슈즈는 사회문제를 해결하고 경제적 이익도 올리는 등 '두 마리 토끼'를 잡는 혁신적 비즈니스 모델을 제시한 선구자로 각광받고 있다.

### 탐스슈즈의 비즈니스 모델

탐스슈즈의 비즈니스 모델은 사회문제 해결을 통한 사회적 가치의 증대를 목표로 하는 여느 시도와 두 가지 차별성을 지닌다.

첫째, 탐스슈즈는 기업의 핵심역량, 즉 신발 제조 및 판매를 토대로 하여 사회문제를 해결하고자 한다. 기업의 핵심역량과 무관하게 기부행위를 하는 기업과는 출발점부터 다르다. 둘째, 신발을 제조하고 분배하는 과정에서도 사회적 임팩트를 극대화할 수 있는 지역을 전략적으로 선택한다. 즉 지역 파트너를 통해 신발이 가장 필요한 지역을 우선해 신발을 효율적으로 배분한다. 신발 제조부터 마지막 배송까지 전 과정의 비용을 부담하고 책임 있게 전달하려는 노력을 아끼지 않는다.

탐스슈즈는 사회적 가치와 경제적 가치를 창출한 기업임에 틀림없다. 그렇다면 사회적 가치를 '통해서' 경제적 가치를 창출하려는 CSV

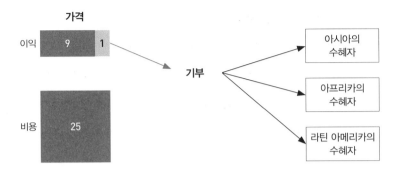

그림 19. 전통적인 기부를 통한 CSR 방식

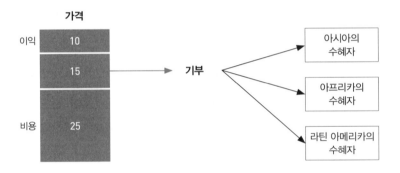

그림 20. 탐스슈즈의 비즈니스 모델

기업의 기준에도 부합하는 것일까?

〈그림 19〉는 전통적 CSR 방식의 신발제조업체를 예로 든 것이다. 이곳은 신발을 판매해 남은 이익의 일부를 사회에 환원하는 방식으로 기부한다. 예를 들어 신발 한 켤레의 가격을 35라고 하면 비용은 25, 이윤은 10이다. 벌어들인 이윤 10에서 1을 사회에 환원하는 방식

이 일반적인 기부 방식이라 할 수 있다. 기부 수혜자는 공익재단 등을 통해 혹은 직접 현물이나 현금으로 받게 된다.

〈그림 20〉은 탐스슈즈의 비즈니스 모델이다. 그 특징은 기부할 신발에 드는 비용이 기업의 이윤에서 나오는 게 아니라, 소비자가 지불하는 가격에 이미 포함되어 있다는 점이다. 소비자는 탐스슈즈의 기부 정신에 동의하며 자신의 기부금이 어떻게 쓰일지를 정확히 인식하고 있다. 따라서 탐스슈즈가 시장가격보다 더 비싸다 해도 별 문제가 되지 않는다. 오히려 그 점이 탐스슈즈의 차별화된 성공 요인이 된다. 비싸면 판매가 저조한 것이 아니라, 기부하려는 소비자의 마음을 움직여 판매에 더 도움이 된다.

여기서 보듯 전체 가격은 기부금 15를 포함한 50(10+15+25)이다. 실제로 탐스슈즈는 보통 50~140달러의 가격을 형성하고 있으며, 미국 등 선진국의 소비자를 주 고객으로 한다. 기부금이 상품가격에 포함되는 것, 이 점이 탐스슈즈 비즈니스 모델의 핵심이다. 그런데 바로 이 점 때문에 탐스슈즈는 CSV 모델이라 할 수 없다. 왜냐하면 CSV 모델은 최종 상품가격에 기부금을 포함하지 않으며 기부를 전제로 상품을 판매하지 않기 때문이다. 모든 상품가격은 기부금이 없는 일반적인 시장가격이다.

### CSV 모델로 전환하려면

그렇다면 신발 제조 및 판매 업체는 CSV를 어떻게 구현할 수 있을까? 〈그림 21〉은 신발업체가 시도할 만한 가상의 CSV 모델이다. 이

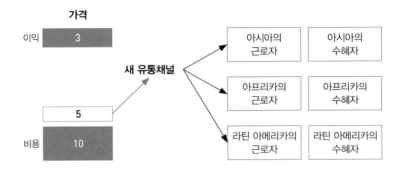

**그림 21. 신발 제조 및 판매 업체의 (가능한) CSV 모델**

기업은 우선 CSV가 비즈니스 전략이라는 점을 인식하고, 특정 시장에서 생산성 제고를 위한 핵심역량 향상 방안을 연구한다. 그 한 가지 방법이 저개발국가의 고객층에 맞는 값싼 신발을 제조하고, 효율적으로 배분할 수 있는 판매망을 구축하는 것이다.* 처음에 작게 시작한 사업이 확장되면, 더 많은 사람들에게 신발의 혜택이 돌아갈 수 있다. 저개발국가에서는 필요로 하는 상품이 있어도 운송 비용이 너무 높아 판매에 이르기 어려울 때가 많다. 따라서 운송비를 낮춘 효율적 판매망을 구축하면, 험준한 산악지대 때문에 도달할 수 없던 먼 지역에도 신발을 배달할 수 있다. 아울러 이 신발업체의 직원·판매원은 일자리와 일정 수준의 임금을 얻고 아이들에게 필요한 신발을 사줄 수도 있다.

---

* 근래 탐스슈즈는 선진국 중심의 사업 모델에서 벗어나, 현지에 직접 공장을 설립해 일자리를 창출하는 등 산업을 지켜내는 작업으로 확대하고 있다. 현지의 비영리조직과 긴밀히 협업하는 프로젝트도 진행 중이다.

이런 CSV 모델은 이윤이 나기 때문에 비즈니스가 지속되며, 확장 가능성을 통해 사회적 임팩트를 높일 수 있다. 〈그림 21〉에서 보듯이 기존 방식으로는 전체 비용이 25이던 것을, 현지에서 효율적 판매망을 구축할 경우 15(10+5)로 단축할 수 있다. 이런 혁신이 없다면 장기적으로 경제적 가치를 높이기도 어려우며, CSV 전략의 본래 목표를 달성하기 힘들다.

## 핵심은 지속가능한 성장

근래 탐스슈즈만큼 전 세계인의 주목을 받으며 높은 사회적 가치와 경제적 가치를 창출한 기업도 드물다. 그러나 모든 기업이 탐스슈즈 같은 한 가지 모델에 몰려든다면(수렴화 현상), 장기적으로 바람직하지 않다. 사회적 가치를 확대하는 방법에는 여러 가지가 있을 수 있다. 한 가지 모델이 모든 기업에 적용되지도 않는다. 따라서 사회적 임팩트를 높이는 혁신적 비즈니스 모델을 꾸준히 개발하는 것이 중요하다.

물론 사회적 가치와 경제적 가치를 단순히 혼합하는 것만으로 CSV 모델을 만들 수는 없다. 비빔밥을 만들 때 무조건 재료를 섞는다고 해서 맛있어지지 않는다. 좋은 재료가 있어야 하고 그 재료들의 비율을 적정하게 맞춰야 한다.

마찬가지로 CSV 전략은 사회적 가치와 경제적 가치를 동시에 올리는 것 자체가 핵심이 아니다. CSV 모델은 사회문제를 해결하는 과정에서 경제적 가치를 증대하는 비즈니스 모델이다. 그러므로 최종 상품가격에 기부 개념은 포함되지 않는다. 그 대신 상품/시장, 가치 사슬, 클러스터 개발 등에 관한 혁신을 통해 이윤을 창출하여 사회적 임팩트의 규모를 키우고, 이를 지속 가능하게 하는 시스템을 만들어야 한다. 좋은 CSV를 실행하려면 기업 고유의 정체성이 묻어나는 비즈니스 전략을 만들고자 하는 리더의 전략적 의도가 선행되어야 한다.

# SCE 모델:
# CSR, 전략적 CSR 그리고 CSV

## SCE 모델: CSR

SCE 모델의 관점에서 CSV 전략을 CSR 및 전략적 CSR<sup>Strategic CSR</sup>

과 비교해 그 차이를 정리해보자. 〈그림 22〉의 유형 1에 나타나듯

이, 사회문제를 인지하고 선정하는 1단계에서 사회적 가치를 키우

는 2단계가 바로 전통적인 사회복지 혹은 기업의 CSR 영역이다. 여

러 공익재단과 기업은 기부·봉사활동을 통해 사회적 가치를 증대

하는 방법을 연구해왔다. 예컨대 록펠러재단은 사회적 가치에 관한

IRIS<sup>Impact Reporting and Investment Standards</sup> 지표<sup>●</sup> 등 다양한 지표를 개발

하고 있다.

사회적 가치를 창출하는 2단계에서 고객가치를 창출하는 3단계로

---

● 이 지표 라이브러리는 2008년에는 어큐먼펀드, B랩과 록펠러재단, 2009년 후반부터는 GIIN에서
   만들고 있다.

| 실행<br>단계 | | 유형1<br>CSR | 유형2<br>CSR<br>워싱 | 유형3<br>전략적<br>CSR | 유형4<br>CSV<br>워싱 | 유형5<br>CSV |
|---|---|---|---|---|---|---|
| 1단계 | 사회문제(SP) | ○ | ○ | ○ | ○ | ○ |
| 2단계 | 사회적 가치(SV) | ○ | △ | ○ | ○ | ○ |
| 3단계 | 고객가치(CV) | × | × | △ | △ | ○ |
| 4단계 | 경제적 가치(EV) | × | × | △ | × | ○ |

○: 높은 실현수준   △: 낮은 실현수준   ×: 미실현

그림 22. SCE 모델(4): CSR, 전략적 CSR 및 CSV 모델

넘어가지 못하면 사회복지 및 전통적인 CSR 영역에 머물게 된다. 이런 CSR은 도덕적으로 비난받지 않는다. 기업의 비용을 들여 사회공헌 프로그램을 진행하는 것은 많은 기업에서 일반적으로 하는 사회공헌의 하나다. 다만 일부 기업은 CSR을 충실히 이행하지 않고 사회적 가치 창출을 소홀히 하는 'CSR 워싱'으로 비난받기도 한다(유형 2). 이런 경우는 1단계에서 2단계로 부실하게 이행할 때, 혹은 1단계 자체를 숙고 없이 엉뚱하게 설정할 때 생긴다. 사회문제 해결에 무관심한 홍보성 CSR은 부작용을 낳을 가능성이 높다.

경영학의 주된 관심은 이익의 최대화다. 고객가치를 만드는 일련의 과정을 포함하는 3단계를 통해, 경제적 가치를 증대하는 4단계가 주된 관심사다. 비영리 분야의 1단계·2단계, 그리고 영리 분야의 3단계·4단계는 오랫동안 서로 나뉘어 독자적인 영역을 구축해왔다. 그런 탓에 비영리/영리 분야 종사자들 사이에는 상대 영역에 대한 산업적·심리적 장벽이 많이 남아 있다.

## SCE 모델: 전략적 CSR

그런 장벽을 서서히 걷어내고 소통하려는 시도가 바로 전략적 CSR 이다(그림 23의 유형 3). 1단계·2단계를 포함하고, 3단계에서 특정한 사회적 가치가 고객가치를 창출하는 경우다. 그러나 4단계의 경제적 가치를 기대만큼 생산하지 못할 때가 많다. 사회적 가치를 만들고 고객가치를 만드는 단계가 불투명하며, 고객가치에서 경제적 가치로 연결되는 고리가 불확실하기 때문이다. 주로 사회적 책임 활동을 통한 평판 쌓기 및 위험관리risk management의 입장을 취하는 경우가 많아, 전체적 인과관계가 모호할 위험이 있다. 나아가 기업의 핵심역량과 직접적으로 연관이 없는 경우도 종종 있다. 아직 학계에서는 기업의 선행과 경제적 이익의 관계에 대해 실증자료의 신뢰성, 구체적인 작동 메커니즘, 방법론 등을 두고 치열히 논쟁 중이다. 다만 전략적 CSR은 적어도 기업의 경제적 이익의 관점을 고려한다는 점에서 CSV 로 진행될 가능성이 전통적인 CSR보다 매우 높다.

1단계·2단계·3단계를 포함하고 4단계의 경제적 가치를 성취한다면 CSV 전략이라 할 수 있다. 이는 사회적 가치, 고객가치, 경제적 가치의 인과관계가 순차적으로 성립할 때만 가능하다. 2단계의 사회적 가치에서 3단계의 고객가치로 전환하는 과정에서 인과관계가 불분명한 가운데 4단계의 경제적 가치가 상승했다면, 그 요인은 CSV가 아니라 디자인이나 생산 과정 혁신 등일 가능성이 높다. 따라서 어떤 기업이 이를 CSV라 주장한다면, 'CSV 워싱'일 수 있다(유형 4).

결국, 전통적인 경영전략을 수행하며 나오는 경제적 이익을 사회적 가치와 억지로 끼워 맞추는 해석이 CSV 워싱을 낳는다. 문제는 CSV 워싱에 관심이 많은 기업은 사회문제 해결에 드는 비용을 회수하지 못해 지속적으로 사업을 하기 힘들다는 점이다. CSV 전략을 잘 수행하려면 1단계부터 4단계까지 충실히 밟아나가야 한다. 특히 많은 기업에서 간과하는, 2단계에서 3단계로의 전환을 명확히 입증해야 올바른 CSV 전략을 수립할 수 있다(유형 5).

| | 1단계 | 2단계 | 3단계 | 4단계 |
|---|---|---|---|---|
| 유형 1. CSR 전략 | SP ○ | SV ○ | CV × | EV × |
| 유형 2. CSR 워싱 | SP ○ | SV △ | CV × | EV × |
| 유형 3. 전략적 CSR | SP ○ | SV ○ | CV △ | EV △ |
| 유형 4. CSV 워싱 | SP ○ | SV ○ | CV △ | EV × |
| 유형 5. CSV 전략 | SP ○ | SV ○ | CV ○ | EV ○ |

그림 23

## SCE 모델: 수립기준

앞에서 설명한 내용을 SCE 모델을 중심으로 재구성하면 위와 같다(그림 23). 이 다섯 가지 유형을 통해 각 기업이 지향하는 목적이 무엇인지를 점검해야 한다.

여기서 짚고 넘어갈 기준이 있다. 바로 SCE 모델의 네 가지 단계는 서로 순차적으로 그리고 인과적으로 연결되어 있으며(순차적 인과성), 다음 단계의 완성도는 전 단계의 완성도에 직접적 영향을 받는다(순차적 완결성)는 점이다. 조금 더 부연하자면, 순차적 인과성이란 네 가지 단계를 순차적으로 진행함으로써 CSV 전략이 완성될 수 있다는 것이다. 사회문제에서 사회적 가치 창출을 뛰어넘어 고객가치로 갈 수 없고, 사회적 가치에서 바로 경제적 가치로 전환될 수 없다.

순차적 완결성이란 네 가지 단계에서 다음 단계의 완성도는 전 단계의 완성도에 의해 구속된다는 것이다. 전 단계에서 가장 높은 수준인 ○를 받으면 다음 단계에서 ○, △, ×를 받을 수 있다. 하지만 △를 받으면 △, ×를 받을 수 있지만, 더 높은 수준인 ○는 받을 수 없다. 예컨대 사회문제 설정 단계(SP)에서 △를 받으면 사회적 가치 창출 단계(SV)에서는 △, ×를 받을 수 있지만 ○를 받을 수 없다. 또한 고객가치 창출 단계(CV)에서 ×를 받으면 사회적 가치 창출 단계(SV)에서는 ○, △를 받을 수 없다.

일부 기업이 다음 같은 가치창출 과정을 소개했다고 가정해보자(그림 24).

| 유형 6. 잘못된 CSR 전략 | SP<br>× | SV<br>△ | CV<br>○ | EV<br>○ |
| --- | --- | --- | --- | --- |

그림 24

유형 6과 비슷한 CSR 전략을 주장하는 기업들이 있다. 우선 사회 문제가 전혀 잘못 설정되어 있는 상태에서 사회적 가치를 어느 정도 창출하고, 이를 바탕으로 고객가치를 매우 우수하게 창출한다는 것은 CSV 전략의 관점에서 현실적으로 불가능하다. 잘못 설정된 사회적 문제에서 사회적 가치가 창출되었다는 것 자체가 어불성설이기 때문에, 이후 가치 창출이 제대로 이루어지지 않는다. 따라서 기업은 가치 창출 과정에서 발생할 수 있는 오류를 바로잡고, 순차적으로 다음 단계에서도 가치를 창출할 수 있도록 전 단계에서 CSV 전략의 완성도를 높이는 데 만전을 기해야 한다.

현실적으로 예상 가능한 기업의 CSR/CSV 활동을 몇 가지 분류하면 〈그림 25〉와 같다.

| 유형 7. CSV 전략<br>(바로 전 단계) | SP<br>○ | SV<br>○ | CV<br>○ | EV<br>△ |
| --- | --- | --- | --- | --- |
| 유형 8. CSR/CSV 전략<br>검토 필요 | SP<br>△ | SV<br>△ | CV<br>△ | EV<br>△ |
| 유형 9. 일반 경영 전략 | SP<br>× | SV<br>× | CV<br>○ | EV<br>○ |

그림 25

다시 한 번 강조한다. CSV가 가장 좋다며 다른 모델을 경시하고 무조건 추종해서는 안 된다. 예를 들어 유형 1은 CSR 전략을 통해, 고객가치와 경제적 가치는 창출하지 못해도 특정 사회문제 해결에 중요한 역할을 한다는 점에서 훌륭한 모델이다.

여기에 소개한 사회적 가치 창출 모델들은 CSV 전략적 관점에서 평가했기 때문에 특정 분야의 가치 창출에서 ×를 받은 것이지 모델 자체에 문제가 있어서 ×를 받은 것이 아니다. 마찬가지로 각 기업은 기업이 처한 내외적 자원과 환경적 조건 아래 특정한 사회적 가치 창출에 나선다. 이에 따라 기업의 사회적 가치 창출 과정 역시 다양하게 전개될 수 있다는 점을 고려해야 한다.

유형 7에 해당하는 CSV 전략(바로 전 단계)은 시장에서 제품·서비스가 다른 기업과 어떻게 경쟁하는지에 대한 면밀한 검토가 필요하다. 이유는 시장에서 효율적으로 경쟁하지 못하면 사회적 가치를 경제적 가치로 연결하는 최종고리를 완성하지 못해 궁극적으로 CSV 전략을 완성할 수 없기 때문이다. 이를 위해 기업의 모든 가치사슬을 점검하고 경쟁기업보다 많은 고객가치를 창출할 방법을 연구하는 것이 필요하다. 이런 과정에서 해당 기업은 CSV 전략을 완성할 수 있다.

유형 8에 해당하는 CSR/CSV 전략은 모든 분야에서 △다. 이 경우 첫 번째 단계에서 사회문제가 포괄적으로 애매모호하게 정의된 경우가 많다. 사회적 가치를 창출하는 두 번째 단계 역시 불분명하게 측정될 가능성이 높으며 나머지 단계에서 가치 창출 여부도 불확실하다. 하지만 이 기업은 사회문제 설정 단계에서 완성도를 높여 나머지 단계에서도 더 높은 가치를 창출할 수 있다.

유형 9는 일반 경영전략을 표시한 것으로 사회적 가치를 융합해 전략을 만드는 과정은 ×로 표시되며, 고객가치와 경제적 가치에서 높은 가치를 창출하면 ○를 표시할 수 있다.

최종적으로 CSV 전략을 전통적 경영전략과 비교하면 〈그림 26〉과 같다. 이는 CSV 전략과 전통적 경영전략을 사회적 가치의 역할이라는 관점에서 보여준다. 기업의 경제적 활동은 사회구성원에게 부수적으로 도움을 주는 사회적 가치를 창출할 수 있다. 예를 들어 컴퓨터의 보급으로 많은 사람이 더 효율적으로 업무를 처리하게 됐다. 이것이 바로 전통적 자본주의 기업경영에 근거한 기업전략의 접근법이다. 사회적 가치 창출이 기업의 주된 역량이 아니라 부수적으로 파생되는 부산물이다. 그러나 CSV 전략의 핵심은 사회문제에 대한 전략적 선택으로, 사회적 가치의 창출을 '통해through' 경제적 가치를 창출하는 과정이다. 전통적 경영전략에서 경제적 가치를 창출해 특정 사회구성원에게 사회적 가치가 부수적으로 창출되는 것이 우연적이라면, CSV 전략에서는 사회문제를 해결하는 과정이 경제적 가치를 창출하는 것과 인과관계를 맺는다.

전통적 경영전략과 CSV 전략 사이에서 혼돈을 일으키는 개념이 바로 '사회적 가치'다. 〈그림 26〉에서 보듯 CSV 전략에서 말하는 사회적 가치란, 소비자가 부수적으로 누리는 가치 이외에 사회문제 해

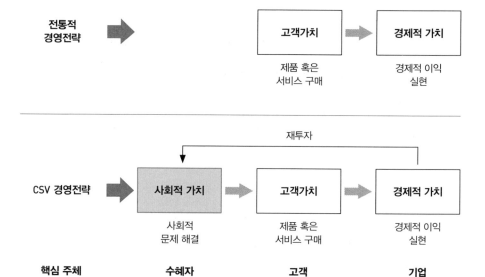

**그림 26. 전통적인 경영전략과 CSV 경영전략의 가치 창출 과정**
출처 : 김태영. 2013. "CSV: 진짜 목표인가, 세탁용인가?" DBR(131호)

결을 '통해' 새롭게 증대한 가치다. 이런 사회적 가치는 전통적 경영전략에 존재하지 않던 개념이다. CSV 전략은 사회문제 해결에서 비롯한 사회적 가치를 증대함으로써 새로운 고객가치를 창출하고 경제적 이익을 실현하려 한다. 경제적 이익은 사회문제에 재투자되어 문제해결에 '규모와 속도'를 가한다.

예를 들어 전통적인 경영을 따른다면 품질기준에 맞는 원유를 공급하는 축산농가를 찾아, 시장에 존재하는 가장 낮은 비용으로 원유를 조달하고, 상품(우유)을 만들어 판매할 것이다. 이때 품질기준을 맞추지 못하는 대다수의 빈곤한 축산농가는 관심 대상이 아니다. 그런 기업이 하나의 사회문제를 선택해 CSV 전략을 실행한 후, 필요에 따라 다른 사회문제를 선택해도 무방할까? '사회문제를 해결하려는 진정성이 없다'라거나 '그럴거면 아예 시작을 하지 말지' 같은 다소 감정적인 반응을 얻을 수도 있다. 그러나 한 가지 사회문제를 기반으로 한 가지 CSV 전략만 계속 고집할 필요는 없다. 기업은 역량과 시장상황에 따라 전략적으로 사회문제를 선택할 수 있다.

이를테면 환경문제에 대한 CSV 전략은 비환경적 사회문제, 즉 빈곤·여성·장애인·청소년·의료 등 다양한 방법으로 확장하거나 진화할 수 있다. 기업이 선택한 사회문제를 다른 것으로 바꾸려면 전환 비용이 든다. 따라서 가급적 장기적으로 전략을 실행할 수 있는 사회문제를 선택하려 할 것이다. CSV 전략은 경영전략의 하나로 이해할 때 더 현실적이며 지속 가능하다.

데 어떤 기업이 전에 없던 일자리와 교육을 빈곤한 축산농가에 제공해 양질의 원유를 안정적으로 확보한다면, 이 비즈니스 모델은 사회적 가치를 창출했다고 할 수 있다. 또 이런 과정을 통해 기업이 안정적으로 경제적 이익을 얻었다면 CSV 비즈니스 모델인 셈이다.

4장

# 혁신

기업은 항상 새로운 시장을 찾으려 애쓴다. 그런데 새로운 시장은 어디에 있을까? 새로운 시장은 '기업의 핵심역량과 사회문제가 만나는 접점'에 있다. 이 장에서는 GE를 통해 자신의 성공 프레임의 한계를 넘어 새로운 시장을 창출한 과정을 살펴보고자 한다. 특히 새로운 시장을 창출했을 때 CSV 혁신이 어떤 역할을 했는지 중점적으로 알아본다.

# 새로운 관점,
# 새로운 시장<sup>•</sup>

CSV 전략은 그 자체로 비즈니스 전략이다. 여기서 질문을 던져보자. 사회문제를 해결하려면 그에 상응하는 비용이 따르는데, 어떻게 기업은 경제적 가치를 더 키울 수 있을까? 그것이 대체 가능한 일인가? 비즈니스 모델에 논리적 문제점이 있는 것은 아닐까?

그런데 이런 역설을 가능하게 하는 것이 CSV 전략이다. 그 핵심은 바로 'CSV 혁신'이다.

### 1등의 실패

진정한 CSV 전략은 고통스러운 혁신 과정을 수반한다. CSR 기반의 전략, 전략적 CSR, 그리고 일반적인 경영전략보다 더 힘든 혁신

---

● 김태영·전희종. 2014. "지속혁신의 함정, CSV로 돌파하라" DBR(145호) 수정 보완

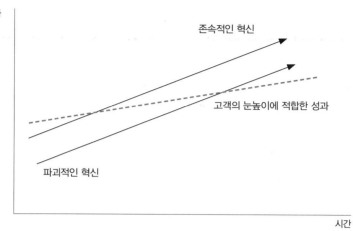

성과

존속적인 혁신

고객의 눈높이에 적합한 성과

파괴적인 혁신

시간

그림 27. 혁신기업의 딜레마

이 필요하다. CSV 혁신은 시장·제품·기술·비즈니스 모델 등 다양한 혁신을 아우르지만, 사회문제를 해결한다는 사회적 미션이 포함된 과정이라야 한다.

〈그림 27〉은 클레이턴 크리스텐슨Clayton M. Christensen의 '혁신기업의 딜레마innovator's dilemma'에 관한 그래프로, '왜 성공한 시장지배 기업이 보잘것없는 신생기업에게 결국 시장을 내주는가'에 대한 답이다.

내용을 간단히 소개하면 이렇다. 초기에 소비자의 욕구와 니즈에 맞는 제품·서비스를 제공하여 시장을 지배한 기업은, 스스로 개발한 전략과 경쟁논리에 따라 지속적으로 대규모 자원을 투입해 존속적sustaining 혁신을 한다. 그 과정에서 기업은 더 큰 이익을 가져오는 제품·서비스에 집중하게 된다. 이러한 혁신의 결과, 대다수 소비자의 욕구와 니즈와는 동떨어진, 일부 소비자를 위한 기술발전에 몰두함으로써 시장을 도외시하고 자신의 경쟁논리에 스스로를 가두고 만다.

### 소비자 패러다임이 변했다

시장지배기업이 스스로를 가두는 동안, 파괴적인disruptive 혁신으로 무장한 신생기업들이 시장에 진입한다. 이런 신생기업은 초기에 이익률이 매우 낮은 고객층을 대상으로 하고 낮은 품질과 서비스를 제공하기 때문에, 시장지배기업이 별반 관심을 갖지 않는다. 하지만 신생기업은 소비자의 욕구와 니즈를 파악하고 기술적 문제를 해결함으로써, 시장지배기업의 비즈니스를 잠식하며 고객기반을 넓힌다. 그럼에도 시장지배기업은 대다수 소비자의 니즈를 외면하고 오히려 더 높은 이익률을 내는 제품·서비스로 옮겨간다. 결국 시장지배기업은 소비자의 눈높이를 맞추지 못하는 상품과 서비스로, 신생기업에게 시장지배자의 자리를 내준다.

여기서 눈여겨 볼 지점은, 기존의 시장지배기업이 자신의 시장을 신생기업에게 내주는 이유가 자원·기술·능력이 없어서가 아니라는 것이다. 오히려 자신의 성공을 가져온 전략과 경영방식 프레임에 갇혀 소비자가 진정 원하는 것을 간과했기 때문이다.

CSV 전략은 이런 혁신 프로세스 관점에서 중요한 메시지를 준다. 시장을 조직내부적 관점에서 보는 대신, 여러 사회문제로 고통받는 소비자의 관점에서 보자는 것이다. 기존 경영전략에서는 사회문제를

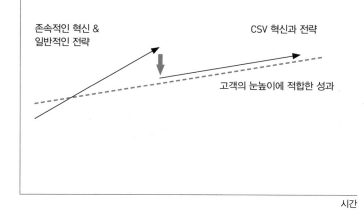

성과

존속적인 혁신 &
일반적인 전략

CSV 혁신과 전략

고객의 눈높이에 적합한 성과

시간

**그림 28. 기존 경영전략과 CSV 전략의 차이점**

일으키면서 높은 이익률을 가져오는 제품·서비스에 집중했다면, 이
제 다양한 사회문제를 안고 있는 '잠재적 소비자'의 관점에서 시장을
바라보기를 권고한다. 즉 사회적 니즈와 기업의 핵심역량을 결부해
사회문제를 해결하는 과정을 통해, 소비자의 욕구와 눈높이를 맞출
수 있는지를 묻고 있다.

〈그림 28〉에 나타나듯이, CSV 전략은 소비자의 기본 욕구와 필요
에서 멀어져가는 존속적 혁신에 근본적인 수정을 가하는 방식이다.
CSV 전략은 소비자가 어떤 제품·서비스를 원하며, 왜 원하는가를
묻는다.

소비자가 원하는 것은 단기적 이익을 추구해 오염물질을 생산하는
등 공동체에 해를 끼치는 제품·서비스가 아니다. 이런 CSV 전략의

관점에서 지속적 혁신을 통해 사회적 가치를 확대하고 경제적 가치를 키워온 대표적인 기업이 바로 GE이다.

# GE를 다시 챔피언으로 만든
# 에코매지네이션

잭 웰치Jack Welch 회장 체제에서 GE의 전략은, 지속적인 인수합병과 더불어 비용 절감, 업무효율성과 리더십 제고 등 내부 효율성을 강조하는 것이다. 그러나 2001년 새로 취임한, 영업 출신의 제프리 이멜트Jeffery Immelt 회장은 '유기적 성장'을 강조하며 연구개발 투자, 글로벌 (메가)트렌드, 기술혁신 등에 기반해 차별화된 사업 모델로 전환할 것을 요구했다. 외부 인력을 고위간부직에 대거 등용하고, 조직 내부에 혁신과 창의력을 불어넣어 유기적 성장의 원동력으로 삼고자 했다.

GE의 운송사업부는 기업 초기부터 핵심 사업부였다. GE는 1913년 GM16 모델의 175마력 산업용 기차를 도입하며 기차산업에 진입했다. 지속적 혁신을 통해 1924년 300마력의 잉거솔랜드Ingersoll-Rand, 1966년 2800마력의 U28CG 모델, 1992년 4000마력의 P40DC 모델 등 100개가 넘는 제품을 소개하고 성능을 발전시켜왔다.

## 기술혁신의 덫

기차산업은 전반적으로 경쟁이 치열했다. 한때 미국에만 약 90개 기업이 존재했으나 현재 13개에 불과하다. 그중 2010년까지 지속적으로 생산을 하던 기업은 7개인데, 시장점유율은 GE를 포함한 3개 기업이 장악하고 있었다. 한편 운송산업은 시장성장율이 지속적으로 높아졌다. 2001년부터 2010년까지 17.7퍼센트 성장했고, 2004년부터 2009년까지 2만 774대였던 기차가 2만 4443대로 늘어났다. 해마다 평균 약 500~700대의 새로운 모델이 판매되었다.[*]

GE의 트랜스포테이션Transportation, EMDElectro-Motive Diesel, 그리고 MKMorrison-Knudsen/WABCO는 3대 운송기업으로, 모두 20세기 초부터 기차를 생산하기 시작했다. 하지만 1990년 초 MK가 EMD와 GE의 성능을 앞지르기 위해 5000마력의 신제품을 출시하면서 '성능 전쟁'을 선포했다. EMD는 곧바로 5000마력의 신제품을 출시했고, 한 번 더 성능을 높여 6000마력의 모델을 소개했다. 여기에 뒤질 수 없던 GE도 1995년 AC6000이라는 슈퍼기차Super-Loco를 소개하고 6250마력의 모델을 출시했다. 이렇듯 운송기업들은 지속적인 기술혁신으로 성능을 높였다. 그러나 고객의 눈높이에서는 점차 멀어졌고, 기업 자신만의 혁신 틀에 갇혔다.

---

[*] Laney, Karen., Michael Anderson. 2011. "Rolling Stock: Locomotives and Rail Cars", United States International Trade Commission. Control No. 2011001.

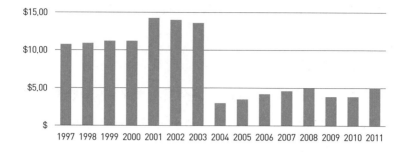

**그림 29. GE 트랜스포테이션 기차 수익**

참고: 1997년 ~ 2003년 : Industrial products and systems: lighting products, electrical distribution and equipment, transportation system products. 2004 년 이후: Transportation related services and products: 〈GE Annual report 2000 ~ 2011〉

〈그림 29〉에서 보듯이 존속적 혁신에 기반한 기존 경쟁전략은 소비자의 요구를 넘어선 기술경쟁으로 치달아, 결국 소비자의 외면을 받았다. 5000마력의 신제품을 출시했던 MK는 총 6개의 프로토타입을 만들어 운영하다가 MK 철도Rail사업부가 원동력산업기업Motive Power Industries Corporation으로 조직을 개편하던 중, MK 고성능 운송 프로그램을 중단했다. 비슷한 시기에 EMD도 SD80MAC(5000마력)와 SD90MAC(6000마력) 모델을 시장에 소개했지만 각각 37대, 40대 정도밖에 팔지 못했다. GE역시 큰 타격을 입었다. AC6000은 출시된 후 5년간 6000대 판매를 예상했지만 207대를 판매하는 데 그쳤다. 오히려 이전 모델인 AC4400(4400마력)이 3000대 판매고를 올려

AC6000의 15배가량 됐다.[*] 그 이유는 새 모델에 대해 과도한 엔진 출력에 따른 초기운영상의 문제(엔진 부담으로 생기는 소리·진동)와 비용대비 성능 저하, 연료의 비효율성, 탄소배출 문제 등이 지적되었기 때문이다.

여러 거시경제적 요소도 운송산업에 변화를 주기 시작했다. 2000년 갤론당 1.5달러이던 유가가 2008년 갤론당 4달러에 이르렀다. 한편 지구온난화를 비롯해 각종 대기오염·인재·기름유출 사고 등 문제점이 지적되고 친환경 제품이나 친환경 기업에 대한 인식이 높아져, 오염물질을 많이 배출하는 기업은 비난을 받게 됐다.

기차산업 역시 정부로부터 강한 법적 제제를 받기 시작했다. 미국 환경보호청EPA은 1997년 12월 탄소배출에 대한 규정 2단계(Tier 2)를 발표하고 2005년 이후 생산되는 모든 기차에 강력한 환경 규제를 적용하기 시작했다. 운송산업에 관계된 많은 이들은 변하지 않으면 안 될 상황에 놓였다. 한쪽에서는 정부의 환경적 압박이 가해지기 시작했고, 다른 한쪽에서는 유가 상승과 인건비 상승에 따른 비용 증가 문제로 고객들도 성능보다는 효율성을 중시하는 비용 절감 측면을 강조하기 시작했다.

## 환경 문제에서 찾은 돌파구

GE는 3년간 기차사업부에 4000억 원(4억 달러)의 연구개발비를 들

---

[*] Bartlett, Christopher, Brian Hall, Nicole Bennett. 2007. "GE's Imagination Breakthroughs: The Evo Project", Harvard Business School.

여, 연료효율성 향상과 탄소배출 감소를 본격적으로 준비하기 시작했다. 엔진을 축소해 마력(성능)을 줄여 탄소배출을 절감하는 단순한 시도가 아니라, 엔진의 플랫폼을 처음부터 다시 개발하는 모험이었다. 같은 성능(4500마력)을 내는 데 이전에 16개 엔진 실린더가 필요했다면, 이제 12개로 유지하기로 했다. 또한 엔진 디자인과 구조를 바꿔 외부에서 엔진을 진단하여 더 쉽게 보수할 수 있게 했다. 결과적으로 연료는 기존 모델보다 3~5퍼센트 절약되었고 탄소배출은 40퍼센트, 열배출은 60퍼센트 절감되었다.

　엔진의 하드웨어만 바꾼 게 아니다. 소프트웨어 측면에서는 운행자가 네트워크를 통해 소프트웨어 업그레이드 장치와 필요한 데이터를 다운로드할 수 있게 해주었고, 트랙션 컨트롤traction control을 통해 각 엑셀의 효율성을 최대로 높였다. 기관실에서는 운행자와 기계가 직접 의사소통할 수 있도록 인터페이스를 간편화하고 진동과 소리를 대폭 줄였다. 이처럼 11개의 혁신적인 핵심 요소를 통해 GE는 새로운 기차를 개발해 EVOEvolution Locomotive(또는 GEVO)라는 이름을 붙였다. GE는 2002년 1000억 원(1억 달러)을 투자해 50대의 프로토타입 생산과정에 들어갔다. 2003년 첫 모델이 생산되었으며, 정식 발표한 2005년 1월 이전까지 고객들이 500만 마일(약 800만 킬로미터)을 운행하게 해줌으로써 직접적인 가격 절감만이 아니라 혁신에 따른 가격절감을 경험하게 했다. 이런 과정은 〈그림 30〉에 보이듯 기존의 성능 위주의 존속적 혁신이 아닌, 기업의 경제적 이익을 사회문제의 해

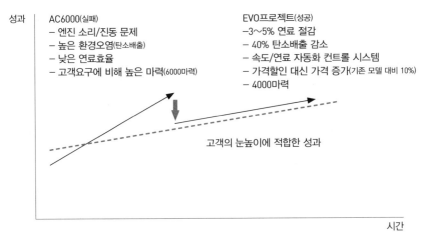

**그림 30. GE 혁신: AC6000과 EVO 프로젝트**

결과정에서 향상하려는 CSV의 기본 목적과도 연결된다.[●]

　GE의 이런 노력에도, 제작 전pre-production 고객 주문량은 상당히 저조했다. EVO는 정식 발표를 앞두고 600대가 마련돼 있었지만 2003년에서 2004년까지 BNSF철도에서 30대, 2004년에 노픽서던 철도Norfolk Southern Railway에서 15대, 그리고 2003년 유니언퍼시픽철도Union Pacific Railroad에서 5대 등 총 50대 주문에 그쳤다. 그러나 실제로 사용해본 고객들은 가격 절감, 연료효율성 향상, 탄소배출 감소 효과를 누렸다.

---

● 다른 경제적 요소도 EVO의 수요를 불러일으켰다. 유가 시세는 2004년 1월 배럴당 32달러에서, 6월에는 40달러, 그리고 10월에는 배럴당 50달러 선까지 통과했고, 미국과 중국의 활발한 교류로 기차에 대한 운송 수요가 급증했다.

EVO의 고객 친화적인 경쟁력이 입증되자, 2005년 BNSF철도에서 696대 주문에 500대 추가 주문, 노퍽서던철도에서 205대 주문에 141대 추가 주문, 유니언퍼시픽철도에서 1003대 주문으로 이어졌다. 발표 당시 주문생산이 2006년까지 잡혀 있었고, 그다음 2006년 중반에는 2008년까지 추가적으로 1500대의 주문이 들어왔다. 당시 산업 전문가들은 GE가 70퍼센트 이상의 시장점유율을 유지한 것으로 평가했다.* 이는 2위 기업인 EMD의 3배가량에 달하는 시장점유율이었다. EVO를 통해 2005년부터 2008년까지 GE의 총 주문생산량은 시가로 5조 4000억 원에 이르렀다.** 현재까지 세계 각국에 4500대의 EVO 시리즈가 주행하고 있으며 2011년 GE 운송산업부는 1900개의 새로운 일자리를 창출했다.

GE는 EVO 시리즈 연구개발에 지속적으로 투자했다. 2011년 추가적으로 2억 달러를 투자했다. 그리고 2012년, 탄소배출에 대한 규정 3단계에 대비해 탄소배출량의 70퍼센트를 줄일 수 있는 첫 프로토타입을 생산했다고 발표했다. 이처럼 GE는 고객의 신뢰를 잃어버린 존속적 혁신에서 벗어나 고객의 눈높이를 다시 맞출 수 있었다. 앞의 〈그림 30〉는 EVO를 통한 GE의 혁신이 소비자의 기본 욕구에 근접함을 보여준다.

●   Middleton, William, George Smerk, Roberta Diehl. 2007. "Encyclopedia of North American Railroads", Indiana University Press.

●●   GE의 EVO는 2006년 한 대당 20억~21억 원이고 총 판매량은 600~700대이다(Bartlett and Beamish, 2018; Jarvis, 2006).

하지만 GE의 혁신은 고통 없이 진행된 것이 아니다. 2004년 당시 GE는 11개 사업부를 가지고 100개국에서 활동하며 31만 5000명의 인력을 관리해야 했다. 또 상당한 외부 인력을 내부로 끌어들어야 했다. 2001년부터 2004년까지 3년에 걸쳐 5000명의 기술자를 외부에서 들였고, 고위간부 175명 가운데 21명은 내부 기술자가 아닌 외부에서 온 인력이었다. 마케팅과 세일즈 부서 인력을 각각 2000명과 5000명으로 늘렸으며, 기존 인수팀Acquisition Team 규모를 3분의 2로 줄여 남은 인력을 마케팅부서로 보냈다. 잭 웰치가 없앤 CMOChief Marketing Officer 직책을 부활시키는 등 기존 전략과 많은 차별화가 이뤄졌다.

유기적 성장을 강조한 이멜트는 2003년 9월 각 산업부의 간부들을 회의실로 소집하고, 회의 주제로 IBImagination Breakthroughs 세션을 가졌다. 그는 프로젝트(아이디어) 하나당 3년 이내에 1000억 원(1억 달러)의 매출을 올릴 만한 제안서를 각 산업부마다 5개씩 제시하도록 했다. 그 뒤로 2개월 동안 관계자들은 자기 부서로 돌아가 재무·마케팅·세일즈·기술 담당자들과 심층 토론을 거쳤다. 항공부서에서만 354개의 아이디어를 냈고, 모든 부서의 아이디어를 그룹 마케팅부서가 검토해 50개로 추렸다. 이멜트는 이를 직접 다 검토하고 그중 35개를 통과시켜 막대한 연구개발비를 지원했다. 그는 통과된 제안서를 가지고 해당 사업부의 CEO, 기술 책임자, 마케팅 책임자 등 핵심 인력과 매달 미팅을 갖고, 해당 IB 프로젝트의 진행·업데이트 상황을 점검했다. 관계자들은 다른 사업부 IB아이디어와의 비교, 까다

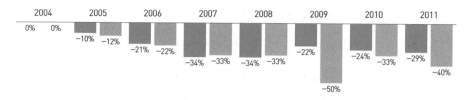

**그림 31. GE의 온실가스와 에너지 강도 추이**

참고: Base line: 2004, GHG: Green house gas: 〈GE Annual report 2000~2011〉

로운 예상질문 등으로 압박을 받았으며, 미팅 전에 철저한 시장분석을 해야 했다. 이 IB세션은 3개월의 단기적 캠페인에 그치지 않았다. 2004년과 2005년 이후로도 이어졌으며, 관계자들은 매년 지속적으로 제안서를 제출해야 했다.

### 에코매지네이션 혁신

마침내 2005년 5월, GE는 에코매지네이션Ecomagination을 공식 발표했다. 이는 GE가 수년간 준비한 CSV 전략을 본격 추진하는 기점이 됐다. 운송사업부의 모든 기차 모델은 EVO와 같은 친환경적 성능을 더하기 시작했다. EVO 모델(ES44A)을 비롯해 에볼루션Evolution, 파워홀PowerHaul, 차이나 메인라인 에볼루션China Mainline Evolution, 사우스아프리카South Africa 시리즈 등 모든 포트폴리오에 연료효율성과 저탄소 기술을 공통적으로 적용했다. 특히 사우스아프리카 시리즈에 적용된 새로운 C30ACi 모델은 성능을 3300마력으로 낮춘 반면, 기존 모델 네 대에 해당하는 기동력을 세 대로 낼 수 있었다. 연료효율이 높아진 만큼 탄소배출을 연간 1500톤 줄일 수 있었다.

나아가 친환경 전략은 제품에만 국한되지 않았다. GE는 기업의 가치사슬에도 이를 적용해 자체적으로 에너지 효율성을 높이고, 에너지 강도Energy Intesity와 온실가스를 낮추는 방안도 도입하는 등 꾸준히 환경적 요소를 보완할 방안을 공표하고 있다(그림 31).

최근 GE 운송사업부는 하드웨어인 기차를 비롯해 소프트웨어·시스템·솔루션 등 기차산업 전반에서 연료효율성을 높이고 탄소배출량을 줄이는 방향으로 서비스를 확장하고 있다. 에코매지네이션은 발표 당시 7000억 원의 연구개발비가 투자됐지만, 이후 점차 늘어나 2011년 총 2조 3000억 원이 투자됐다(그림 32). 매출상으로도 그룹 전체 매출과 비교할 때 획기적인 성과를 거뒀다(그림 33, 34).

에코매지네이션 제품은 2005년 당시 그룹 매출 총액의 9.6퍼센트 정도를 차지했다. 그러나 2011년에는 22.34퍼센트까지 올랐다. 그 사이 GE는 에너지에 대한 사회적 미션을 전략의 중심에 놓고, 해마다 에너지와 에코매지네이션 관련 그룹의 현황을 외부에 발표함으로써 CSV 전략의 진정성을 높여갔다. GE의 전체 매출과 에코매지네이션의 매출 증감 추세를 보면, GE는 2007년 이후 약간씩 하락하고 있지만, 에코매지네이션은 지속적으로 증가세를 보인다. 전체 매출에서 에코매지네이션이 점점 더 큰 비중을 차지하는 것이다.

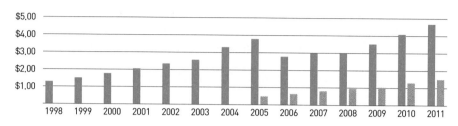

그림 32. GE와 에코매지네이션 연구개발 비용

출처: GE Annual report 2000~2011

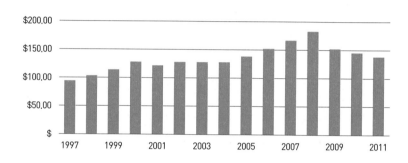

그림 33. GE 수익 흐름

출처: GE Annual report 2000~2011

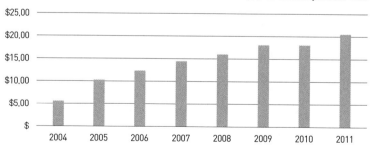

그림 34. 에코매지네이션 수익 흐름

출처: GE Annual report 2000~2011

## 시사점

GE가 근 10년간 이뤄낸 성과는 CSV 전략을 시행하려는 많은 기업에 몇 가지 시사점을 준다.

첫째, CSV는 기업의 핵심 기술과 전략을 기본으로 한다. 다시 말해 사회문제 해결을 통해 경제적 이익을 높이려는 '비즈니스 전략'이다. GE가 CSV에 천문학적인 연구개발비를 쏟은 이유가 여기에 있다. 또 이 점에서 CSV는 기존 경영전략이나 CSR 사회공헌과 차별화된다. GE의 사례는 기업 이익이 사회적 임팩트를 확대재생산하는 원동력이 될 수 있음을 입증한다.

둘째, CSV 전략은 단기간에 완성되지 않는다. GE는 AC6000 모델의 처절한 실패 이후 전사적인 노력을 기울여, 혁신과 창의력을 바탕으로 하는 유기적 성장 전략으로 전환했다. 그러나 그 뒤로도 많은 비용과 시간이 소요되었다.

셋째, CSV는 부단한 혁신 없이 완성되지 않는다. CSV는 사회문제를 통해 경제적 이익을 올리고, 사회적 가치와 경제적 가치를 키우는 전략이다. 따라서 기존의 경영전략으로는 달성하기 어렵다. GE의 사례처럼, CSV는 신시장을 개척하는 혁신적인 자세로 임해야 성공을 거둘 수 있다.

넷째, CSV 전략은 '존속적 혁신'의 함정에 빠지기 쉬운 기존 경영 전략에 좋은 지침이 될 수 있다. 기존 전략으로 고정 고객층에게 성능 위주의 기술 측면을 강조하는 것이 아니라, 기업의 비즈니스 모델을 '사회'라는 더 큰 틀에 놓는 것이다. 사회문제로 어려움을 겪는 다양한 소비자의 욕구를 충족하는 일이야말로, 기술지향·경쟁지향의 함정에서 벗어날 수 있다.

최근 세계 경제의 저성장이 예측되는 가운데, 기업마다 새로운 시장을 찾는 데 몰두하고 있다. 과연 새로운 시장은 어디에 있는가? 고객을 위한 새로운 가치는 어떻게 창출할 수 있는가? CSV 전략은 새로운 시장 및 새로운 가치 창출이 바로 '기업의 핵심역량과 사회문제가 만나는 접점'에 있다는 사실을 알려준다. 일부 제품의 기능이나 디자인을 개선하는 데 만족하려는 전략도 있다.

그러나 CSV 전략은 사회문제를 전략적 틀 안에 받아들임으로써 기존의 한정된 소비자층을 넘어 새로운 시장과 가치를 창출하려 한다. 이를 위해 기업의 핵심역량에 기반하여 사회적 문제를 해결하는 과정이 새로운 시장 및 가치를 창출하는 CSV 전략으로 연결되기 위해서는 그에 맞는 CSV 혁신이 반드시 필요하다. CSV 혁신은 기존의 전략 및 사업 방식을 넘어서 사회적인 문제에 기반을 둔 혁신이며 사회적 가치 창출을 지향하는 혁신이다. 따라서 기업 스스로 자신의 성공 전략과 프레임에 갇혀서 시장을 보는 협소한 시각을 지양하고, 사회적 문제에 관한 다양한 관점에서 시장과 기업의 핵심역량을 연결하여 새롭게 보는 시각을 확보하는 것이 바로 CSV 혁신의 전제조건이다.

이는 기업들의 일상적인 혁신활동 및 비용 절감 등의 경제활동이 자동적으로 사회적 가치 창출을 목표로 하는 CSV 전략을 보장해주지 않는다는 뜻이다. 기업이 저마다 추구하는 '업의 본질'이 무엇인지에 대한 경영학적·사회학적 통찰이 절실히 요구된다. GE의 사례에서 알 수 있듯이, 시행착오 속에서도 사회적 가치와 경제적 가치를 높이는 CSV 전략을 향한 장기적이고 부단한 투자 및 전략적 사고가 필요하다. CSV 전략은 사회적 문제를 해결하는 '혁신'적인 과정을 비즈니스 모델화하는 전략임과 동시에 이를 기반으로 하는 신시장 가치 창출 전략이다. 단언컨대, CSV 혁신 없는 CSV 전략은 존재하지 않는다.

5장

# 조직

전략은 실행으로 완성된다. CSV 전략도 예외는 아니다. CSV는 비즈니스 전략이기 때문에 특정 부서에서 다루기보다는, 최고경영자의 리더십과 함께 전사적으로 실행해야 한다.

이 장에서는 인터페이스 사례를 통해 CSV 전략의 조직 실행과정을 살펴보자. 특히, 콘셉트 정의, 조직 변화, 실행을 위한 가치사슬 혁신 그리고 교육, 훈련, 동기부여 등 네 가지 관점에 초점을 두어, CSV 전략 실행에 대한 시사점을 도출하고자 한다.

# 조직혁신 없는
# CSV 전략은 없다

일반적인 기업조직은 경제적 가치를 최대화하도록 설계되어 있다. 이런 기업조직에서 CSV 전략을 실행하는 것은, 연장이나 자재를 현실적으로 고려하지 않은 채 좋은 설계도만 가지고 집을 지으려는 것과 다를 바 없다. 여러 CSV 사례가 언론에 보도되고 있지만 어떻게 이를 실행하고 성과를 냈는지 구체적인 내용은 알려지지 않아, 그 프로세스가 마치 '블랙박스'처럼 남아 있다.

그렇다면 어떤 기업의 블랙박스를 분석해야 좋은 교훈을 얻어낼 수 있을까? 기본적으로 다음 조건을 충족하는지 확인해야 한다.

1. 사회적 가치의 증대를 통해 경제적 가치를 창출한 기업인가?
2. 가치사슬의 변화(CSV 개념 도입 → 성과 창출 → 재투자 과정)에서 이해할 만한 정보를 담고 있는가?

이번 장에서 이런 두 가지 조건을 만족시키는 사례로 모듈형 카펫 타일회사인 '인터페이스'를 선택해, CSV 도입 및 전략 실행 과정을 분석할 것이다.

한편 〈빅 아이디어: 공유가치창출〉(2011)에는 CSV 조직구조에 대한 언급이 거의 없다. 이 논문은 CSV 개념을 소개하는 글이기에 조직구조까지 다루기는 어려웠을 것이다. 사실, 경영전략 분야 문헌에서 전략의 중요성은 많이 이야기하지만, 정작 전략을 실행할 조직구조는 잘 설명하지 않는다. CSV 전략도 예외가 아니다. 그러나 CSV 전략은 기업의 핵심역량을 기반으로 하는 사회적 가치 창출 사업이다. 따라서 최고경영자 및 중간관리자의 의식구조 전환, 인센티브 및 조직구조에 대한 이해가 필수적이다.

CSV는 CSR과 차별화된 조직구조를 전제로 한다(그림 35).

첫째, 최고경영자의 CSV에 대한 인식 전환이 필요하다. 리더가 관심을 갖지 않는 CSV 전략이 성공할 리 없다. 관련 임원들과 중간관리자들의 인식도 개선되어야 한다. 이를 위해 좋은 성공 사례를 공유하는 체계적인 교육 프로그램이 마련되어야 한다.

둘째, CSV 사업에서 제품·서비스를 만드는 프로세스는 기존 사업과 유사할 수 있다. 그러나 기존 사업과 충돌하는 지점이 있다면 새로운 프로세스를 만들어야 한다. CSV 사업은 기존 사업에서 TQM Total Quality Management(전사적 품질관리), 식스시그마 Six Sigma 등을 기반으로 효율성을 극대화하기 위해 사용하는 단기적 지표들과 충돌을 일으킬 가능성이 있다. 기업은 비용을 비롯한 사업성 분석에 민감

| | CSR | CSV |
|---|---|---|
| 핵심역량과의 연관성 | 핵심역량과 별도로 가능 | 원칙적으로 핵심역량 기반 사업 |
| 사업 실시 책임자 | 사회공헌부 책임자 | 최고경영자의 관심과 책임 |
| 접근 방식 | 부분적(modular) 접근 방식 | 전체적(holistic) 접근 방식 |
| 가치사실 | 정당성 혹은 평판을 위한 마케팅 지향적 구성 | 전사적 경영전략을 바탕으로 구성 |
| 조직구조 | 사업부제 내 별도 부서에서 실시 가능 | 기존 사업과 충돌 예상 폭이 클수록 별도의 사업부제에서 실시해야 함(프로세스,인센티브, 고객가치 등에서) |
| 주요 인력 | 사회 공헌 전문가 필요 | 사회적 가치 창출의 혁신적 사고를 지닌 인물이 핵심인력/정부와 시민단체와 공동작업 가능한 인력 |
| 기업의 전략적 방향과 일치 | 기업 전체의 전략적 방향과 분리(decoupling) 가능 | 기업 전체의 전략적 방향과 일관성 중요 |
| 장단점 | 지속성 및 영향력의 한계 / 단기적인 접근 가능하나 전략적 방향성을 잃을 가능성 | 기존 사업의 핵심역량과 충돌 가능성 / 장기적인 전략적 접근 필요 / 자원 및 인력 요구 / 식스시그마 등 다른 매니지먼트 패러다임과 충돌 가능성 |

**그림 35. CSR과 CSV 실행시 조직구조 차이**

출처: 김태영. 2012. "CSV는 자본주의 그 자체, 한단계 높은 이윤을 준다" DBR (96호)

하므로 여기에도 적극 대비해야 한다.

셋째, CSV 사업 관계자들은 단기적 재무성과로 인센티브를 결정하는 기존 부서와 달리 장기적인 관점으로 사업을 진행해야 한다. 미래 사업을 준비하는 혁신부서의 보상체계와 마찬가지로 CSV를 실행하는 임직원에게도 적절한 인센티브 시스템이 마련돼야 한다.

넷째, CSV 사업의 경제적·사회적 가치가 기존 사업의 고객가치와 다를 경우, 기존 제품·서비스의 이미지 및 포지셔닝과 관련된 문제가 생길 수 있다. 예를 들어 빈곤문제를 해결하기 위해 시작한 CSV 프로젝트가 경제적 이해관계 등의 이유로 중단될 수 있다. 이는 소수 고객에게 명품을 파는 프로젝트를 중단하는 것과 차원이 다르다. 기업의 이미지나 평판에도 악영향을 미칠 수 있기 때문이다. 사회적 가치를 창출하는 프로젝트는 처음부터 전략적인 관점에서 신중히 접근해야 한다. 이를테면 CSR을 하다가 중단하고 CSV를 하는 식이 아니다. CSR과 CSV 중간쯤에서 기업의 이해관계에 맞는 포트폴리오를 구축해 CSV에 진출한다는 식으로 접근하는 게 좋다. 학계에서도 기업조직이 급격히 변화할 때 잠재된 위험을 경고하고 있다.

'조직관성이론structural inertia theory'을 제시한 스탠퍼드 경영대학원 교수 마이클 해난Michael Hannan과 존 프리먼 John Freeman 따르면, 기업을 이루는 가장 핵심적인 요소는 미션, 권위구조, 기술 및 마케팅 전략 등 네 가지다. 그는 이런 핵심 요소를 바꾸는 일은 장기적으로 도움이 될 수 있어도, 단기적인 재무성과와 생존에 부정적인 효과를 가져온다고 주장했다. 특히 미션을 바꾸는 일이 가장 위험하다고 경고한다. CSV 전략은 대중적 이미지 개선을 위한 것이 아니라, 목표하는 가치를 창출하기 위해 기업의 전략적 미션을 바꾸는 일이다. 그만큼 어려운 작업이다. 따라서 CSV 전략에 성공하려면 조직실행 능력에 대한 정밀한 조사와 치밀한 계획이 필요하다.

# 인터페이스의 조직혁신[*]

모듈형 카펫타일회사 인터페이스의 최고경영자 레이 앤더슨[Ray Anderson]은 "나 같은 사람은 언젠가 감옥에 가게 될 것"이라고 말해 눈길을 끌었다. 그는 자신이 만든 회사가 어린이 혹은 다음 세대의 미래를 희생해 운영돼왔다고 고백했다. 계기는 1994년 여름 미국 캘리포니아의 한 영업사원이 보내온 편지였다. 영업사원은 "일부 고객이 인터페이스가 환경에 부정적 영향을 미친다며 문의하는데 여기에 어떻게 대응해야 하느냐"고 물었다.

---

● 김태영, 이동엽. 2019. "조직혁신 없는 공유가치 창출은 불가능" DBR(296호) 수정 보완

레이 앤더슨은 1934년 태어나 1956년 조지아 공과대학 우등졸업을 했다. 이후 17년간 카펫업계에서 일했으며 1973년 인터페이스를 설립했다. 그는 1969년 서서히 등장하기 시작한 모듈형 타일의 유연성과 기능성이 미래적 사무실을 구현할 것이라 믿었다. 그의 예상은 곧 맞아떨어졌다. 레이 앤더슨의 지휘 아래 인터페이스는 경쟁에서 계속 승리했고 또 살아남았다.

그렇게 20년이 지나는 동안 인터페이스는 입지를 점점 확고히 했다. 1995년 전 세계에 29개 공장을 가동했으며, 110개 이상의 국가를 대상으로 40퍼센트가 넘는 시장점유율을 보였다. 당시 인터페이스의 매출은 8억 달러 규모였고, 이는 시장의 성장세에 따라 매년 30퍼센트 이상 증가할 것으로 예측되었다. 이런 성공을 바탕으로 인터페이스의 성공 원인을 분석하는 비즈니스 사례가 만들어졌고, 앤더슨은 유능한 경영인으로 비춰졌다. 그러나 1994년에 변화의 필요성을 느끼면서, 1973년부터 21년간 일궈온 모든 것을 처음부터 점검하고 바꾸어나갔다.

### '더 나은 비즈니스 모델'에 대한 꿈

처음 앤더슨의 반응은 시큰둥했다. 모듈형 카펫타일은 애초에 석유자원을 많이 쓸 수밖에 없는 제품이며 인터페이스가 환경 관련 법을 어긴 적이 없었기 때문이다. 하지만 그는 "우리는 적어도 법은 지킵니다"라고 말하는 게 고객을 만족시키지 못하리라는 점은 알고 있었다. 앤더슨은 적당한 답을 찾기 위해 환경에 미치는 영향을 조사할 태스크포스Taskforce팀을 구성하기로 했다. 그는 TF팀 발족에 맞춰

강연하기로 했지만, 관심도 없고 전문분야도 아닌 '환경'이라는 주제에 별 의욕이 생기지 않았다. 3주간 아무런 아이디어 없이 시간을 보내던 그는 우연히 지인이 보낸 책 한 권을 읽었다. 바로 폴 호큰Paul Hawken의 《비즈니스 생태학The Ecology of Commerce》(1993)이었다.

앤더슨은 《비즈니스 생태학》을 통해 전 세계에서 산업으로 인한 환경파괴가 벌어지고 생태계질서가 붕괴하고 있음을 처음으로 실감했다. 사업체라는 가장 크고, 부유하고, 강력하고, 가장 파급효과가 큰 집단이 그토록 환경을 파괴해왔음을 그제서야 안 것이다. 그 일이 미래의 인류, 후손의 기회를 얼마나 앗아가는지도 깨달았다. 이후 앤더슨은 TF팀에 그의 깨달음을 전했다. 또 인터페이스가 지속가능성을 달성하는 최초의 기업이 될 것이며, 지금까지 자연에서 가져온 것을 되돌려주는 것은 물론, 다른 기업이 본받을 만한 최고의 사례를 만들자고 강조했다. 앤더슨이 이렇게 웅대하면서도 막연한 생각을 밝히자 TF팀원들은 혼란에 빠졌다. TF팀의 목표가 '환경에 끼치는 영향을 조사하는 것'에서 갑작스럽게 '장기적 관점에서 석유연료 자체를 사용하지 않는, 친환경적인 기업을 만드는 것'으로 바뀌었기 때문이다.

앤더슨 역시 이런 반응을 예상했다. 하지만 그에게 이미 지속가능성 확보는 선택이 아닌 의무로 자리 잡았다. 그는 《비즈니스 생태학》의 내용을 인용해가며 TF팀에 혁신의 당위성을 설파했다. 수자원과 토양의 손실, 무분별한 삼림 채벌과 생태계 파괴, 기후변화에 따른 멸종을 언급했다. 구체적인 전략도 제시했다. 바로 생각할 수 있는 모든 부분에서 줄여 쓰고[Reduce], 다시 쓰고[Reuse], 재생하고[Reclaim], 재활용하고[Recycle], 새롭게 디자인하고[Redesign], 또 모든 유용한 수단을 학습하고 공유하자는 것이었다. 동시에 그는 이런 전략을 통해 이뤄낸 환경적 성과가 곧 경제적 성과로 이어질 것이라고 강조했다. TF팀원들은 탁월한 명분과 사명감에는 동조했지만 실제로 변화가 일어날지에 대해서는 회의적인 시각을 보이기도 했다.

하지만 앤더슨의 강력한 의지를 토대로 인터페이스는 공급망을 하나하나 검증했다. 1995년 인터페이스는 총 12억 파운드 상당의 자원을 사용했는데, 그중 4억 파운드가 원재료, 나머지 8억 파운드가 원재료를 가공하는 과정에서 소비됐다. 가공 공정에 쓰이는 8억 파운드 상당의 자원에는 천연가스·석탄·석유 등 재생 불가능한 자원이 5억 파운드 이상을 차지했다. 5억 파운드 이상의 자원이 원재료를 제품으로 만드는 과정에서 모두 불타 사라졌으며 그 과정에서 극지방의 얼음을 녹이고 모두가 마시는 공기에 매연을 흩뿌렸다. 어느 정도 예상을 했지만 앤더슨은 이 사실에 큰 충격을 받았다. 물론 어느 누구도 이것 때문에 그를 고소하지는 않았다. 어디까지나 그는 시장에서 정당한 가격을 주고 자원을 구매했기 때문이다. 하지만 그러한 시장가격이 사회적 비용까지 포함하고 있을까? 그는 절대 그렇지 않다고 생각했다. 인터페이스의 공정은 지속 가능하기는커녕 지구에 해악을 끼치고 있었다. 지속가능한 공정, 그것이 바로 인터페이스가 도달해야 할 높은 목표였다.

1996년부터 2008년까지 12년간의 혁신 성과는 놀라웠다. 온실가스 사용량 82퍼센트 절감, 생산단위당 석유연료 사용량 60퍼센트 감축, 이처럼 환경에 미치는 영향을 개선함과 동시에 매출은 3분의 2 이상 늘었고 순이익은 두 배로 뛰었다. 앤더슨은 인터페이스의 방식이야말로 모두에게 필요한 '더 나은 비즈니스 모델'이라고 강조했다.

## 공유하고 교육하고 실행하라

인터페이스는 끊임없는 혁신의 길을 걸었다.

첫째, 인터페이스는 환경전문가로 구성된 에코드림팀Eco Dream Team을 구성하고 스웨덴의 환경 NGO인 내추럴스텝The Natural Step이 만든 'FSSDFramework for Strategic Sustainable Development(전략적 지속가능 개발을 위한 프레임워크)'를 적용했다. 둘째, 연구개발을 위한 자회사 IRCInterface Research Corporation와 교육·훈련을 위한 조직 OWLOne World Learning을 설립했다. 셋째, 실질적 변화를 이끌어내기 위한 프로그램인 QUESTQuality Utilizing Employee Suggestions and Teamwork와 에코센스EcoSense를 개발했다. 1994년부터 시작된 세 가지 준비작업은 2년 뒤인 1996년 본격적인 혁신을 위한 디딤돌이자 새로운 비전, '미션 제로Mission Zero'를 시작하는 원동력이 됐다.

1996년 공표된 '미션 제로'는 2020년까지 인터페이스의 공정이 환경에 미치는 부정적 영향을 완전히 없애겠다는 목표를 담고 있다. 독한 화학약품, 물, 화석연료를 사용하는 모듈형 타일 업계의 인터페이스가 과연 '미션 제로'를 달성할 수 있을지 회사 안팎에서 의문을 제기했다. 아무래도 극단적인 목표처럼 보였기 때문이다. 그러나 인터페이스는 환경보호의 노력이 기업 이익을 훼손한다는 통념을 뒤집고 싶었다.

실제로 '미션 제로'의 비전을 바탕으로 인터페이스는 혁신에 성공했다. 1994년 이후 '폐기자원Waste'에 대한 정의를 통해 공정을 바라보는 시선을 바꾸고, 소비된 제품을 재활용하는 방법을 연구했다. 원재료를 중심으로 전개된 폐기물 감축 노력을 통해, 첫 3년간 전체 폐기물의 40퍼센트를 줄이며 6700만 달러의 원가를 절감했다. 절감된 비용은 다른 혁신에 재투자됐다.

2000년에 시작된 LCALife Cycle Assessment는 더욱 놀라운 성과를 냈다. LCA는 원재료 수급부터 소비까지 모든 가치사슬에서 발생하는 환경적 영향을 측정하는 기법이다. 인터페이스는 LCA를 통해 환경에 대한 부정적 영향의 70퍼센트가 원재료 때문이라는 사실을 파악했다. 그리하여 2000년부터 원재료 사용량을 줄이기 위한 '최소화Dematerialization' 캠페인을, 2012년부터 빈곤한 해변지역에 버려진 그물을 수거해 재활용하는 '네트-웍스Net-Works' 캠페인을 벌였다. 인터페이스는 1995년부터 2013년까지 10만 3400톤의 폐기물을 줄였으며 원가 절감액은 4억5000만 달러에 달한다. 현재 공정에 투입되는 원재료의 49퍼센트는 재활용 혹은 친환경 소재다.

아울러 인터페이스는 기업활동의 전 과정에서 환경을 중시하는 문화를 정착했다. 모듈형 타일을 접착하는 새로운 방법인 '택타일TacTiles', 공정 중 타일이 이동할 때만 작동하는 '인텔리전트 컨베이어벨트Intelligent Conveyor Belts', 사무실 벽면에 걸린 화면을 통해 실내 에너지 사용량을 확인할 수 있는 '에너지 미러월Energy Mirror Wall', 타일의 바닥 부분의 실을 재활용하는 '리-엔트리 2.0Re-Entry 2.0'과 이를 통해 재활용된 실로 만들어진 제품인 '바이오스페라Biosfera', 제품 운송으로 발생하는 매연을 상쇄하기 위해 10만 그루 이상의 나무를 심는 '트리 포 트래블Trees for Travel', 직원들의 자전거 혹은 카풀 통근을 장려하는 'Cool CO2mmut', 직원들이 '지속가능성 대사Sustainability Ambassador'가 되도록 교육하는 '패스트포워드 2020FastForward 2020', 카펫업계에 없던 새로운 형태의 리스 서비스인 '에버그린 리스Evergreen Lease', 세계 최초의 기후중립적 타일 '쿨카펫CoolCarpet', 설치된 타일의 공기 중 유해물질 방출을 최소화하는 'IAQIndoor Air Quality', 세계 최초의 기업 환경보고서인 〈인터페이스 지속가능성 보고서Sustainability Report 1997〉, 그리고 환경 관련 인증인 LEED·ISO14001·EPDs 등 숱한 혁신을 이뤄냈다.

그 결과, 경기침체가 이어지던 2001~2003년에 동종 업계 평균 매출이 36퍼센트 줄었지만, 인터페이스 매출은 17퍼센트 감소하는 데 그쳤다. 이 기간 점유율은 30퍼센트 가까이 상승했다. 순이익도 지속적으로 늘었다. 환경에 대한 투자를 많이 하면 비용이 올라간다는 업계의 통념을 깨뜨린 것이다. 브랜드 평판도 급상승했다. 미국의 비즈니스 잡지《포천Fortune》은 '가장 존경받는 미국 기업', '일하기 좋은 100대 기업' 중 하나로 인터페이스를 꼽았다. 또한 영국에서는 수출·과학기술·환경 등 분야의 우수 기업에 수여하는 '퀸즈어워드Queen's Award'를 수상하기도 했다.

계속 최고가를 경신하던 인터페이스의 주가는 강한 리더십을 행사하던 최고경영자 레이 앤더슨이 2011년 8월 사망하자, 그해 11월까지 무려 40퍼센트가 떨어졌다. 그러나 지속가능성에 대한 신념이 조직에 체화된 덕분에 세계 제일의 모듈형 카펫타일회사로서 그 입지(글로벌 시장점유율 35퍼센트)를 놓치지 않고 있다.

# 3

# 조직혁신의 4요소:
# 틀, 조직, 실행, 인사

인터페이스의 혁신은 콘셉트 정의, 조직 변화, 실행을 위한 가치사슬 혁신, 교육·훈련과 동기부여 등 네 가지 요소로 구분할 수 있다(그림 36).

| | A. 틀 | B. 조직 | C. 실행 | D. 인사 |
|---|---|---|---|---|
| 역할 | 컨셉 정의 | 혁신을 위한 조직 변화 | 가치사슬 혁신 | 교육·훈련과 동기부여 |
| 담당 조직 | 에코드림팀 / 내추럴 스텝 | 에코드림팀 | 에코드림팀 / IRC | 에코드림팀 / OWL / QUEST |
| 성과 | FSSD, 미션 제로,지속가능성의 산(Mount Sustainability) 7 fronts(1996) | 인터페이스 리서치 코퍼레이션(1995) / 원 월드 러닝(1997) | 리-엔트리 QUEST, 에버그린 리스(1995) | 플레이 투 윈, 파워 오브 원, 에코센스 보너스 프로그램(1997) |

**그림 36. 인터페이스 혁신의 네 가지 요소**

## 틀: 새로운 관점 찾기

레이 앤더슨의 연설을 통해 TF팀은 하나의 목표의식을 갖게 됐다. 하지만 당장 비전을 실행으로 옮기기에는 목표가 너무나 원대했다. 목표를 구체화하기 위해 앤더슨은 발품을 팔아가며 환경 분야의 전문가들과 만났다. 이렇게 만들어진 것이 바로 인터페이스의 환경전문가 단체, 에코드림팀이다.

앤더슨은 환경전문가 존 피카드John Picard와 폴 호큰 등을 인터페이스의 환경 자문위원으로 임명했다. 이후 이들의 추천을 받아 다양한 시각과 전문지식을 가진 이들을 모아 인터페이스 에코드림팀을 구성했다. 이 팀은 '미션 제로'의 비전을 구체화해 자문했으며, 이들을 통해 스웨덴 NGO인 내추럴스텝의 창립자 칼-헨릭 로버트Karl-Henrik Robèrt와도 만날 수 있었다. 당시 미국 진출을 고민하던 내추럴스텝은 지속가능성을 실천하기 위한 과학적 프레임워크 FSSD를 개발했다.

FSSD는 세 가지 기본 개념으로 구성된다.

첫째, 환경 시스템 전반에 대한 유기적 이해whole systems thinking다.

둘째, 지속 가능한 사회를 위해 네 가지 조건이 필요하다. ① 사회 구조적인 문제로 인간의 기본 욕구가 충족되지 못하는 일이 있어서는 안 되며 ② 이런 사회에서 인간은 자연에 대해 석유나 중금속 등의 매장 자원을 사용하지 않고 ③ 다이옥신이나 DDT 등 화학적 혼합물을 생산하지 않으며 ④ 생태계를 훼손하는 무리한 벌목 혹은 건축을 철회해야 한다는 내용이다.

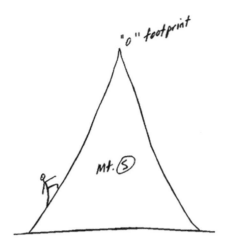

**그림 37. 지속가능성의 산: 레이 앤더슨의 오리지널 드로잉(The Natural Step, 2013)**

셋째, 원하는 미래상으로부터 오늘날 달성해야 할 목표에 역순으로 접근하는 것backcasting from principles이다.

이상의 개념을 기본으로 한 FSSD의 사고법을 통해 인터페이스는 '미션 제로' 비전을 만들어낼 수 있었다. 앤더슨은 미션 제로에 도달하는 과정을 '지속가능성의 산Mount Sustainability'으로 이름 붙였다(그림 37). 미션 제로의 비전을 달성하는 과정이 에베레스트산을 오르는 과정처럼 멀고 험난한 여정이 될 것이라는 의미였다.

앤더슨은 정상 도전을 위해 구체적이고 당장 도달할 수 있는 하위 목표를 설정할 필요를 느꼈다. 그리하여 구체적으로 일곱 가지 주요 영역의 세부 목표인 '7 프런트7 Fronts'를 설정했다. 미션 제로가 산의 정상이라면 7 프런트는 그곳으로 가는 등산로였다. 이는 전체 공정

| | |
|---|---|
| 프런트 1 | Eliminate waste: 모든 영역에서 모든 형태의 '쓰레기'를 제거하기<br>● Life Cycle Assessment(LCA, 원재료의 매입부터 최종 소비까지 모든 과정의 자원 사용을 추적하는 시스템)를 통해 각각의 과정에서 자원이 쓰이는 비중을 파악,가장 많이 소비되는 원재료 사용량 감축 |
| 프런트 2 | Benign Emissions: 공장, 차량, 제품에서 나오는 모든 유해 물질을 제거하기<br>● 타일을 붙일 때 접착제 대신 유해물질이 적고 더 오래가는 스티커를 개발 |
| 프런트 3 | Renewable Energy: 공장을 100% 재생에너지로 가동하기<br>● 캘리포니아 남부에 미국 최대 규모 태양광 발전 설비 설치(2003) |
| 프런트 4 | Close the Loop: 재활용 및 재생 자원을 이용한 순환고리를 만들기 위해서 프로세스와 제품을 새롭게 디자인하기<br>● 낡은 타일에서 실을 추출하는 공법을 이용, 100% 재활용 원료를 사용한 제품인 Biosfera™ 개발 |
| 프런트 5 | Resource Efficient Transportation: 낭비와 배출을 줄이기 위해 인력과 제품의 이동을 최적화하기<br>● 유통량 자체를 줄이기 위해 국가 간, 지역 간 자원 및 제품의 이동을 최소화하는 스마트웨이 시스템 적용 |
| 프런트 6 | Sensitize Stakeholders: 모든 이해관계자에게 지속가능성에 대한 문제의식 공유하고 문화를 형성하기<br>● 보잉과의 파트너십을 통한 지속가능성 전파(2012) |
| 프런트 7 | Redesign Commerce: 지속가능성의 가치를 보여줄 수 있는 새로운 비즈니스 모델을 만들어 실행하기<br>● 카펫을 판매하는 전통적인 방식에서 벗어난 리스 모델, 에버그린 리스 출시 |

**그림 38. 7프런트의 개요와 성과**

을 개념적으로 분할한 것인데 생산, 프로세스 디자인, 구성원의 참여, 제품 자체와 그 서비스까지 모든 것을 아우르며, 각 공정은 서로 깊이 연결돼 상호작용을 하고 있다. 〈그림 38〉은 7 프런트의 개요와 성과를 보여준다.

이 과정을 간단히 요약하면, 앤더슨은 ① 경영진(TF팀)에게 자신의 뜻을 명확히 밝혀 관점을 통일시킨 후 ② 인터페이스가 무엇을 목표로 하는지 명확하게 하기 위해 전문가 집단의 자문을 받았으며, 이를 통해 관련 지식과 방법론을 획득했다. 이어 ③ 에코드림팀을 만들고 FSSD의 행동 원리와 방법론을 통해 '미션 제로'라는 비전을 완성했고 ④ 비전을 '지속가능성의 산'이라 명명하면서 7 프런트를 세부 과제로 설정했다.

## 조직: 교육하고 공유하라

새로운 목표를 정하고 실행하기 위해서는 조직 정비가 불가피하다. 인터페이스는 연구개발 조직인 IRC와 교육·훈련 조직인 OWL을 만들어 실질적 변화를 위한 동력을 확보했다. 이 같은 조직 정비를 통해 인터페이스는 장기적인 혁신이 가져올 부담을 줄이고 조직원들이 비전을 공유하도록 했다.

연구개발을 위해 설립한 자회사 IRC는 친환경 접착제(택타일) 개발 등 '미션 제로'를 추구하는 과정에서 기술적 문제를 해결하는 역할을 했다. 이에 더해 IRC는 성과를 정량적으로 측정하는 기준도 마련했다. 25년간 높은 산을 등반하듯 끊임없이 혁신을 이어가야 하는 인터페이스에는 반드시 정밀하고 구체적이며 장기간 적용 가능한 측정 기준이 필요했다. 측정 기준이 마련돼야 과거·현재·미래를 일관된 기준으로 바라보고 목표 달성에 얼마나 진전이 있었는지를 정확히 알 수 있다. 또 각 공장과 부서의 노력이 어떤 결과로 이어졌는지 성과를 정량화하고 가시적으로 드러내 조직원들에게 성취감을 안겨주고, 우수한 성과를 낸 부서나 직원에게 인센티브를 제공할 수 있었다.

| 에코센스의 8가지 구성 요소 | 활동 내용 |
|---|---|
| 1. 환경관리시스템 | ISO 14001 인증하기 |
| 2. 품질관리시스템 | ISO 9001 인증하기 |
| 3. 지속가능성 인식 교육 | 전 사원을 대상으로 환경·사회·경제적 측면의 지속가능성 교육하기 |
| 4. 이해관계자들과 지속가능성 이슈에 대한 문제 의식 공유하기 | 외부 커뮤니케이션, 재생 프로젝트, 지역사회 연결을 통해서 이해관계자들에 회사가 지속가능성을 달성해나가고 있는지 보여주기 |
| 5. 직원 안전과 교육 | 건강 및 안전 관련 프로젝트 실행하기 |
| 6. 인력과 제품의 이동 최적화하기 | 차량 공유, 모터가 없는 운송수단 등을 이용하는 사원 통근 프로그램 도입하기 |
| 7. 계량적 분석과 지표 | 에코메트릭스와 소시오 메트릭스 보고서 축적하기 |
| 8. 환경경제효율성 | 모든 과정에서 물자의 사용을 줄이고 전과정 평가(Life Cycle Assessment)를 도입해 지속적인 발전 도모하기 |

그림 39. 에코센스의 여덟 가지 구성 요소와 액션플랜

출처: Claude Ouimet, 2008, "Interface Sustainability Programs", InterfaceFLOR Commercial

| 프로그램 | 에코센스 | 에코메트릭스 |
|---|---|---|
| 구성 시기 | 1995 | 1995 |
| 역할 | 목표 확립 / 문제 규정 / 전사적인 지속가능경영 활동 측정 및 보고 | 자원소비 및 환경에 대한 영향력의 정량적 측정 |
| 목적 | 인터페이스의 자원소비 상황을 인식하고 방향성 제시 / 측정의 표준화를 통해 총체적인 성과의 가시화 | 과학적 사실에 근거한 선택적 자원 소비 / 전 세계의 자료를 규합한 에코메트릭스 리포트 발행 |
| 발전방향 | 1997년 QUEST와 통합, 18개의 Cross-Functional 팀 운영 | 소시오 메트릭스(SocioMetrics)로 역할 확대(지역 및 사회 커뮤니티에 미치는 영향까지 측정)(Interface, 2012) |

그림 40. 에코센스와 에코메트릭스 비교

이를 위해 IRC는 에코센스와 에코메트릭스EcoMetrics를 만들었다.

1995년 IRC가 만든 에코센스는 인터페이스의 혁신 방향을 제시하는 프로그램이다. 에코센스는 인터페이스의 지속가능성을 높이기 위한 문제를 정의하고 연구하며, 전사적인 지속가능 활동을 측정·보고하는 기초 역할을 했다. 에코센스는 환경관리 시스템 등 여덟 가지 요소로 구성된다(그림 39).

에코센스에서 특히 어려웠던 요소이자 가장 중요한 요소로 꼽히는 것이 바로 7번 항목인 '계량적 분석과 지표'다. 이를 위해 개발한 것이 바로 에코메트릭스다(그림 40). 에코메트릭스는 회사 전체의 공정상 어떤 자원이 투입되며, 또 투입된 자원 중 얼마나 많은 양이 소비자에게 상품이나 가치로 전달되는지, 얼마나 많은 자원이 폐기되거나 낭비되고 있는지, 공정이 환경에 어떤 영향을 미치는지를 밝혀내는 것이 목적이다. 인터페이스는 공정에 활용하는 모든 자원을 투입자원Take, 완제품Make, 폐기자원Waste 등 세 가지로 구분했다. 그리고 생산공정에서 6가지 항목, 즉 폐기자원의 양, 온실가스 배출량, 재생자원 비율, 모듈형 카펫타일 1스퀘어야드당 수자원 사용량, 에너지 사용량, 재생 불가능한 에너지 사용량 등을 측정했다.

에코메트릭스를 효과적으로 사용해 성과를 낸 대표적인 사례로 미국 남동부 조지아주 라그레인지에 위치한 '카일 IKyle I' 공장을 꼽을 수 있다. 마감 공정 등을 담당하는 이곳은 최신 설비를 갖추었지만 건물 자체는 1973년에 지어져 열효율이 대단히 낮았다. 그 때문에 공장의 천연가스 사용량이 여름철 3000~4000MMBtu•였다가 겨울철이 되면 5000~9000MMBtu로 뛰어올랐다. 특히 공장 지붕이 낡아 열기가 빠져나가는 게 가장 큰 문제였다. 이런 분석을 토대로 처음에는 TPO^Thermoplastic Polyolefin(열가소성 폴리올레핀제)로 지붕을 모두 교체하려 했으나 얼마 지나지 않아 PCM^Phase Change Material(상변이물질)이라는 새 기술을 발견했다. PCM은 외부의 열전도 상태에 따라 고체 상태에서 젤 상태로 변하며 액화열을 흡수하거나, 젤 상태에서 고체 상태로 변하며 응고열을 방출한다. PCM을 지붕과 천장 사이에 설치하면서 카일 I 공장의 열효율은 과거 대비 6배 이상 높아졌다. 이 공장은 설비 개선 후 열에너지 절감액을 산출했으며 천연가스 사용량, 이산화탄소 배출량 등 다양한 수치를 측정했다. 예를 들어, 이산화탄소 배출량은 '(천연가스 1MMBtu당 이산화탄소 배출량)×(천연가스 사용량)'으로 산출했다. 측정 단위와 계산법(일일 열손실, 연평균 열손실) 모두 에코메트릭스를 통해 규정했다.

물론 측정지표를 만드는 일은 쉽지 않았다. 참고할 만한 자료가 별로 없었기 때문이다. 시장거래를 통해 비교적 쉽게 측정할 수 있는 경제적 가치와 달리, 지구 환경에 영향을 미치는 요인은 훨씬 더 복잡하게 얽혀 있다. 레이 앤더슨은 이와 관련해 "에코센스는 인간의 재화(화폐)가 아닌 '신의 재화'(자연)를 다루는 일이며, 에코메트릭스는 신의 재화를 측정하는 도구"라고 설명했다.

---

• Btu는 영국의 열량 단위로, 1파운드의 물을 대기압하에서 1°F 올리는 데 필요한 열량을 뜻한다. 1Btu는 0.252㎉다. MMBtu는 Million Metric Btu로, 1 MMBtu는 106Btu다.

에코메트릭스의 가장 중요한 역할은 개별 자원이 공정을 거치며 환경에 어떤 영향을 미치는지 산출하고, 그 영향을 비교할 수 있게 만드는 것이다. 기업의 생산공정이 구체적으로 환경에 어떤 영향을 미치는지 측정할 수 없다면 실질적인 개선은 불가능하다. 예를 들어 ① 10파운드의 자원을 사용하는 경우와 ② 6파운드의 자원을 사용하지만 1파운드의 파라핀도 함께 사용해야 하는 경우, 둘 중 어느 쪽이 환경에 더 악영향을 미칠까? 정밀한 측정 없이는 질문에 답할 수 없다. 바로 이런 문제를 풀기 위한 것이 에코메트릭스다. 에코메트릭스를 통해 측정한 자원 소비량과 환경에 끼친 영향은 고스란히 〈에코메트릭스 리포트〉로 정리됐다.

인터페이스가 FSSD를 회사 경영에 본격 적용하면서 조직에는 큰 변화가 일기 시작했다. 이런 변화를 제대로 추진하려면 구성원들의 참여가 반드시 필요했다. 에코드림팀이 지속가능성을 높이기 위한 다양한 대안을 제시하더라도 조직원들이 '태양광 설비를 설치하느니 차라리 그 돈으로 내 월급이나 올려달라'고 말한다면 혁신은 불가능하다.

앤더슨은 조직 구성원을 설득하고 변화에 참여하도록 유도하기 위해 적극적으로 교육 프로그램을 운영했다. 임원진부터 시작해 일선 관리자에 이르기까지 지속가능경영을 교육했으며, 1997년 OWL이라는 교육전문 자회사를 만들었다. 이를 통해 '패스트포워드 2020'이라는 교육 프로그램을 개발해 지속적으로 운영하고 있다(그림 41).

패스트포워드의 3단계 교육을 모두 이수한 직원은 '지속가능성 대

| Level 1 기초 과정 | 미션제로와 7 Fronts, 그리고 현재의 인터페이스를 이해하기 위한 의무과정 |
|---|---|
| Level 2 분야 전문가 과정 | 특정 분야의 지속가능 경영과 학습자가 할 수 있는 역할에 대해 이해 |
| Level 3 인터페이스 전문가 과정 | 인터페이스의 방향성을 따를 뿐만 아니라 이를 확장시킬 수 있는 능력 배양 |

**그림 41. 패스트포워드 2020 교육 프로그램**

사ambassador'로 지명되어, 인터페이스의 지속가능경영 캠페인이나 개인 프로젝트를 주도할 권한을 갖는다. OWL은 내부 직원 외에 외부 고객에게도 교육 서비스를 제공한다. 주로 사업 파트너나 지역주민을 대상으로 지속가능경영에 대한 이해를 높이려는 교육이다.

### 실행: 가치사슬 혁신

인터페이스는 단순히 원재료 공급부터 소비에 이르는 과정에서의 혁신만 추진한 것이 아니다. '미션 제로'라는 비전을 달성하기 위해 더 큰 범위의 순환고리를 만드는 것을 목표로 했다. 이는 원재료 공급을 시작으로, 제조—판매—소비를 거친 후, 재활용을 통한 원재료 재공급까지 이어지는 과정이었다. 인터페이스는 에코드림팀을 구성한 후 가치사슬의 효율성 및 구조에 문제가 있다고 판단했다. 그리하여 원재료 조달, 제조 공정, 소비 영역에서 각각 '리-엔트리', 'QUEST', '에버그린 리스'를 통해 혁신을 추진했다.

QUEST

QUEST 프로그램은 본격적인 변화를 모색하기 이전인 1994년부터 추진됐다. QUEST 프로그램을 위해 인터페이스는 '폐기자원'에 대한 정의부터 다시 내렸다. 폐기자원은 단순히 생산 과정에서 발행하는 물리적 부산물만이 아니라 '고객에게 상품가치로 전달되지 않는 모든 비용'이다. 이 정의에 따르면 제조 공정에서 발생하는 자원 낭비만이 아니라 악성 부채나 행정 착오, 파손 상품부터 송장 오류로 인한 비용까지 모든 것이 폐기자원에 포함된다. 원재료나 에너지 사용의 관점을 넘어 전체 공정의 최적화를 통해 모든 방면의 비용 절감을 목표로 한 것이다. QUEST는 이처럼 비용 절감이라는 동기에서 출발한 과제였다. 앤더슨은 초기 QUEST를 '낮은 가지에 달려 있는 과일'로 비유했다. 눈앞에 보이는 비효율을 제거하는 등 손쉽게 성과를 낼 수 있는 과제에 집중하겠다는 의미였다. 당시 인터페이스에는 수많은 비효율이 존재했던 만큼 개선의 여지도 많았다. 실제로 인터페이스는 QUEST를 통해 10년간 3000만 달러를 절감했다. 이 과정에서 환경과 효율성이 함께 달성할 수 있는 목표라는 인식도 생겨났다.

QUEST 프로그램을 실행하기 위해 인터페이스는 본사에서 주요 의사결정을 하기보다는 해당 지역에서 자체적으로 팀을 운영해 성과를 내도록 했다. 각 지역에서 성과를 낸 사례는 1년에 두세 차례 전 세계 QUEST 추진 팀원들의 모임을 통해 공유·전파됐다. 이로써 보편적으로 적용할 수 있는 대안을 모색하는 동시에 지역별 맞춤형 솔루션을 찾을 수 있도록 독려했다. 예를 들어 미국 동북부 메인주에 자리 잡은 인터페이스 자회사 '길포드 오브 메인Guilford of Maine'은 4개 공장을 운영하고 있는데, 공장마다 개별 QUEST팀을 꾸려 지속가능성을 위한 혁신을 기획하고 실행했다. 이후 어느 한 공장에서 물이나 기름 등 자원의 소비를 측정할 수 있는 자체 시스템을 구축했다. 그러자 나머지 3개 공장에서 그 노하우를 공유해 통합 시스템을 갖춰나갔다. 인터페이스는 4개 공장에서 이뤄진 사례를 전사적으로 전파해 글로벌 사업장에서 활용하도록 유도했다.

### QUEST의 운용

QUEST를 효과적으로 실행하려면 조직문화가 뒷받침돼야 했다. 이때 공정에 참여하는 직원들의 의식 전환이 무엇보다 중요했다. QUEST의 중요한 목표 중 하나는, 각 지역의 공장이나 부서의 문제를 스스로 해결할 수 있도록 기회를 만들어주고 권한을 부여함으로써, 능동적이고 진취적인 사내 문화를 조성하는 것이었다. 이를 위해 인터페이스는 다양한 교육을 진행했다. 또한 인터페이스 본사 TF팀에서 각 지역 QUEST팀을 지원하기 위해 매우 구체적인 지침인 PLETSUSPractices Leading Towards Sustainability를 제공했는데 세부 사항은 〈그림 42〉와 같다.

PLETSUS에는 '고객을 공장에 초대하기People-Customer', '포장지를 재사용할 수 있는 것으로 바꾸기Product-Design', '자전거 보관소를 설치하기Place-Facility' 등 200개가 넘는 가이드라인이 제시되어 있다.

| PLETSUS | |
|---------|---|
| People | 고객, 직원, 공급자, 지역사회, 운영진 |
| Product | 디자인, 포장, 제조, 마케팅, 구매 |
| Place | 시설, 유지 및 보수, 경관, 교통 |

그림 42. PLETSUS의 세 요소와 세부 항목

여기에는 '고객에게 항상 진실된 정보를 제공하기' 같은 규범적 내용도 포함되었다. 아울러 인터페이스는 IRC에서 개발한 재생에너지 및 원재료 재활용 기술을 제공해 각 지역의 혁신을 도왔다.

PLETSUS나 IRC의 기술 지원처럼 본사에서 하달되는 사항도 있었지만 공장의 직원들이 직접 제안한 아이디어를 실행하는 사례도 많았다. 현장 직원은 개선 아이디어가 있을 때 QUEST 박스에 제안하거나 팀장에게 직접 의견을 전달했다. 제시된 의견이 적합한 것으로 평가되면 QUEST팀은 일주일 주기로 미팅을 갖고 토론을 진행했다. 공정에 중요한 영향을 미칠 만한 제안에 대해서는 ReQUEST라는 프로그램을 운영해, 짧은 시기 동안 집중적으로 자원을 투자하고 문제해결을 위해 노력했다. QUEST든 ReQUEST든 직원의 문제해결 능력에 전적으로 의지한 경우가 많았다는 점에서, 이들 프로그램은 직원들의 주체성과 자발성을 높이는 데 기여했다는 공통점이 있다.

이 과정에서 큰 도움이 된 것이 에코메트릭스다. 에코메트릭스를 통해 달러나 퍼센트 단위로 성과가 측정되기 때문에 직원들은 직관적으로 자신들의 노력이 어떤 성과를 냈는지 알 수 있다. 지표의 산

| QUEST 프로그램 | |
|---|---|
| 배경 | 1991년 이후 지속된 경영 악화 |
| 시기 | 1994년 시작 (1997년 EcoSense와 통합) |
| 목적 | 공정의 효율성 개선 / 진취적 조직문화 형성 |
| 조직구성 | 본사 QUEST TF팀의 지휘하에 지역별 공장 및 부서 내부 인원으로 다기능 팀을 구성 |
| 운영 | PLETSUS를 통한 지침 제시 / 지역별 자율성 강조 / 연 2~3차례의 성과 공유 |
| 동기 부여 | 작업 환경 개선 / 성과 제시 / 인센티브(EcoSense Bonus Program) |

그림 43. QUEST 프로그램 개요

출 과정과 결과를 이해할 수 있도록 지표 관련 교육도 체계적이고 지속적으로 진행됐다. 또 화학약품이나 유해물질 사용을 줄여나감으로써 공장 노동자가 작업 환경이 개선됐음을 피부로 느낄 수 있었다. QUEST 프로그램이 성과를 낼수록 직원들은 점점 더 긍정적이고 진취적으로 바뀌었다(그림 43). 자기 자신이나 동료의 제안으로 조직이 바뀌는 모습을 목격하는 것은 강력한 동기부여가 됐다.

공정의 효율화를 위한 이런 노력과 별개로, 인터페이스의 가치사슬은 그 구조 자체가 지속가능성을 담보하기 어려웠다. 가치사슬의 구조적 문제를 해결하기 위해서는 QUEST와는 전혀 다른 혁신이 필요했다. 인터페이스는 재활용 혁신인 '리-엔트리'와 판매 방식의 혁신인 '에버그린 리스'를 통해 이 문제를 해결하려 했다.

'생산에서 시작해 소비로 끝난다.' 산업혁명 이래 일단 생산된 모든 제품은 '소비'로 귀결되어야 한다는 게 상식으로 여겨졌다. 생산된 상품의 존재가치는 소비되어 사라지는 데 있었다. 오늘날에는 이 직선적 관점이 당연해 보이지만, 그 전까지 인간이 영위하던 순환적 시스템에 비춰보면 분명 파괴적이다. 직선적 모델에서는 소비가 늘어날수록 생산도 늘어난다. 따라서 소비가 늘면 생산에 투입되는 자원 역시 급증한다. 이런 모델로 지속가능성을 확보하는 것은 불가능하다.

따라서 '요람에서 무덤cradle to grave'이라는 직선적 인식에서 벗어나 '요람에서 요람cradle to cradle'이라는 인식의 전환이 필요하다. '요람에서 요람'은 자연 생태계에 일어나는 생산·소비의 순환 구조를 그대로 산업에 적용한 것이다. 즉 소비가 끝난 상품을 다시 생산에 투입해야 한다는 게 핵심이다. 가장 이상적인 '요람에서 요람' 모델은 소비된 가치와 재생산에 투입된 가치가 일치하는 것이다. 생산에 연관된 투입자원·완제품·폐기자원 가운데 완제품이 투입자원으로 환원되는 구조다. 만일 완벽한 '요람에서 요람' 모델이 실현된다면, 생산 과정에서 발생하는 폐기자원을 제외하고는 새롭게 투입되는 자원virgin material이 없게 된다. 폐기자원 이외에 자연에서 더 이상 재료를 가져오지 않는 셈이다.

예를 들어 제품의 가치사슬 공정을 '인풋(10)＝8(완제품)＋2(폐기자원)'로 단순하게 가정하면, 다음 공정에서는 사용한 완제품을 수거한 후 인풋으로 재투여하는 부분(8)과 폐기자원으로 재활용한 새 인풋(2)으로 총 인풋(10)이 이뤄진다는 것이다. 이를 통해 8(완제품)+2(폐기자원)로 재생산되는 것이다. 이 '요람에서 요람' 모델은 《비즈니스 생태학》을 통해 레이 앤더슨에게 전해졌고, 인터페이스의 비전인 '미션 제로'의 토대가 됐다.

'미션 제로'를 한마디로 요약하자면 "어떠한 것도 가져오지 말고, 어떤 해도 끼치지 말라Take Nothing, Do No Harm"는 이야기다. 즉 공정에서 어떤 유해물질도 배출하지 않고, 자연에서 어떤 자원도 가져오지 않아야 '미션 제로'를 제대로 실천했다고 할 수 있다. '요람에서 요람'이란 개념 아래 인터페이스는 소비된 타일을 어떻게 다시 생산에 투입할 수 있을지를 고민했다. 이 고민의 시작이 바로 '리-엔트리'다.

1995년 당시 사용을 마친 타일은 모두 매립지로 향했다. 리-엔트리 프로그램을 토대로 인터페이스는 사용한 타일을 모아 다양한 방법으로 재활용하거나 재사용하는 방안을 모색했다. 카펫타일의 상태가 좋을 경우 기부하거나 재사용하고, 재사용할 수 없을 경우 타일을 분해해 재활용했다.

재활용은 네 가지 형태로 진행됐다. 첫째, 타일의 아래쪽 면인 백킹backing의 비닐을 추출해 백킹의 원료로 다시 사용하는 형태의 재활용을 진행했다. 둘째, PET 등 섬유를 재가공해 더 높은 부가가치의 제품을 만드는 업사이클도 실행했다. 셋째, 고무·패딩 등 낮은 부가가치의 제품을 만드는 다운사이클도 이뤄졌다. 마지막으로, 재활용이 불가능한 부분은 연료로 사용해Waste-to-Energy 폐기물을 최소화했다.

리-엔트리는 단순히 말하면 '재활용을 하자'는 것으로, 다른 과제에 비해 혁신적이거나 참신하다고 보기는 어렵다. 그러나 리-엔트리는 '요람에서 요람' 모델의 기본이자 가장 달성하기 어려운 과제이기도 했다. 리-엔트리를 성공시키기 위해서는 재활용을 위한 기술력과 실<sup>Yarn</sup> 공급자의 참여라는 두 가지 조건이 충족돼야 했다. 1995년 당시 재활용 기술은 효율성이 높지 않았다. 따라서 인터페이스는 연구개발 자회사인 IRC를 통해 재활용 효율을 높이는 기술 개발에 꾸준히 투자했다. 이를 통해 2007년 '리-엔트리 2.0'이라는 이름으로 진화된 재활용 기술을 활용하며, 재활용된 섬유로만 제작한 바이오스페라를 출시하기도 했다. 또 나일론 공급자에게 재활용 재료로 만든 실을 제공하는 등 공급업체들과 긴밀히 연계해 전반적으로 재활용 원료의 비율을 높였다. 이런 노력을 통해 인터페이스는 2012년 기준 바이오스페라 이외의 제품군에서도 적게는 39퍼센트에서 많게는 79퍼센트의 재활용 재료를 사용했다.

하지만 이런 성과를 위한 기본 전제가 있다. 바로 사용된 타일을 잘 수거해야 한다는 것이다. 전 세계에서 사용되는 인터페이스의 타일을 어떻게 모두 수거하느냐는 쉽지 않은 과제였다. 기존 판매 방식으로는 고객이 어떻게 얼마나 인터페이스의 카펫을 사용하고 있는지 알아낼 방법이 없었다. 고심 끝에 인터페이스는 전혀 새로운 판매 방식을 고안했다. 바로 '에버그린 리스'다.

## 에버그린 리스

에버그린 리스는 인터페이스의 여러 성과 중에서도 '혁신'에 가장 걸맞은 프로그램이다. 인터페이스는 모듈형 카펫타일 업계 최초로 '영구 임대' 판매 방식을 선보였다. 제품을 판매하는 개념에서 벗어나 '제품을 매개로 서비스를 판매'하는 형태로 전환한 것이다. 에버그린 리스를 이용하면 소비자는 모듈형 카펫타일을 영구적으로 사용할 수 있다. 대신 소비자는 임대 비용과 관리 비용을 매달 지불하면 된다. 인터페이스는 품질관리, 손상된 타일 교환, 실내공기질 관리 등 각종 서비스를 제공한다. 이를 통해 소비자는 카펫 구매·설치 등에 초기 비용을 들이지 않고 카펫을 사용할 수 있으며, 교체·청소·품질 관리 등 종합 서비스를 제공받을 수 있다. 인터페이스는 이 프로그램을 도입함으로써 카펫 소비 과정을 체계적으로 관리할 수 있게 됐다. 또한 주기적인 정비를 통해 카펫 수명 자체를 늘릴 수 있었다. 이는 소비·폐기되는 모듈형 타일의 총량이 줄어든다는 뜻이기도 하다. 결과적으로 생산되는 모듈형 타일의 양 역시 줄일 수 있었다. 이는 환경에 미치는 악영향도 줄여준다.

에버그린 리스의 가장 중요한 부분은 모듈형 타일에 대한 소유권을 처음부터 끝까지 인터페이스가 갖고 있다는 점이다. 이는 곧 책임 주체가 바뀜을 뜻한다. 기존 판매 방식에서는 제품의 소비·폐기가 오롯이 소비자의 책임이었다. 하지만 에버그린 리스에서는 모든 책임을 인터페이스가 진다. 인터페이스는 소비를 관리해 제품 수명을 연장하고, 소비가 끝난 물품을 효율적으로 재활용해야 한다. 그렇기 때문에 제품 수명을 연장하기 위한 관리 방법을 끊임없이 개발해야 하고, 모듈형 타일을 만들 때부터 재활용을 염두에 둔 채 재료를 구성하고 제품을 설계해야 한다.

모듈형 타일에 대한 종합적인 서비스를 제공하기 위해 인터페이스는 서비스전문 자회사 '리소스 아메리카Re:Source Americas'를 만들었다. 리스 서비스 특성상 서비스를 위한 인력이 추가로 필요했는데, 이 자회사가 카펫의 설치·관리·수거를 맡았다. 이 자회사는 새로운 시장과 일자리를 만드는 한편, 수거된 모듈형 타일을 리-엔트리에 전달하는 공급자 역할도 했다. 이처럼 세 가지 혁신은 가치사슬의 효율을 높이는 데 크게 기여했다. 1996년 미션 제로와 7 프런트가 정립되면서, 이 세 가지 혁신 모두 그 틀 안에 들어갔다. 이를 간단히 나타내면 다음과 같다(그림 44).

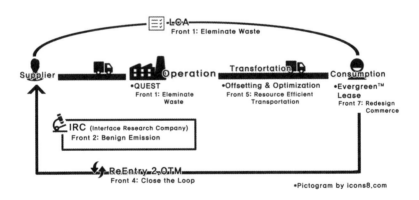

그림 44. 가치사슬로 보는 세 가지 혁신과 7 프런트

인터페이스의 가치가슬은 크게 공급자<sup>Supplier</sup> · 운영<sup>Operation</sup> · 소비<sup>Consumption</sup> 등 세 가지로 나눌 수 있다. 앞서 프레임워크 부분에서 설명했던 7 프런트의 구성 요소 중 몇 가지는 각각 가치사슬의 특정 부분에 대응하며, 인터페이스에서 이뤄낸 혁신도 대부분 이 틀 안에서 설명된다. 다만 프런트 3은 아직 태양광 설비를 갖추는 수준이고 프런트 6은 가치사슬 내에서 언급하기가 어렵다. 그 외 5개 프런트는 비록 경계가 다소 불분명하기는 하지만 가치사슬에 대입할 수 있다.

프런트 1은 전체 가치사슬에서 폐기물을 없애는 게 목적이다. 프런트 1에서는 LCA와 QUEST가 가장 큰 역할을 했다. LCA는 원재료의 매입부터 최종 소비까지 모든 과정에서 발생하는 자원의 사용과 오염물의 배출을 추적하는 시스템이다. 인터페이스는 LCA를 통해 공정별로 자원 소비량을 분석했다. 그 결과, 가장 많은 자원이 사용되는 부분이 원재료임을 파악해, 제품당 원재료의 양을 최소화하기 위해 노력했다. QUEST는 18개의 다기능팀으로 구성돼 인터페이스의 모든 기업활동에 영향을 미쳤다. 그러나 QUEST가 가장 집중하고 성과를 낸 부분은 '운영'이었다. LCA가 전체 가치사슬을 조망한다면, QUEST는 LCA의 분석을 바탕으로 운영 항목을 점검하고 비효율을 개선해나갔다.

프런트 2는 공장 · 차량 · 제품에서 나오는 모든 유해물질을 제거하는 것을 목표로 한다. 프런트 2는 프런트 1과 마찬가지로 광범위한 가치사슬에 영향을 미치는 것이었다. 공장은 '운영', 차량은 '운송', 제품은 '소비'에 해당해 '공급자'를 제외한 모든 영역에 직접적인 영향을 미쳤다. 프런트 2는 인터페이스의 연구개발 자회사인 IRC가 주도했다. 왜냐하면 무엇이 유해물질인지 파악하고 이를 대체할 물질을 찾는 과정에서, 기술력이 무엇보다 중요했기 때문이다. IRC에서는 각 재료의 환경적 유해 요소를 점검하고, 필요한 경우 두 물질을 비교해 덜 유해한 재료를 쓰거나 유해한 접착제를 대신할 새로운 접착 방식을 만드는 등의 역할을 했다.

프런트 4는 순환적인 고리 형태의 가치사슬을 만드는 것을 말한다. 리-엔트리와 버려진 그물을 수거해 재활용하는 네트-웍스 프로그램이 여기서 핵심 역할을 했다. 이제 인터페이스는 제품을 설계하는 단계에서부터 재활용을 염두에 둔다. 리-엔트리는 앞서 언급한 대로 리스 서비스를 통해 영향력을 키워가고 있다. 리스 서비스는 프런트 7의 핵심 요소이기도 하다. 네트-웍스 프로그램은 가치사슬 내부에서 소비된 것을 생산에 재투입하는 것을 넘어, 다른 회사의 제품도 수집해 재활용하는 것이다. 인터페이스는 가난한 국가의 해변지역에 떠밀려 온 그물까지도 수거해 생산에 활용했다. 인터페이스는 이런 광범위한 네트-웍스 프로그램으로 생산비를 절감하고 환경을 보호하고, 가난한 지역에 그물 수거등 관련된 일자리를 만들어 경제적으로도 원조하는 또 다른 CSV 모델을 만들었다.

프런트 5는 물류의 운송경로를 최적화해서 운송에 드는 비용과 유해물질 배출량을 최소화하는 것이 목적이다. 운송은 가치사슬에서 필수 불가결한 요소다. 그러나 현재 운송기술상 어쩔 수 없이 석유연료를 사용해야 하므로 매연을 배출할 수밖에 없다. 이에 인터페이스는 프런트 5를 실현하기 위해 두 가지 방식을 택했다. 하나는 오프셋Offset(상계)이며, 다른 하나는 최적화다. 오프셋은 인터페이스가 소비하고 배출한 것만큼, 생산하고 정화하는 것을 목표로 한다. 대표적인 사례는 1997년 시작된 '트리 포 트래블'로, 비행기로 이동할 때 전체 항공 마일●을 계산하고, 이때 발생한 탄소배출량을 상쇄할 만큼의 나무를 심는 것이다. 2002년 시행된 '쿨 퓨얼Cool Fuel'과 'Cool CO2mmut' 역시 각각 선박 운행과 직원 통근에서 배출된 유해물질을 상쇄할 만큼 나무를 심는 프로젝트였다. Cool CO2mmut에서는 카풀링 네트워크를 구성하고 이를 이용하는 직원에게 인센티브를 제공하기도 했다. '트리 포 트래블'을 통해 11만 8000그루 이상의 나무를, 2002년부터 시작된 Cool CO2mmut를 통해 10년간 4만 5000그루의 나무를 심었다.

하지만 오프셋은 자원 사용과 배기가스 배출에 근본적인 해답이 되지는 못한다. 그 때문에 인터페이스는 운송 최적화를 함께 추진했다. 인터페이스 공장은 주로 네덜란드·미국·태국에 위치했다. 그런데 미국에서든 태국에서든 만들어진 제품은 전 세계로 수출됐다. 인터페이스는 생산지와 소비지의 불일치가 비효율을 유발한다고 판단했다. 그리하여 지역의 수요를 해당 지역에서 최대한 충족하고 원재료도 가능한 한 같은 지역에서 조달할 수 있게 했다. 현재 유럽에서 생산된 제품의 99퍼센트가 유럽에서 사용되고 있으며, 이런 생산지

---

● 1항공 마일은 1852미터

200

와 소비지의 일치는 선박 운송의 필요성을 크게 줄여주었다. 그뿐만 아니라 국제적인 물류관리업체(메리디언 IQ)와 파트너십을 맺고 운송 과정 하나하나를 최적화하는 스마트웨이Smartway를 적용했다. 스마트 웨이는 기차·선박 등 운송수단의 효율성을 그때그때 비교해 수송 방법과 시기를 결정해주었다. 운송의 최적화는 환경에 미치는 영향을 줄일 뿐만 아니라 인터페이스의 물류 비용도 줄여주었다.

이처럼 인터페이스는 가치사슬 전체를 요소별로 구분한 뒤 지속적으로 변화를 모색했다. 즉 모든 부분의 혁신을 추진한 것이다. 출퇴근에 자전거를 이용하도록 유도하고, 공장에 태양광을 설치했으며, 리스 형태의 새로운 판매 방식을 구축해 지속가능성을 크게 높였다. 이는 레이 앤더슨의 리더십과 에코드림팀의 강한 실행력이 어우러져 이뤄낸 성과였다. 하지만 조직을 바꾸는 것은 리더 개인이 아니라 리더에 감화된 구성원들이다. 구성원들이 방향성을 공유하지 않으면 혁신은 결코 성공할 수 없다. 그런 의미에서 진취적인 조직문화를 심어준 QUEST의 의미가 더욱 크다. 특히 조직 구성원에게 한계를 극복할 수 있다는 자신감을 심어준 것은 조직 변화의 근본 동력으로 작용했다.

## 인사: 결국 동기부여

과감하고 도전적인 목표 아래 추진된 인터페이스의 혁신은 매우 급진적으로 보인다. 그러나 인터페이스는 혁신에 필요한 절차를 서두르지 않고 하나하나 완수했다. 그래서 인터페이스의 혁신은 급진적이라는 말보다 섬세하다는 평가가 더 잘 어울린다.

먼저 혁신을 준비하는 과정에서는 내부 혼란을 최소화하기 위해 개념을 명확히 정의하고, 외부 기관에서 만든 프레임워크를 받아들이고, 전문가 집단을 통해 변화의 영역·주제를 정했다. 한편 실행에서는 외부 인력보다 내부 조직원의 참여를 중시했다. 혁신은 조직의 모든 구성원이 동참해야 성공할 수 있다고 판단하고 사내 문화를 함께 바꿔나갔다. 혁신 과정에서 이뤄진 역량계발 및 인센티브 프로그램은 조직 변화에 중요한 역할을 했다.

### 역량계발: '플레이 투 윈'과 '파워 오브 원'

인터페이스는 직원의 역량계발을 위해 OWL$^{One World Learning}$을 설립하면서 '가르치다$^{Teach}$' 대신에 '학습$^{Learning}$'이란 말을 쓰기로 했다. 주입식 교육 대신 능동적 참여를 전제로 역량 향상을 모색하겠다는 의미다. 인터페이스는 직원들이 각자 영역에서 역할을 다하기를 바라며 이를 목표로 교육·훈련 프로그램을 개발했다. 이런 노력을 상징적으로 보여주는 두 슬로건이 바로 '플레이 투 윈$^{Play\ to\ Win}$'과 '파워 오브 원$^{Power\ of\ One}$'이다.

'플레이 투 윈'은 두려움을 극복하자는 의미로, 혁신에 임하는 직원들의 태도를 나타낸다. 같은 이름의 자체 프로그램도 있는데, 이를 통해 개개인의 불안·위험·한계를 동료와 소통함으로써 극복할 수 있다는 믿음을 갖게 했다. 여기서 승리$^{Win}$란 패배의 반대말이 아니다. 즉 다른 누군가의 위에 서거나 어떤 목표를 성취한다는 게 아니

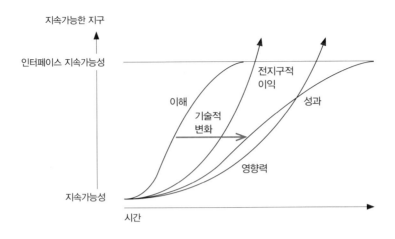

**그림 45. 지속가능성 곡선**

출처 : Ray C. Anderson, 1998,
"Mid-Course Corection, Toward a Sustainable Enterprise: The Interface Model"

라, 바로 "자신이 할 수 있는 것을 해내는 것"을 가리킨다. 직원들이 서로 이해하고 소통할 때 서로에 대한 관심이 형성되고, 이는 개인이 리스크를 감수해야 하는 중요한 순간에 강한 동기를 부여해준다. 자기 한계를 극복하는 것은 인터페이스의 역량계발 프로그램에서 가장 중요한 목표다.

'파워 오브 원'은 기업 차원의 분석에서 출발한다. 인터페이스는 지속가능성으로 나아가는 과정을 '지속가능성 곡선'으로 나타냈다. 이는 1단계 이해Understanding, 2단계 성취Achievement, 3단계 영향 Influence, 4단계 글로벌 베네핏Global Benefit 등으로 구성된다(그림 45).

1단계는 지속가능성을 '이해'하는 게 핵심이다. 지속가능성의 개념이 무엇인지, 이 개념이 카펫산업에서 어떤 의미를 갖는지, 또 인터페이스에 어떤 의미를 갖는지를 분석한다. 이렇게 범위를 좁혀가며 각각 지속가능성을 정의하고 어떤 분야에 적용할 수 있을지 파악한다. 말하자면 어떤 기술과 태도로 지속가능성을 확보할지를 이해하는 것이다. 에코드림팀부터 7 프런트까지가 이 영역에 속한다.

2단계는 실행을 통한 '성취'가 핵심이다. 1단계의 '이해'와 2단계 '성취'의 차이는 '기술적 도전Technical Challenge'으로 표현된다. 자원이나 기술 때문에 아직 실현되지 못했을 뿐, 헌신이나 의지의 문제는 아니라는 의미다. QUEST 등이 대표적인 실행 수단이다.

3단계는 내부 공정을 넘어 외부에 미치는 '영향력'을 말한다. 앞의 두 곡선이 인터페이스 내부에 대한 이해, 내부 공정의 혁신을 나타낸다면 3단계 곡선은 환경에 대한 인터페이스의 영향력이다. 다른 기업에 모범이 되고 영감을 주면서 인터페이스는 환경에 대한 우호적인 영향력을 확보할 수 있다. 이는 앞의 두 곡선과 달리 파급효과가 외부로 향하기 때문에 발산의 한계가 없다.

4단계는 성취와 확산을 합한 것으로 인터페이스가 '세계에 미치는 영향력'을 나타낸다. 내부 성과와 외부에 미친 영향력이 곧 세계에 기여하는 바다.

인터페이스는 이런 구분을 개인의 영역에도 그대로 적용했다. 이것이 '파워 오브 원'이라는 슬로건과 연결돼 있다. 세계 경제 규모의 3만 3000분의 1을 차지하는 인터페이스의 혁신이, 공급업체이자 세계 경제 규모의 600분의 1을 차지하는 두 거대 기업 듀폰DuPont과 바스프<sup>BASF</sup>에 영향을 주는 것처럼, 한 개인 역시 영향력을 발휘할 수 있다는 것이다. 개인의 영향력은 사회로 퍼져나간다. 그리고 이 영향력은 한계가 없다. 구성원의 이해도와 행동이 곧 인터페이스에 대한 영향력이 되고, 나아가 사회 전체에 대한 영향력이 된다.

이처럼 개인의 힘을 강조한 인터페이스는 다양한 프로그램을 시행했다. 가정 에너지 절약 프로그램, 지역 중·고등학교에 직원을 파견해 지속가능성을 교육하는 프로그램 등이 대표적이다. 개인의 힘을 강조하는 교육으로 구성원들은 스스로를 변화의 주체로 인식하게 된다. '파워 오브 원'은 '플레이 투 윈'과 맞물려 인터페이스의 혁신 동력이 됐다.

역량계발 프로그램의 효과를 말하는 것은 결과론적일 수 있다. 그럼에도 인터페이스의 혁신에서 이는 분명 중요한 요소다. 기업이 유기체적 특성을 가질 때도 그 본질은 개인의 집합이라는 점이다. 그렇기에 필연적으로 개인의 변화가 기업의 변화에 선행해야 한다. 개인에게 힘을 실어주고 스스로 움직이게 하는 프로그램은 톱다운<sup>Top-down</sup> 방식의 혁신에서 반드시 필요하다. 인터페이스의 경우 더 많은 교육 프로그램을 직원들이 요구할 정도로 자발적 참여도가 높았다.

### 인센티브: 에코센스 보너스 프로그램

인센티브는 '정신적 강화'와 '물질적 강화'로 구분된다. 에코메트릭스를 통한 직관적인 성과 측정과 공표는 정신적 강화에 크게 기여했다. QUEST에는 PLETSUS와 같은 다양한 하위 프로그램이 있었는데 이 가운데도 인센티브 관련 프로그램이 있었다. 그중 가장 잘 활용된 것이 바로 에코센스 보너스 EcoSense Bonus Supplement 프로그램 이다. 인터페이스는 폐기물을 내부 제조공정에서 발생하는 것과 외부 제조공정에서 발생하는 것, 기타 회사 운영 과정에서 발생하는 것으로 분류했고 1995년에 10퍼센트, 이듬해에 15퍼센트, 1997년에 추가로 25퍼센트를 감축하기로 했다. 즉 3년간 1994년 대비 50퍼센트의 폐기물을 줄인다는 목표를 세운 것이다. 이 목표 아래 1995년 QUEST 보너스 시스템을 만들었다. 폐기물 감축과 관련해 주어지는 보너스는 전체 보너스의 15퍼센트 비중으로, 직원들의 의욕을 불러일으키기에는 충분했다.

그런데 1996년 말, 인터페이스는 이듬해 목표인 25퍼센트 감축이 어려울 것으로 판단했다. 3년간 총 50퍼센트의 폐기물 감축은 처음부터 도전적인 목표이긴 했다. 당시 직원들의 노력은 충분히 평가할 만한 수준이어서, 목표에 미달하더라도 인센티브를 제공해야 한다는 게 중론이었다. 그러나 보너스를 지급하려고 이미 정해진 목표를 수정하는 것은 바람직하지 않다는 의견도 있었다. 게다가 몇몇 공장은 목표를 달성할 가능성도 있었기에, 목표치를 낮추면 이들의 사기를 꺾을 수 있었다. 이런 배경에서 에코센스 보너스 프로그램이 등장했다.

에코센스 보너스 프로그램은 QUEST의 성과에 따라 각 부서에 점수를 매겨, 이를 근거로 인센티브를 주는 프로그램이다. 〈그림 46〉은 1997년의 사례를 정리한 것이다. 왼편에는 대주제별 세부 항목이 열

| <표 1D> | EcoSense Bonus Supplement Program |
| --- | --- |
| Category | Points Awarded (N of BU receiving points) |
| **Environmental Management System** | |
| Baseline review | 2 (4) |
| Initial audit | 2 (3) |
| Certification | 2 (3) |
| **Quality Management System** | |
| Planning and training | 2 (4) |
| Initial audit | 2 (4) |
| Certification | 2 (3) |
| **The Natural Step Training** | |
| Level 1–25% of employees | 2 (7) |
| Level 2–50% of employees | 2 (7) |
| Level 3–75% of employees | 2 (7) |
| **EcoMetrics** | |
| Material and energy flows | 2 (10) |
| Recycling progress reports | 2 (12) |
| Emissions inventory | 1 (13) |
| Employee awareness survey | 2 (15) |
| **Purchasing** | |
| "Buy recycled" program | 1 (6) |
| **Eco-Efficiency: What We Take** | |
| Material | 1 per percent reduction (3) |
| Non-renewable material reduction projects | 1/2 per project (4) |
| Energy | 1 per percent reduction (3) |
| Energy reduction projects | 1/2 per project (2) |
| **Eco-Efficiency: What We Make** | |
| Solid waste reduction | 1 per 5-percent reduction (5) |
| Water emissions reduction | 1 per 5-percent reduction (4) |
| Air emissions reduction | 1 per 5-percent reduction (2) |
| Emissions point source elimination | 1 per point source eliminated |

*Jennifer R. DuBose, (2000) Sustainability and Performance at Interface

그림 46. 에코센스 보너스 프로그램

거되고, 오른편에는 항목별 점수와 당시 해당 점수를 얻은 사업부(총 15개)의 수가 표시돼 있다. 대주제와 세부 항목, 점수를 제공하는 기준 등은 에코센스의 여덟 가지 기본 요소를 바탕으로 한다.

예컨대 여섯 번째 대주제인 '환경경제효율성, 우리가 생산에 사용한 것Eco-Efficiency: What we take'을 보면, 공정에 투입되는 원재료를 1퍼센 트 줄일 때마다 1점을 얻을 수 있고, 3개 사업부가 보너스 점수를 받았음을 알 수 있다. 이처럼 기여도 하나하나가 인센티브로 변환되므로, 구성원들은 회사가 어느 부분에서 어떤 성과를 바라는지 알 수 있었다. 명료한 점수제를 통해 자신들의 행동이 어떻게 금전적 성과로 연결되는지도 쉽게 확인할 수 있었다.

에코센스 보너스 프로그램을 도입하기 전까지 직원들은 주로 단기적이거나 쉽게 성취할 만한 과제를 중시했다. 그러나 이 프로그램이 도입되자, 장기적이고 복잡한 활동에 대한 관심도 높아졌다. 효과적인 인센티브 시스템이 설계되면서 조직원들이 장기적 관점을 갖게 된 것이다. 기업 입장에서도 보너스 프로그램을 통해 각 지역의 혁신을 확인할 수 있었다. 지역마다 어느 부분에 집중하는지, 어느 부분이 부족한지를 하나하나 파악할 수 있었고, 자연스럽게 비교·분석이 이뤄졌다. 덕분에 조직원들 간 의사소통도 활발해졌다. 이처럼 인센티브 제도를 효과적으로 설계하면 동기부여 외에 다양한 이점을 얻을 수 있다.

여기서 더 고려할 문제는 인센티브 제도에 투입되는 비용이다. 구성원에게 주어지는 인센티브는 그대로 기업의 비용으로 돌아간다. 인센티브 제도 역시 효율성 문제로 환원될 수밖에 없다. 좋은 인센티브 제도는 구성원에게 효율적으로 동기부여를 해주는데, 만일 성과를 측정할 수단이 없다면 성과에 대해 주어지는 인센티브 역시 효율적인지 알 수 없다. 인터페이스는 에코센스를 통해 각 공장과 부서의 행동이 기업에 어떤 이익을 가져다줄지를 정량적으로 측정했다. 이 자료를 바탕으로 한 인센티브 프로그램의 점수표는 성과에 따른 적절한 인센티브를 제공하는 데 기준이 됐다.

이렇게 인터페이스는 콘셉트 정의, 조직 변화, 실행을 위한 가치사슬 혁신, 교육훈련과 동기부여와 관련해 다양한 조직변화 프로그램을 개발하고 지속적으로 실천해 높은 경제적 이윤을 성취할 수 있었다. 〈그림 47〉과 〈그림 48〉에서 인터페이스의 영업이익 및 영업이익률을 확인할 수 있다.

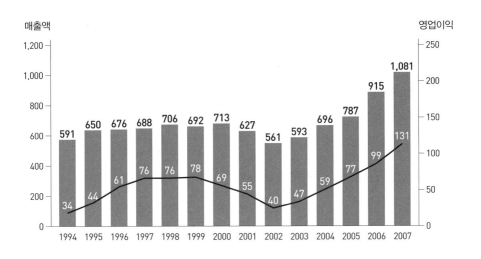

그림 47. 매출 및 영업이익(1994~2007)

| 영업이익률 | 94 | 95 | 96 | 97 | 98 | 99 | 00 | 01 | 02 | 03 | 04 | 05 | 06 | 07 |
|---|---|---|---|---|---|---|---|---|---|---|---|---|---|---|
| 영업이익률 | 5.8 | 6.7 | 8.9 | 11.1 | 10 | 11.3 | 9.7 | 8.8 | 7.1 | 7.9 | 8.5 | 9.8 | 10.1 | 12.1 |

그림 48. 영업이익률(1994~2007)

출처: 인터페이스 연차보고서

영업이익률<sup>operating margin</sup>은 영업이익을 매출로 나눈 지표로, 단위 매출당 영업이익의 비율을 나타낸다. 영업이익률이 높을수록 단위 매출당 매출원가<sup>COGS</sup>와 판매·관리비<sup>SG&A</sup>가 적다. 1994년 이후 인터페이스의 영업이익률은 3년간의 침체기를 제외하고는 지속적인 성장세를 보였다(그림 48). 이는 인터페이스의 내부 공정이 점점 효율적으로 바뀌어, 혁신을 통해 얻은 이익이 비용보다 많다는 것을 의미한다. 공정에 관한 대부분의 혁신이 QUEST와 에코센스를 통해 이뤄진 점을 감안하면 인센티브 시스템이 매우 효율적으로 운용되었음을 알 수 있다. 역량계발 프로그램을 통한 조직문화의 혁신, 인센티브를 통한 동기부여는 공정 효율성을 높였을 뿐만이 아니라 인터페이스가 '일하기 좋은 기업'으로 자리 잡는 데 원동력이 됐다.

## 조직혁신 없이 CSV 전략도 없다<sup>●</sup>

인터페이스의 오늘은 부단한 자기혁신을 통해 전략에 맞는 조직을 구현해낸 결과다. 전략을 수립했다고 해서 성과가 바로 나오지는 않는다. 성과를 보이려면 조직혁신을 통해 인력과 자원을 업그레이드하고, 가치사슬 각각에 맞는 프로그램을 개발하고, 꾸준히 실행하는 과정을 거쳐야 한다.

배가 앞으로 나아가기 위해서는 물과 바람의 저항을 어떻게 극복하느냐가 중요하다. 기업의 전략은 바로 이런 조직의 관성을 어떻게

---

● 최근 성과에 대해서는 인터페이스 연간보고서 참조(http://www.annualreports.com/Company/interface)

다스리느냐에 성패가 달렸다고 해도 과언이 아니다. 전략을 수행하는 과정에서 때로는 리더십 부재로 전략이 표류하기도 하고, 조직 구성원의 거친 저항으로 실행에 어려움을 겪기도 한다. 인터페이스의 혁신은 조직의 미션을 정하고, 조직을 정비하고, 가치사슬 혁신을 진행하고, 교육과 인센티브 프로그램을 통해 효과적으로 인적 관리를 해냄으로써 가능했다. 직원들의 자발성과 혁신을 이끌어내는 리더, 그리고 섬세하게 디자인된 프로그램이 시너지를 냈음은 자명한 일이다. 로마는 하루아침에 이뤄지지 않았다. CSV 전략의 실행도 그렇다.

### Case Study. SK그룹의 조직혁신

경제적 이익을 극대화하기 위해 설계된 조직을 사회적 가치에도 최적화하는 작업은 쉽지 않다. 일하는 방식의 오랜 관성과 새로운 시도에 대한 두려움이 조직 구성원들을 긴장시키곤 한다. 이런 맥락에서 SK그룹의 최근 노력은 살펴볼 만하다. SK그룹은 사회적 가치를 경영에 도입하려는 노력을 지속적으로 추구하는 대표적인 국내 기업이다. 특히 조직구조와 관련 체계를 조정해 실제적인 변화를 시도하고 있다는 점에서 성과가 기대된다.

SK의 최고 경영이념은 최종현 선대회장이 만든 SKMS<sup>SK Management</sup> <sup>System</sup>(SK경영관리시스템)으로 명문화되어 있다. 최태원 회장은 지난 십수 년간 사회적 가치에 대한 개념을 주장해왔을 뿐만 아니라, 지난 2016년 SKMS 개정을 단행했다. 기존 SKMS에 명시되었던 "기업은 경제발전에의 기여와 함께 사회적·문화적 활동을 통하여 사회에 공

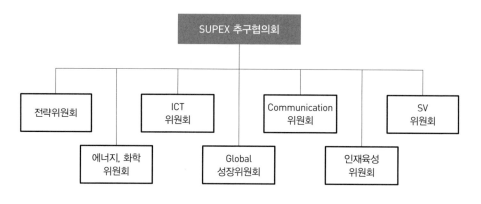

**그림 49. SK SUPEX 조직도**

헌하며, 사회규범과 윤리기준에 맞는 경영을 하도록 최선을 다하여야 한다"라는 문구를 "회사는 경제발전에 기여함은 물론, 사회적 가치 창출을 통해 사회와 더불어 성장한다"로 변경했다. 명확하게 사회적 가치에 대한 언급이 경영이념에 도입된 것이다.

나아가 정관에서 '이윤창출'이라는 문구를 삭제했다. 그 대신 "회사는 이해관계자 간 행복이 조화와 균형을 이루도록 노력하고, 장기적으로 지속 가능하도록 현재와 미래의 행복을 동시에 고려해야 한다"라는, 이해관계자의 행복 추구에 관한 문구를 넣었다. 이에 맞춰 SK그룹의 각 계열사도 '이해관계자 행복'에 관한 정관 수정을 진행했다. 이뿐만이 아니다. 그룹의 최고 의사결정구조인 수펙스SUPEX 추구협의회 위원회 중에는 사회공헌위원회가 있다. 말하자면 그룹의 각 관계사 최고 의사결정자들이 논의하는 주요 주제에 '사회적 가치 창출'에 대한 논의가 충분히 반영되고 있다는 것이다. 실제로 최태원

회장은 그룹 내외의 주요 행사에서 사회적 가치를 경영에 반영하는 것이 얼마나 중요한지를 지속적으로 주장해왔다. 여기에 '사회적 가치 창출을 통한 비즈니스 모델 혁신'이라는 일종의 방향성이 존재한다. 이는 사회문제를 해결하여 비즈니스 기회나 가치를 창출하는 전략인 CSV 창출 전략과 일맥상통한다.

수펙스 추구협의회에는 '공유인프라TF'라는, 기업이 가진 자산을 외부와 공유하여 더 많은 가치를 창출하려는 조직도 존재하고, 각 계열사에는 사회적 가치를 전담하는 조직과 그 담당관리자가 모두 배치되었다. SK그룹의 단위에서건 각 계열사 단위에서건 직무교육과 함께 사회적 가치에 대한 이해와 적용에 대한 교육은 끊이지 않고 매우 중요하게 다뤄지고 있다. 이는 임원들의 교육, 차기 임원과 중간관리자 교육에서도 마찬가지로 큰 비중을 차지한다. 무엇보다도 각 관계사는 2018년 창출하고 있는 사회적 가치를 각각 측정해 보고했으며, 이 내용을 실제 성과평가 및 보상에 반영하고 있다. 최근에는 KPIKey Performance Indicator(핵심성과지표)에 사회적 가치의 반영 비율을 50퍼센트까지 높이는 안이 추진되고 있어 전사적인 관심을 촉구하고 있다.

6장

# 측정과 파트너십

CSV 전략을 수립하고 실행하는 과정에서 간과하는 것이 있다. 하나는 CSV의 사회적 가치와 경제적 가치를 측정하는 일이다. 다른 하나는 CSV 전략의 파트너십에 관한 부분이다.

이 두 가지는 여러 이유로 소홀히 취급되곤 한다. 가치 측정의 경우 전략 수립·실행 자체에 매몰되다보니 처음부터 소홀히 다뤄지곤 한다. '일단 일을 하고 측정은 다음에 하자'라며 측정을 뒤로 미루는 것이다. 파트너십의 경우 정부·비영리조직과 협업하기보다 '우리가 다 할 수 있다'라며 지나친 자신감을 앞세우거나, 협업의 경험이 부족해 문제가 생기곤 한다. 가치 측정 및 파트너십은 기업의 현 위치를 파악하고, 대내외 이해관계자들과 진행상황을 공유해 커뮤니케이션을 원활히 하는 데 도움을 준다.

한편 이 장을 마무리하면서, 성공적인 CSV 전략의 수립·실행을 위해, 이제까지 논의한 내용을 열 가지 모듈로 나눠 살펴볼 것이다.

# 1

## 측정할 수 없으면
## 개선할 수 없다

최근 사회 곳곳에서 사회적 가치 혹은 그와 관련된 측정 및 평가 논의가 한창이다. 2017년 초 '임팩트 투자 세계 포럼Impact Investing World Forum 2017'에서 GIINGlobal Impact Investing Network의 디렉터 피터 말릭Peter Malik은 '임팩트 측정의 비즈니스적 가치'라는 주제로 발표했는데, 사회적 가치 측정이 비즈니스 가치를 창출하기 위한 투자 및 경영 상의 의사결정에 중요한 정보로 활용될 수 있음을 강조했다. 그리고 2016년 '지속가능한 브랜드Sustainable Brands' 컨퍼런스는 기존의 브랜드 가치 평가 방법을 넘어, 브랜드의 사회적 가치와 관련된 측정을 논의하자는 '뉴메트릭New Metric'을 메인 주제로 선정했다. 또 포터와 크레이머의 FSG가 주최하는 '공유가치 리더십 서밋'은 이미 2013년부터 '공유가치 측정'이라는 주제를 중요하게 다뤄왔다. 이러한 사회적 가치, 더 구체적으로는 CSV 성과 측정에 대한 관심은 지나가는 유행이 아니라, 이미 이 분야의 피할 수 없는 주제이자 성공을 위한 기반으로 인정되고 있다.

우리나라도 예외는 아니어서 수년 전부터 영리조직·비영리조직·정부 등에서 어떻게 사회적 가치를 측정할 것인가를 자주 논의했다. 특히 최근 공공기관 평가에 사회적 가치를 도입했고, 사회적 가치를 다양한 영역에 적용하기 위해, 그 기반이 되는 '사회적 가치 기본법'이 준비 중이다. 소셜벤처에 투자하기 위한 정부 관련 기금이 사회적 가치에 대한 보고를 고려하고 있는 것도 그 일환이다. 이에 힘입어 다양한 영리·비영리 조직 역시 사회적 가치를 측정·평가하는 방안을 고안하고 있다.

### 산출보다는 성과

세스 고딘Seth Godin은 '대부분의 조직에서 측정하는 것은 개선된다'고 하며, '측정은 기막히게 좋은 것'이라고 말했다. 같은 맥락에서 CSV 실행 과정을 관리할 수 없으면 CSV에 성공할 수 없다. 전략 없이 그리고 측정 없이 성공을 바라는 것은, 표류하던 배가 저절로 목적지에 도달하기를 기다리는 것과 같다. CSV는 그저 실행에 의의가 있는 것이 아니라, 잘해서 좋은 결과를 내야 하는 것이다. 그 실행 과정을 관리하고, 성과 측정용 핵심지표를 설정하고, 책임 인력을 배치하는 일이 그래서 중요하다.

성과 측정은 관리에 도움이 될뿐더러 이해관계자들과의 소통에서 큰 역할을 한다. 주주나 내부 임직원은 물론, 사회적 가치와 관련된 다양한 이해관계자가 존재할 것이다. 이렇게 다수의 복잡한 이해관계에서 일을 추진하려면 상호 합의가 가능한 지표와 그에 따른 측정이 필요하다.

CSV 성과 측정 방법을 자세히 살펴보기에 앞서, 짚고 넘어갈 부분이 있다. CSV 성과 측정은 종래 지속가능경영이나 CSR 관점의 평가·보고 지표체계와 다르다. 대체로 기존 체계는 GRI<sup>Global Reporting Initiative</sup>의 방향을 따른다. 그런데 이는 책임을 다하고 있다는 것을 이해관계자들이 판단하고 감시하기 위해 존재하는, 매우 포괄적인 정보를 다루는 지표체계다. 이러한 정보를 평가하는 기관은 대체로 '무엇을 했다' 혹은 '하지 않았다', '정보가 있다' 혹은 '정보가 누락되었다' 정도의 수준에서 판단하며, 그 증가세나 감소세에 점수를 준다. 물론 최근에는 적극적으로 지표를 활용해 평가하려는 기업이 늘고 있지만 여전히 상당수는 논리모형<sup>logic model</sup>에서 투입<sup>inputs</sup>·활동<sup>activities</sup>·산출<sup>outputs</sup>에 집중하며, 성과<sup>outcomes</sup>·임팩트<sup>impact</sup> 수준의 논의에는 이르지 못하고 있다(그림 50). 또한 국내 지속가능 경영 보고서의 상당수는 다우존스 지속가능지수 점수에 연연할 뿐, 실제 기업에서 해당 지표들을 능동적으로 관리하고 있다고 보긴 어렵다. 물론 이는 본질적으로 측정이 최소한의 책임이고 다양한 이해관계자와의 소통을 위한 정보이기 때문이다.

본질적으로 CSV가 전략이라는 점에 착안하면, CSV 성과에 대한 측정·평가는 더 효율적이고 실제적인 목적에 기반해야 한다. 여기서는 '투입'이나 직접적인 '산출'보다도 실질적인 '성과'가 중요하다. 물론 투입이나 산출에 대한 관리도 필요하고 이에 대한 측정도 실행해야 하는 것은 당연하다. 그러나 우리가 원하는 것은 결국 '성과' 단계 이상의 변화다.

이와 관련해, CSV 성과 측정은 사회적 가치가 어떻게 비즈니스 성과로 이어지는지 그 인과관계를 반영해야 한다. 따로 떨어져 있는 사회적 가치와 경제적 가치는 쓸 만한 정보를 주지 않는다. 사회적 가치만 열심히 측정하면 정작 확인이 필요한 비즈니스와의 연계성을 알 수 없다. 따라서 사회적 가치가 어떻게 다른 사업지표와 연결되는지를 반드시 확인할 수 있어야 한다. 이 측정은 기업이 CSV 전략을 수행하는 과정에서 정보를 생성하고 관리해 더 나은 결과를 얻기 위한 것임을 명심해야 한다.

한편 한국에서 CSV 성과를 제대로 측정하는 기업도 대개 관련 정보를 모두 공개하지는 않고 있다. 전략은 사업의 요체이니, 그 결과를 자랑할 수는 있으나 기밀을 공개할 수 없는 것이 당연하다. 그래서 CSV 성과를 내부에서 세밀하게 측정하거나 평가해도 외부에 공개되는 내용은 지극히 한정적인 경우가 많다. 혹은 그 시기를 의도적으로 지연하는 경우도 있다.

### 측정을 위한 기본틀

CSV는 기업이 창출하는 사회적 가치와 비즈니스 가치가 결합되는 전략이다. 따라서 실질적인 사회성과 가치 창출에 대한 평가, 그리고 이를 비즈니스 가치로 전환하는 것에 대한 이해가 전체 평가에 들어가야 한다. FSG는 〈공유가치 측정Measuring Shared Value〉(2012)을 발표하며 공유가치 측정에 대한 논의를 정리한 바 있다. 이 연구는 공유가치 측정을 (1) 목표로 하는 사회문제에 대한 정의 (2) 비즈니스 케이스 설계 (3) 성과 추적 (4) 결과 측정과 통찰을 통한 새로운 가치 발견, 이상의 4단계로 정리했다(그림 51). 이 모델은 구체적인 측정 방법을 설명하고 있지는 않다. 그러나 공유가치 측정이 비즈니스 성과와 사회적 성과에 관한 '통합적' 측정이며, 측정 자체에 전략 수립이 포함돼 있음을 제시한 점에서 의의가 있다.

이 연구는 세계 곳곳에서 CSV에 대한 관심과 이해가 높아지고 있으나, 현실에서 어떻게 실행하고 측정할지에 대해 아직 미숙하다는 문제의식에서 출발한다. 사회적 가치는 CSV의 주체인 기업에 매우

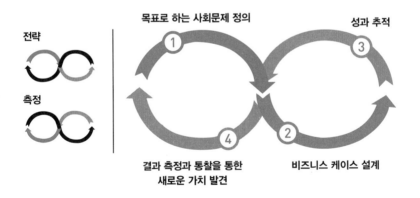

**그림 51. FSG의 공유가치 측정 4단계**

출처 : Porter, Michael E., Greg Hills, Marc Pfitzer, Sonja Patscheke, and Elizabeth Hawkins. 2011. "Measuring Shared Value: How to Unlock Value by Linking Social and Business Results." FSG.

생소한 영역일 수밖에 없다. 비영리조직이나 정부 그리고 사회적 기업에서 상당한 성과를 내고 있기는 하다. 그러나 일반 기업에서 사회적 가치를 창출하고 측정하는 일은, 기업 회계나 재무의 발달 수준에 비해 미숙한 것이 분명하고, 지금까지 기업에서는 관련 데이터 자체를 축적할 이유도 거의 없었다. 따라서 기업은 비즈니스와 사회적 영역이 상호 의존적임을 인식하고, 현장의 데이터를 수집하는 데서부터 시작해야 한다.

그런데 CSV 측정에서 사회적 가치의 측정은 비즈니스 성과의 측정과 연계된다. 이 연계란 인과관계일 수밖에 없다. 즉 우리는 비영리조직이나 정부 혹은 사회적 기업을 중심으로 발전해온 사회적 가치에 대한 측정과, 기업을 중심으로 발전해온 비즈니스 성과에 대한 측정을 결합할 뿐만 아니라, 그 사이의 인과관계에 대한 이해를 높일 필요가 있다.

예를 들어 저소득 농민의 문맹퇴치를 위한 활동과 그 농민들이 재배하는 고품질 농산물의 생산성 제고는 깊은 연관성을 가진다. 특히 전략적으로 그 효과가 증대될 수 있는 환경의 농민을 찾고 거기에 적합한 문맹퇴치 방법, 생산성 제고를 통한 이익 증대 솔루션도 확보한다면, 결국 문맹퇴치 활동이 이익 증대로 이어지는 것이다. 여기에는 기본적으로 사회문제가 비즈니스 경쟁력에 미치는 경로의 논리적 가능성을 이해하는 것, 그리고 통계적 검증을 통해 설명력이 충분한지를 확인하는 과정이 필요하다. 네슬레와 바스프 등 CSV를 적극 추진하는 조직은 이런 데이터를 수집하고 분석하는 데 노력을 아끼지 않는다. 다만 여전히 명확한 해법을 찾은 단계는 아니다.

## 어떻게 사회적 가치를 측정할 것인가

사회적 가치의 측정은 어떠한 사회문제가 특정 개입에 의해, 긍정적인 방향으로 얼마나 변화했는지, 그 변화의 크기를 측정하는 활동이다. 문헌상으로 보면 1950년대부터 시작됐지만 20세기 후반에 들어서 '환경영향의 감소'라든지 '취약계층의 자립' 등을 위주로 구체적인 측정 방법이 개발되었다.

이후 사회적 기업이 사회문제 해결의 중요한 주체로 발돋움하면서, 그 활동이 사회문제를 얼마나 완화·해소·해결했는지를 측정하려는 노력이 계속되었다. 그 결과, 현재 다양한 측정 및 평가 방법이 발전하고 있다. 예컨대 로버츠재단REDF, Roberts Enterprise Development Fund이 '취약계층의 자립'과 관련해 제안한 SROISocial Return On Investment는 방법론으로서 한계를 지적받았지만, 최근 '사회적 가치 회계'에 관한 방안들에 지대한 영향을 주고 있다. B랩B Lab의 'B 레이팅B Rating'이나 GIIRSGlobal Impact Investing Rating System, PwC의 TIMMTotal Impact Measurement & Management 등도 어느 정도 자리를 잡아가는 평가 도구 혹은 방법이다.

SVT그룹은 사회적 가치 측정 분야를 선도하는 기업이다. 이곳의 설립자 사라 올슨Sara Olsen은 사회적 가치 측정 방식을 두 가지로 분류했다. 하나는 화폐적 표기 등 개별 지표의 정량수치로 사회적 가치를 환산하는 '사회적 가치 회계'를 추구하는 방식이고, 다른 하나는

'문항 답변'을 통해 등급 점수를 합산하고 총점 대비로 제시하는 방식이다. 전자는 전문인력이 수행해야 하기 때문에 상당한 시간과 비용이 들지만, 정보가 풍부해 다양한 소통·관리에 적합하다. 후자는 보통 질문지 방식으로 제공되기 때문에 비용이 덜 들고 짧은 시간 안에 수행할 수도 있지만, 정보들이 점수로 축약되기 때문에 사회적 가치의 제고를 위한 관리에는 한계가 있다. 이 두 가지 방식은 각각 발전하고 있다. 다만 화폐가치라는 명확한 가이드가 있는 기업 회계조차 발전하기까지 상당히 오래 걸렸음을 고려하면, 사회적 가치 측정 분야가 충분히 성숙하는 데는 더 많은 투자와 기다림이 필요할 것이다.

최신 흐름은 IMP<sup>Impact Management Project</sup>라는 포트폴리오 관리 표준화 움직임, IRIS 지표세트의 도입, KII<sup>Key Impact Indicator</sup>의 활용 등으로 간추릴 수 있다. 먼저 IMP는 글로벌 임팩트 투자 흐름이 성숙해짐에 따라, 로널드 코언<sup>Ronald Cohen</sup>이 주도하는 GSG<sup>Global Steering Group for Impact Investing</sup>가 글로벌 임팩트 투자자를 하나의 네트워크로 엮는 가능성을 보여주며 시작되었다.

다양한 투자운영조직에 기금을 투입하는 대규모 자금은, 너무나 다양한 조직과 프로젝트의 사회적 가치의 대상이 된다. 예를 들어 A재단이 1조 원을 100억 원씩 100곳의 투자운영조직에 제공하고, 각 투자운영조직은 10억 원씩 10곳의 피투자조직이나 프로젝트에 집행했다고 가정하자. A재단은 약 1000개의 투자 건에 대한 임팩트를 보고받게 된다. 이때 '어떤 사회문제에 대해 우리의 투자가 기여하고 있고 그 성과는 어찌 되었다'라는 것을 해석하고, 투자의 효율성을 제고할 보고·관리 프레임워크가 필요해진다. 말하자면 IMP는 그런 프레임워크를 구성하려는 노력으로서, 전 세계 중요 임팩트 투자 및 평가 관련 조직이 대부분 이 움직임에 동참하고 있다. 이 활동이 잘 진행된다면 몇 년 뒤에는 글로벌 공통의 보고·관리 프레임을 사용할 수 있을지 모른다.

또 다른 흐름은 IRIS로 대표되는 KII 활용방식의 확산이다. 한때 연역적 접근법(이론과 논리에 근거하는 것)에 따른 사회적 가치 평가의 표준화가 실패를 거듭하자, 전 세계의 평가 사례를 모두 모아 하나의 수렴되는 표준을 만들겠다는 귀납적 접근법이 대두된 것이다. KII 방식은 매우 현실적이다. 사회적 가치의 측정과 평가는 결국 그 목적에 맞는 정보를 제공하기만 하면 된다는 것이다. 만일 내부적인 측정·평가의 목적이 사회적 가치를 제고하려는 것이라면, 제고하고자 하는 사회적 가치 항목 몇 개에 대해서만 그 내부의 관점을 넣은 지표로 측정하면 된다. 굳이 측정의 엄밀성을 외부에 증명할 필요도, 다른 사회적 가치는 왜 측정하지 않느냐는 지적을 깊이 고려할 필요도 없다.

이런 식으로 지표를 선정하고, 그 지표를 중심으로 성과를 평가하는 것을 'KII 활용 방식'으로 통칭할 수 있다. 이런 합의된 지표를 KII라고 하는데, 표준화 지표가 마련되지 않은 당장의 한계를 효율성과 합목적성에 기대어 극복하려는 노력이다. IRIS는 이때 사용할 만한 여러 지표들을 실제 활용 사례를 바탕으로 모아놓은 지표 데이터베이스다. 임팩트 투자 유치가 측정의 주 목적이라면, 투자자와 협의해 측정할 사회적 가치를 정하고 IRIS에서 적합한 지표를 찾으면 된다.

# 가치 흐름에 따른 CSV 성과 측정 모델

사회적 가치의 측정과 기업에서 이미 잘 수행하고 있는 사업의 성과 측정을 어떻게 연결할 수 있을까? 각각의 가치에 대한 측정은 기존 측정 방식을 차용할 수 있다. 그러나 그 사이사이의 연결관계에 대해서는 CSV 전략의 고유한 가치 흐름에 따라 측정 방식을 고안해야 한다.

여기서는 'CSV 가치 흐름에 따른 성과 측정 모델'을 제안하고자 한다(그림 52). 이 모델*은 (1) 사회문제 (2) 그 사회문제를 얼마나 해결했는지에 대한 사회적 가치 (3) 고객가치 (4) 기업활동의 결과로 얻어지는 경제적 가치, 이상의 네 가지 요소와 각 요소 간의 인과관계로 이루어진다. 즉 기업이 해결하려는 사회문제의 현황을 점검하고,

---

* SCE 모델에 대해서는 3장 참조

**그림 52. CSV 가치 흐름에 따른 성과 측정 모델: 네슬레 코코아 플랜**

기업이 전략적으로 창출한 사회성과를 측정한 뒤, 이것이 기업의 고객가치 혹은 시장경쟁력으로 어떻게 연결되는지, 그리고 최종적으로 기업의 경제적 가치에 어떻게 기여하는지에 대한 가치 추적이며 평가인 것이다.

이때 사회적 가치가 창출되는 과정을 잘 이해하고 분석하면, 어떤 지표(사회적 가치)가 기업 수익이나 기업가치 창출을 위한 시장경쟁력 확보에 기여하는지 파악할 수 있다. 즉 사회적 가치와 사업적 성과의 핵심 인과 요인을 규명함으로써, CSV 성과를 측정·분석하는 것이다.

네슬레의 '코코아 플랜Cocoa Plan'을 이 모델에 적용해보자. '코코아농가의 소득 증대'가 사회적 가치라면, 그 가치를 견인하는 요소는 '코코아농가의 생산성 증대'다. 그런데 이 요소가 네슬레의 수익 창출에도 기여한다. 회사는 농민의 기술력 제고 등 다양한 투자를 통해, 코코아농가의 생산성을 높이고, 그 결과 경쟁력 있는 품질·가격의 코코아를 확보하게 되는 것이다.

이해를 위해 또 다른 예를 보자. 한국의 딜라이트가 출시한 34만 원의 최소 사양 보청기는 수익 창출에 기여한 것은 물론, 시장점유율을 극적으로 높였다. 나아가 75만 원 수준이던 기존 시장의 최소 사양 보청기를 혁신적으로 대체했으며, 보청기 가격이 당시 저소득 난청 인구에 지급되던 바우처 금액과 동일해 이들의 보청기 접근성에도 기여했다. 이는 사회적 가치와 사업적 성과를 동시에 달성할 수 있는 '34만 원'이라는 가격이 일종의 새로운 저가상품 세그먼트를 창출한 결과라 할 수 있다.

### 성과 측정과 관리를 위한 제언

CSV를 도입한 국내 기업 대다수는 아직 측정과 그 측정에 기반한 관리를 제대로 실행한 경험이 없다. 그러나 이 측정이 제대로 이뤄지지 않는다면, CSV에 드는 상당한 노력과 그 성과를 관리할 핵심적인 도구를 잃는 것과 다름없다. 측정을 제대로 이해하는 것이야말로 CSV 전략 수립 단계부터 미래를 추정하고, 이에 맞게 구체적 전술을 설계하는 역량을 키우는 일이다.

CSV 성과 측정을 잘하려면 당연히 CSV 전략과 그 수행 프로그램을 잘 설계해야 한다. 또 설계를 할 때 이미 측정까지 함께 고려해야 한다. 사후적인 성과 측정도 불가능하지는 않지만, 상당한 사전 정보(혹은 과정상의 정보)가 누락될 수밖에 없기 때문에 오히려 더 많은 투자가 필요해진다.

마지막으로 CSV 성과 측정은 대외적인 표준이나 이론적 엄격성보다는 각 기업의 적합성에 초점을 맞춰야 한다. 지속가능경영이나 CSR 식의 어떤 기준치를 넘어야 하는 표준적 평가와 달리, 실제로 얻어지는 사업적 성과가 중요한 부문이기 때문이다. 때문에 성패 요인을 분석하기 위한 개별화 과정이 매우 중요하다.

2018년 5월 '공유가치 리더십 서밋'에서 마이클 포터는 이런 측정·평가가 불가피함을 강조했다. 무엇보다 이미 투자자들은 준비되어 있기 때문이다. 투자자들은 이제 CSV가 새로운 가치와 기회를 창출한다는 사실에 상당히 공감하고 있으며, 그 부문에 투자하기를 원한다. 실제로 '공유가치 리더십 서밋'에는 몇 년 전부터 세계 최대 자산운용사 블랙록Blackrock이나 유명 투자은행 골드만삭스Goldman Sachs의 최고위 임원이 참여하고 있다. 포터는 그들과 이야기하기 위해서라도 각 기업이 그저 멋진 아이디어를 만들어내는 수준에서 벗어나야 한다고 말한다. 그런 아이디어를 완전한 전략으로 개발해내고, 측정을 기반으로 미래를 예측하면서 과거를 평가할 수 있어야 한다는 것이다.

### Case Study. 세멕스의 '오늘을 위한 기금'

실제로 CSV 측정은 어떻게 이뤄지는가? 세멕스CEMEX의 'Patrimonio Hoy오늘을 위한 기금' 사례를 통해 그 과정을 자세히 알아보자. 세멕스는 1906년에 설립되어, 세계 50여 개국에서 생산 설비를 운영하는 세계적인 건축자재 공급 및 시멘트 생산 기업이다. 2012년 기준으로 매출은 15조 원, 임직원 수는 약 5만 5000명이었다. 세멕스는 일찍부터 유통인프라에 투자함으로써 가격경쟁력을 얻었다. 넓은 멕시코 국토를 아우르는 효율적인 배급망 구축, 중앙의 꼼꼼한 관

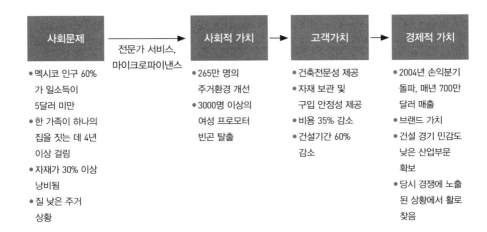

| 사회문제 | | 사회적 가치 | 고객가치 | 경제적 가치 |
|---|---|---|---|---|

전문가 서비스,
마이크로파이낸스

- 멕시코 인구 60%
  가 일소득이
  5달러 미만
- 한 가족이 하나의
  집을 짓는 데 4년
  이상 걸림
- 자재가 30% 이상
  낭비됨
- 질 낮은 주거
  상황

- 265만 명의
  주거환경 개선
- 3000명 이상의
  여성 프로모터
  빈곤 탈출

- 건축전문성 제공
- 자재 보관 및
  구입 안정성 제공
- 비용 35% 감소
- 건설기간 60%
  감소

- 2004년 손익분기
  돌파. 매년 700만
  달러 매출
- 브랜드 가치
- 건설 경기 민감도
  낮은 산업부문
  확보
- 당시 경쟁에 노출
  된 상황에서 활로
  찾음

그림 53. '오늘을 위한 기금'의 단계별 측정치

리를 통한 제품 배송은 세멕스의 성공 요인으로 꼽혀왔다. 이 회사가 진행한 CSV 프로젝트인 '오늘을 위한 기금'의 각 단계별 측정치를 보면 〈그림 53〉과 같다.

세멕스는 소득과 건축전문성이 낮아 열악한 주거환경에 살아가는 멕시코 서민에게, 전문가의 지원과 정보를 제공하고 '계' 방식의 마이크로파이낸스microfinance로 자금을 투여했다. 그 결과, 약 265만 명의 주거환경이 개선됐고, 이 과정에 참여한 여성 프로모터 약 3000명이 빈곤선을 탈출할 만한 소득을 얻었다. 이 사회적 가치를 창출하는 경쟁력은 그대로 고객경쟁력이 되었다. 사회적 가치의 수혜자와 실구매자가 같기 때문이다. 건축비용을 35퍼센트 줄이고 건축 기간을 60퍼센트 단축했으며, 자재 보관 및 구입의 안정성을 대폭 높인

이 서비스는 고객의 선택을 받을 수밖에 없었다. 그리하여 곧 손익분기를 돌파하고 핵심 사업부문으로 자리 잡는 데 성공했다.

각 단계의 지표를 연결해보면 얼마나 비용을 줄이고 기간을 단축했는지를 알 수 있다. 또한 그것이 사회적 가치와 고객가치를 유발한다는 점도 확인할 수 있다. 이는 곧 경제적 가치로 이어진다. 요컨대 이 프로젝트에서 경제적 가치인 시장점유율이나 창출되는 수익은 사회적 가치의 창출을 '통해서' 나타난 결과다.

### Case Study. 수퍼빈의 측정 사례

수퍼빈SuperBin은 일반 기업이 아닌 소셜벤처다. 그런데 소셜벤처의 전략 메커니즘도 대체로 CSV 전략의 메커니즘과 동일하기 때문에, 수퍼빈의 성과 측정 과정과 결과를 이해하는 것은 큰 도움이 된다.

현재 국내 쓰레기 처리는 각 지방자치단체가 운영하는 선별장에서 분류하여 재활용하는 것이 원칙이다. 그러나 대도시에서는 폐기물 배출량이 해당 지역 선별장의 처리 가능 용량을 훨씬 초과한다. 이런 상황에서 원칙적으로는 새로운 선별장을 설치해야 한다. 그런데 선별장은 기피시설이라 지역주민의 반대에 부딪히는 경우가 많으며, 건물을 짓고 설비를 확충하는 고정비용이 상당하다. 실제로 쓰레기를 선별하지 않고, 민간 위탁업체에 비용을 주고 처리하게 하는 경우가 매우 많다. 민간 위탁업체에서 선별을 거치기도 하지만, 대개 중국에 폐기물을 팔거나 고형연료SRF로 만들어 판매하고 있다.

수퍼빈은 '네프론'이라는 인공지능 기반 재활용 폐기물 자동수거 장비RVM, Reverse Vending Machine를 제조·운영한다. 페트병이나 캔이 제대로 선별되지 못해 재활용되지 않고 버려지면, 일반적으로 다른 재활용 불가능한 폐기물과 함께 분쇄되어 폐기물 고형연료로 만들어져 소각된다. 물론 이렇게 소각되더라도 화석연료를 태우는 것보다 낫겠지만, 미세먼지나 독성물질 문제가 여전히 남는다. 이런 페트병이나 캔이 제대로 선별 수거되어 다른 제품을 만드는 데 재활용된다면, 폐자원을 처리할 때 쓰는 화학물질 사용을 억제하고, 새로운 제품을 만드는 데 불필요한 자원을 낭비하지 않아도 될 것이다.

여기서 수퍼빈이 창출하는 사회적 가치는 크게 두 가지다. 하나는 폐기물 선별장이 부족해 선별되지 못한 채 고형연료로 태워지는 경우를 줄여, 환경오염 저감에 기여하는 것이다. 또 하나는 지방자치단체가 운영하는 선별장 용량 초과분을 민간에 맡기는데 소모되는 비용을 줄일 수 있다는 것이다. 정부 입장에서는 환경오염 저감과 세출감소를 동시에 만족하는 해법인 셈이다. 따라서 기존 민간위탁을 통한 쓰레기 처리에 비해 충분히 경쟁력 있는 방법으로 보인다. 이는 단기적으로는 민간위탁 처리를 대체함으로써 매출이 증가할 것이고, 장기적으로는 선별장의 추가 설립·운영을 대체하는 수준까지 이를 수 있을 것이다.

수퍼빈의 고객이 된 어느 지방자치단체는 그간 연간 40억 원이 넘는 비용을 지출해 선별장 용량 초과분을 민간에 위탁해왔다. 그럼에도 여전히 상당 부분은 재활용되지 않고 매립·소각되고 있어 환경오염을 피할 수 없었다. 수퍼빈은 이 지방자치단체에 네프론을 제공했다. 네프론은 매달 한 대당 약 500킬로그램의 재활용품을 선별해낼 수 있다.* 이때 선별되어 재활용하게 되는 캔이나 페트병은 소각·매립될 때보다 평균 1킬로그램당 약 450원에 해당하는 환경오염을 저감한다. 즉 한 대당 한 달에 약 23만 원의 환경적 가치를 창출할 수 있다.

한편 세출의 경우 평균적인 민간위탁 비용보다 약 66퍼센트의 저감 효과가 있었다. 물론 이는 네프론이 수년간 유지·보수되고 지역 규모에 따른 설치 대수 등이 정확하게 측정되어야 확인 가능하겠지만, 이를 고려하더라도 상당한 세출 감소 효과가 있을 것으로 예상된다. 2018년 상반기 기준으로 두 가지 사회적 가치를 합산해 측정하면 전체 매출액 대비 43퍼센트 수준임을 확인할 수 있다.

직접고객인 지방자치단체 입장에서는 지역의 환경오염 저감량은 지표가 되기에 충분하다. 다만 직접적인 유익으로 측정·관리되는 지표라기보다 명분이나 국가단위의 과제와 맞물리는 지표다. 지방자치단체에 네프론의 경쟁력을 더 확실하게 제시하는 요소는 세출 감소다.

지방자치단체가 민간위탁에 약 40억 원을 지출할 당시 그 가운데 약 30퍼센트가 캔과 페트에 대한 처리 비용이었다. 같은 처리 규모라면 네프론은 약 110대가 설치되어야 한다. 이때 네프론 구입에 약

---

* 네프론의 처리가능 용량은 이보다 크지만, 2018년 현재에는 내부 정책상 네프론에 모인 순환자원 수거를 하루에 1~2회 수준으로만 진행하고 있다. 이후 수거 정책 등이 상향되면 대당 수거량이 늘어날 수 있다.

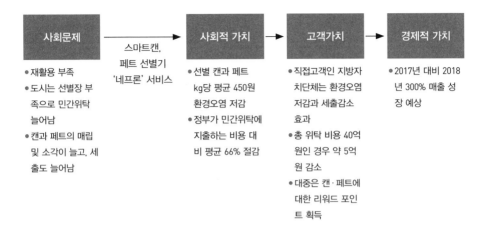

**그림 54. 슈퍼빈의 단계별 측정치**

| 사회문제 | → 스마트캔, 페트 선별기 '네프론' 서비스 → | 사회적 가치 | → | 고객가치 | → | 경제적 가치 |
|---|---|---|---|---|---|---|

- 재활용 부족
- 도시는 선별장 부족으로 민간위탁 늘어남
- 캔과 페트의 매립 및 소각이 늘고, 세출도 늘어남

- 선별 캔과 페트 kg당 평균 450원 환경오염 저감
- 정부가 민간위탁에 지출하는 비용 대비 평균 66% 절감

- 직접고객인 지방자치단체는 환경오염 저감과 세출감소 효과
- 총 위탁 비용 40억 원인 경우 약 5억 원 감소
- 대중은 캔·페트에 대한 리워드 포인트 획득

- 2017년 대비 2018년 300% 매출 성장 예상

25억 원이 필요하지만 5년간 유지되는 내구도를 갖고 있어 실제 해당 연도에 들어가는 비용은 약 5억 원 수준이다. 그리고 한 대당 운영 비용은 한 달에 15만 원 남짓이어서 연간으로 따진다면 총 네프론 운영 비용은 약 7억 원이다.[*] 결국 지방자치단체는 캔과 페트병을 처리하는 데 사용한 비용으로 추정되는 약 12억 원 중 약 5억 원인 43퍼센트의 세출을 절감하는 셈이다. 지방자치단체로서는 충분히 매력적인 조건이다. 따라서 슈퍼빈은 이런 환경오염 저감 효과와 세출 감소 효과를 사업의 경쟁력으로 삼아 지속적인 성장을 도모할 수 있다. 이제 막 솔루션을 상용화하는 소셜벤처이기 때문에 대규모 매출이나

---

[*]  월별 관리비용 15만 원은 2018년 한 지역/지자체 내 100대 운영 기준으로 추후 서비스 진행상황에 따라 월별 비용이 상승할 가능성이 있다.

수익을 기록하지는 않았지만, 수퍼빈은 빠르게 성장하고 있다.

## Case Study. SK그룹의 측정 사례

SK그룹은 사회적 가치를 측정하는 일을 가장 오랫동안 추진해온 국내 기업이다. 2012년부터 외부 전문기관인 한국임팩트평가*와 함께, SK그룹의 지원·투자를 받는 사회적 기업의 사회적 가치를 측정하기 시작했고, 2015년부터 사회성과인센티브SPC 제도를 도입해 외부 사회적 기업의 사회적 가치를 평가하고 그중 일부를 현금으로 보상해주고 있다.

2014년부터는 주요 계열사의 대표적인 사회공헌 프로그램의 사회적 가치 측정도 시도했다. 2017년 이 움직임이 더 추진력을 얻어 몇몇 관계사의 활동에 대한 사회적 가치를 측정하는 체계를 구체적으로 마련하기 시작했다.

대표적으로 SK하이닉스는 2017년부터 사회적 가치를 측정하는 일종의 회계 시스템을 도입했다. 경제적 이익을 기록하는 기존 회계 시스템에, 사회적 가치를 측정한 재무제표도 추가로 기록하는 방식이다. 예를 들어 전기를 아끼는 저전력 반도체, 장애인 고용 등을 사회성과로 기록한다. 반대로 법위반이나 과태료 등은 '사회적 비용'으로 기록된다.

이런 사회적 가치 체계는 그룹 전체에서 DBL^Double Bottom Line이라

---

• 2015년 이후 임팩트스퀘어로 통합되었다.

는 이름으로 구성되었다. 사회적 가치를 크게 비즈니스 기반 성과, 국민경제 기여 성과, 사회공헌 사회성과라고 발표했다. 이후 이런 체계는 조금씩 수정·발전되어 2018년 몇몇 주요 관계사의 성과가 외부에 공유되기도 했다. SK하이닉스는 2018년 〈지속가능경영 보고서〉에서 2017년 7조 866억 원의 사회적 가치를 창출했다고 발표했다. 이런 본격적인 시도는 국내뿐만 아니라 전 세계적으로도 찾기 어려울 만큼 의미 있다.

그러나 SK그룹의 측정에도 여전히 개선할 점이 남아 있다. 그간 지적되어 온 임금·법인세·배당금 등을 모두 사회적 가치에 포함했다는 점은 그룹의 내부적인 합의에 의한 것이라고 이해할 수 있다. 그러나 긍정적인 사회적 가치는 매우 작은 부분까지 측정하면서도 부정적인 부분(예컨대 이미 사용하고 있는 에너지의 환경 영향 등)은 포함하지 않거나 매우 제한적으로만 포함한 점은 세계적 흐름과는 다소 차이가 있다. 사회적 가치 측정은 그 자체가 목적이 아니라 관리와 혁신을 위한 정보를 생성하는 과정이다. SK그룹이 주장하는 '사회적 가치 창출을 통한 비즈니스 모델 혁신'이 측정을 통해 제고되지 않는다면 외부에서 진정성에 의문이 제기될 것이고 내부적으로 과도한 에너지 낭비로 그칠 위험이 있다.

최근 SK그룹 내부에서도 이를 염두한 개선책을 만들어 가고 있다. 예를 들어 2018년 SK하이닉스는 2022 ECO 비전이라는 환경 목표를 발표하기도 했다. 단순한 측정에 그치지 않고 목표를 가진 관리 정보로서 측정결과를 활용하겠다는 의지가 확인된다. 또한 사회적 가치 측정에 대한 위원회를 구성하여 지속적인 개선의 논의를 이어가고 있다. 그래서 일부 한계에도 불구하고 많은 사회적 가치 전문가들이 SK그룹의 행보에 많은 기대를 걸고 있다.

# 3

# 멀리 가려면 함께 가라

오늘날 파트너십은 기업경영에서 조직의 유연성을 높이는 혁신의 핵심 요소로 강조되고 있다. 사회적으로도 유엔이 과거, 새천년발전목표<sup>MDGs</sup>*에 이어 지속가능발전목표<sup>SDGs</sup>에서도 파트너십을 강조했을 만큼 중요하게 여겨지고 있다. 이처럼 비즈니스 맥락이건 사회문제 해결의 맥락이건 하나의 조직이 가진 전문성과 자원은 분명 한계가 있기에, 다양한 조직과 협업할 필요가 있다. CSV의 실행에서도 마찬가지다. 더군다나 사회적 가치 창출과 비즈니스 가치 창출, 두 가지 가치 창출 활동이 긴밀하게 연결된 CSV를 실행할 때는 파트너십이 더욱 요구된다.

---

● 새천년발전목표(MDGs, Millennium Development Goals)는 2000년 9월 미국 뉴욕의 유엔본부에서 열린 유엔의 밀레니엄 정상회의에서 채택되었다. 지구상의 빈곤과 불평등을 줄이고자하는 여덟 가지 목표와 이를 실천하기 위한 21개 지표를 2015년까지 달성하려는 발전 계획을 말한다.

실제로 '공유가치 리더십 서밋'에서 파트너십에 관한 주제가 거의 매년 다뤄진다. 비영리조직과 기업, 정부와 기업, 기업과 기업 등 다양한 사례를 제시해, 파트너십 논의가 개념적인 수준을 넘어선다는 것을 잘 보여주고 있다. 나아가 이들 사례는 각자 역할을 따로따로 잘 수행하는 평면적인 협업이 아니라, 하나의 가치사슬을 구성하고 있는 경우도 많다. 예컨대 비영리조직이 사회문제 해결의 파트너로서 기업의 CSV에 참여하고 있다고 하자. 이 비영리조직이 사회문제를 제대로 해결해내야, 그 사회적 가치를 고객가치 제안으로 변화시키는 기업이 정상적으로 경쟁력을 확보할 수 있다. 이는 비영리조직과 기업이 후원 관계를 맺던 기존 방식과 상당히 거리가 있다. 사회문제를 해결하여 비즈니스 기회나 가치를 창출하려는 CSV 실행에서는 운명공동체로서 공동 목표를 가지며, 가치사슬이라고 말할 수 있을 정도로 활동의 연계 수준이 높다.

### 규모보다는 시너지

CSV 실행에서 협업 혹은 파트너십은 그저 비슷한 관심사를 가진 조직이 모여 힘을 발휘하려는 것에 그쳐서는 안된다. 저마다 강점을 활용해 불가능하던 문제를 해결하고 성과를 도출한다는 '시너지 창출'의 관점이 중요하다. 포터와 크레이머가 제시한 대표적인 협업 사례는 다음과 같다(그림 55).

| 기업명 | 사회문제 | 비영리단체 | 정부(본국) | 정부(해외) | 기업 | 지역 | 국내/해외 |
|---|---|---|---|---|---|---|---|
| 네슬레 - 네스프레소 에코레보레이션 | 낮은 삶의 질 | O | | | O | 아프리카 / 라틴 아프리카 | 해외 |
| 야라 인터내셔널 | 사회 기반 시설 | O | O | O | O | 모잠비크 | 해외 |
| 인도 유니레버 샥티 프로젝트 | 금융 자원 / 질병 | O | O | | O | 인도 | 해외 |
| 인텔 | STEM(과학·기술·공학·수학) 교육 | O | | O | O | 전세계 | 해외 |
| 올람 인터내셔널 | 탄소 배출 | O | | | O | 코트디부아르 | 해외 |
| 우르비 | 금융 자원 | O | | | O | 멕시코 | 국내 |
| 월마트 | 오염 | O | | | O | 미국 | 국내 |
| 코카콜라 | 물 사용 | O | | | O | 전세계 | 해외 |

그림 55. 포터와 크레이머 CSV 논문의 협업 사례

영화 〈오션스 일레븐Ocean's Eleven〉(2011)은 교도소에서 출소한 지 얼마 되지 않은 '대니 오션'이 사상 최대 규모의 카지노 털이를 위해 최고의 팀을 꾸려, 최첨단 보안장치를 뚫고 희대의 절도 사건을 성사시킨다는 것이 주 내용이다. 이를 위해 대니 오션은 카드의 달인, 천재 소매치기, 폭파전문가, 유연한 곡예사, 베테랑 사기꾼 등 카지노 털이에 필요한 각 분야 전문가를 불러 모은다. 이들은 처음에는 서로 다른 성장 배경과 자신의 전문성에 대한 긍지로 티격태격하며 의견 충돌을 겪지만, 팀의 리더 격인 대니 오션과 그 참모 역할을 하는 '러스티 라이언'의 조율을 통해 목표를 성공적으로 이루어낸다. 이 영화에서 이야기하는 협업이 CSV 실행에 필요한 종류의 파트너십이다.

이는 영화 〈어벤져스Avengers〉 시리즈와는 큰 차이가 있다. 〈어벤져

CSV 파트너십은, 헐크가 세 명만 있어도 어찌어찌 해결될 듯한 싸움에 헐크와 아이언맨과 캡틴아메리카가 등판하는 '어벤져스'와 다르다. 농구에서 최고의 가드만 다섯 명을 쓰지 않고, 축구에서 스트라이커 열한 명으로 팀을 구성하지 않는다. CSV 파트너십은 각자 포지션에 맞게 최고의 경쟁력을 갖춘 이들이 융합해, 혼자서는 아무리 노력해도 어려운 일을 결국 해결해내고야 마는 '오션스 일레븐'의 드림팀에 가깝다.

스〉의 헐크나 아이언맨 역시 협업으로 훨씬 더 강해지겠지만, 이 영화에 나오는 문제들은 헐크 열 명으로도 거의 다 해결할 수 있다.[*] 이 경우 머릿수가 중요하지 다양성과 긴밀한 협업이 중요하지는 않다는 얘기다. 그러나 우리가 마주하는 사회문제나 경쟁상황은 머릿수만으로 해결되지 않을 때가 더 많다. 그래서 〈오션스 일레븐〉의 주인공들처럼, 개개인이 결코 해결할 수 없는 문제를 각자 장점을 극대화하고 단점을 보완해가며 함께 해결해나갈 필요가 있다.

CSV 실행의 파트너십은 각기 다른 전문분야의 주체들이 복잡한 사회문제를 해결하기 위해 공동 어젠다를 가지고 함께 일하는 것으로 정의할 수 있다. 여기서 서로 다른 전문성을 가진 조직 혹은 개인

---

[*] 어벤져스의 시리즈가 최근 '어벤져스: 엔드게임(Avengers: Endgame, 2019)'까지 이어지면서, 어벤져스의 캐릭터 간 협업구조에도 변화가 있었다. 이전에 비해 상호보완적이고 시너지를 충분히 낼 수 있는 구조를 지향하고 있다.

이 함께 일을 해나가야 하는 이유는, 바로 단일 조직이 대규모 사회 문제에 대해 지속가능한 솔루션을 만들어내기가 쉽지 않기 때문이다. 그래서 개별 조직의 고립적 어젠다를 폐기하고 다른 조직과의 파트너십 속에서 새로운 어젠다와 비전을 설정하며 변화를 택하는 사례가 점점 늘고 있다. 이렇듯 사회문제를 해결하기 위해 홀로 고군분투한다면 투입한 노력만큼 유의미한 성과를 창출할 가능성이 점점 희박해지고 있다는 인식의 변화가 관찰된다.

CSV 실행의 전략성을 잘 설명하는 또 다른 개념으로 집합적 임팩트collective impact가 있다. 집합적 임팩트의 대표적인 사례로 꼽히는 '스트라이브 투게더Strive Together'를 통해 그 장점을 이해해보자.

'스트라이브 투게더'는 공교육의 질적 향상을 통해 교육 성과를 높이고, 대상 학생들의 상급학교 진학과 졸업 후 직업세계 진입을 돕는 것을 목표로 하는 프로젝트다. 미국 공교육의 질적 저하가 심각해지는 가운데, 더 많은 자금이 유입되고 여러 조직에서 각 지역문제를 해결하기 위해 노력 중이다. 그러나 '스트라이브 투게더'만큼 두드러진 성과를 내는 경우는 찾기 어렵다.

여기서는 전통적인 비영리조직들이 으레 하듯 이름만 거창한 새로운 교육 프로그램을 도입하거나 더 많은 기부금을 유치하는 방법을 취하지 않았다. 대신에 해당 지역사회를 기반으로 하는 사립 및 기업 재단, 시 정부, 관계 교육청, 대학교, 그리고 교육을 테마로 하는 여러 사회적 기업 및 비영리조직의 리더를 한데 모아 집합적 임팩트의 창출을 위한 조율 과정을 먼저 거쳤다. 각 조직이 수행하는 전문적 역할에 따라 이들을 15개 하부 그룹으로 분류하고, 정기적인 회의를 통해 공통의 목표 설정과 그 성과 측정 방법에 대한 합의를 이루었으며, 성과 분석 및 개선 방향에 대한 논의를 통해 각 조직의 역량을 최대한 레버리징하며 성과를 창출할 수 있는 방법을 도출했다. 조직 간의 역량과 성과를 최대치로 발휘할 수 있는 이니셔티브를 만들어낸 것이다. 그 결과, 학생의 학업성취도가 80퍼센트 이상 개선됐고, 고교 졸업률도 함께 상승하는 성과를 거뒀다.

'협력' 혹은 '공동작업collaboration'이라는 개념은 인류의 역사와 그 시초를 함께할 만큼 오랜 개념이다. 그렇다면 집합적 임팩트가 차별화된 새로운 패러다임으로 부상한 까닭은 무엇일까? 이를 이해하는 것이 CSV 실행에서 요구되는 파트너십의 특징을 구현하는 데 큰 도움이 된다. 존 카니아John Kania와 마크 크레이머는 집합적 임팩트의 달성 및 성공을 위한 조건으로 다섯 가지 요소를 제시한 바 있다. 즉 집합적 임팩트가 중앙집중형의 백본backbone 인프라와 전담인력, 공동 어젠다, 공동 평가 시스템, 지속적 커뮤니케이션, 상호 역량강화 활동을 갖추어야 실제 결과를 창출할 수 있다는 말이다.

이는 단순히 협업 자체에 의의를 두기보다는 실제 목표로 하는 문제해결을 위해 각자의 장점을 극대화하며 연계하여 공동의 목표를 달성하기에 적합한 조직 및 전략 구조를 마련하는 데 초점을 둔 것이다. 각 조직의 형태가 정부기관인지 학교인지 기업인지 비영리조직인지는 중요치 않다. 오히려 그런 다양성이 집합적 임팩트를 창출하는 데 도움이 될 것으로 여겨진다. CSV 실행에도 다섯 가지 요소를 적용할 수 있는데, 파트너십은 '같이 해서 좋다'는 수준이 아니라 '같이 하지 않으면 안 된다'는 수준의 필수적·전략적 추진의 구성 요소라 볼 수 있다. 다만 집합적 임팩트가 상정하는 '임팩트'는 사회적 가치인 경우가 대부분이다. 그러나 CSV 파트너십은 사회적 가치와 이로부터 창출되는 비즈니스 가치를 모두 고려하며, 기업은 비즈니스 가치가 궁극적인 목표다.

물론 CSV 실행에 참여하는 다양한 파트너십 조직들은 단일한 법인 틀에 법적 구속력만으로 결합되기보다는, 여러 주체가 각각 존재하지만 서로 문화적이거나 경제적인 관계에서 다층적으로 맺어진다.

CSV 실행의 관점에서 사례를 하나 더 살펴보자. 아프리카 코트디부아르에서 대부분의 코코아 원재료를 구매하는 세계적인 초콜릿회사 마즈Mars는 지역정부를 비롯해 NGO, 경쟁기업과도 파트너십을 구축했다. 이들은 약 50만 명의 코코아농가 가구의 삶을 개선하기 위한 프로젝트를 함께 진행했다.[*] 그 결과, 더 나은 영농기법이 가구들마다 도입되어 코코아 수확량이 단위면적당 세 배까지 증대되었다. 이 생산성 증가는 농가 가구의 소득 증가에 큰 영향을 미쳤고, 마즈는 당초 목표했던 공급망의 지속가능성을 확보할 수 있었다.

이 프로젝트는 농가 일자리를 확대하려는 코트디부아르의 주 정부, 도로 등 사회간접자본 투자에 나선 세계은행World Bank, 지역 NGO를 통해 코코아 생산 가구의 보건·영양·교육의 질을 높이려

---

[*] 마즈는 M&M, 스니커즈, 도브 브랜드 제품을 생산하는 세계 최대의 초콜릿회사다.

한 기부자들의 요구를 하나의 프레임워크에 녹인 것이다. 마즈의 비즈니스 가치와 코트디부아르 국가에 대한 사회적 영향을 창출한 뛰어난 프로젝트라 할 수 있다. 만약 이를 마즈가 단독 추진하려 했다면 개별 역량을 스스로 마련하기 위해 더 많은 자원을 투입해야 했을 것이다. 그때는 훨씬 더 큰 위험을 감수해야 한다.

경쟁사, 관련 지역정부, 농민들, 농민들을 지원하는 NGO 등은 경우에 따라서는 기업활동에 방해가 될 수 있는 잠재적 위험 요소다. 농민들이 마즈의 제안을 거절할 수 있고, 그것을 NGO가 조직적으로 비호할 수도 있다. 지역정부는 지역에 들어설 설비나 인프라에 대해 부정적인 의견을 내놓아 기업의 진입을 곤란하게 하거나, 경쟁사는 동일한 사업을 진행해 비용의 낭비 혹은 효과 저감을 유발할 수도 있다. 마즈는 다자간 파트너십 구조를 적극적으로 도입함으로써 이런 위험성을 낮추고 원하는 CSV 실행에 성공한 것이다.

### 사회적 기업과 파트너십

파트너십은 누구와도 맺을 수 있지만 그 시너지가 남다른 경우가 있다. 바로 '사회적 기업'과의 협업이다. 사회적 기업은 곧 사회문제 해결을 위해 비즈니스를 영위하는 조직이다. CSV가 사회문제 해결을 통해 비즈니스 기회나 가치를 창출하려는 전략이라면, '사회문제 해결'과 '비즈니스'라는 동일한 요소를 사회적 기업과 공유하고 있는 것이다.

물론 그 목적은 서로 다르다. 사회적 기업은 조직을 지칭하는 개념

Insight 사회적 기업, 사회적기업, 그리고 소셜벤처 ★

사회적 기업은 일반명사다. 세계에서 통용되는 'social enterprise'라는 개념은 특정 사회문제를 해결하기 위해 비즈니스를 추진하는 조직을 의미한다. 그런데 우리나라에는 이러한 사회적 기업을 인증하는 체계가 있다. 이 인증된 사회적 기업은 일반명사와 구분하기 위해 '사회적기업'으로 두 단어를 붙여 쓴다. 세계에서 유일하게 '사회적기업'이 법으로 명시되어, 인증을 취득하지 않고 이 명칭을 사용하면 1000만 원 이하의 벌금형을 받는다.

한편 소셜벤처는 기업 중 벤처가 있듯이 사회적 기업 중 사회적 벤처가 있다고 생각하면 된다. 크게 성장해야 제대로 해결할 수 있는 사회문제가 있다. 이런 일에 위험을 감수하고 성장성을 추구하며 도전하는 사회적 기업의 한 부류가 소셜벤처다.

이고, CSV는 경영전략을 지칭하는 개념이기도 하다. 그럼에도 사회문제를 잘 해결하는 것이 비즈니스 경쟁력을 만든다는 가치 변환의 측면에서는 대동소이하다. 오히려 목적이 다른 것은 상호 협업에 유리할 수 있다. 사회적 기업은 사회문제 해결이 목적이기 때문에, 경제적 지속가능성 외의 수익은 포기할 수 있다. 반면 CSV를 추진하는 기업은 사회문제 해결의 전문조직인 사회적 기업에 충분히 기회를 제공함으로써, 자신들이 원하는 수익을 창출할 수 있다. 이들의 협업은 톱니바퀴처럼 맞아떨어지는 모델이 될 수 있다.

앞서 언급한 그라민폰의 사례를 이번에는 파트너십의 측면에서 살펴보자. 그라민폰은 노르웨이의 텔레노어그룹과 방글라데시의 그라민텔레콤의 합작회사로 1996년 10월 10일 설립된 통신업체다. 텔레노어는 방글라데시에 진출하긴 했으나 기존 선진국에서 사용하던 진입·확장 전략이 그곳에서는 잘 활용될 수 없는 구조라는 점을 인정하고 그라민그룹에 협업을 요청했다. 방글라데시의 두터운 저소득층의 정보통신 접근성을 높일 방안을 고민하던 그라민그룹의 입장에서는 중요한 기회이자 도전이었다.

그라민폰이 진행한 '빌리지폰<sup>Village Phone</sup>' 프로그램은 주로 저소득층 여성에게 그라민은행에서 최대 175달러를 대출해주어 휴대전화 단말기를 구입할 수 있게 하고, 이들을 그라민폰의 이동통신 서비스에 가입하게 해 마을 주민에게 휴대전화를 공중전화처럼 빌려줄 수 있도록 했다. 그 결과 휴대전화 단말기를 최초로 빌린 저소득층 여성은 한 명의 사업자가 되어 소득을 창출했다. 마을 주민은 생산품을 판매하거나 노동력을 거래할 때 통신을 통한 정보에 기반하게 됐다. 그리하여 상거래가 매우 활발해지고 허탕 치는 일이 급격히 줄어들었다. 마을의 평균소득도 올라갔다. 그라민폰 이전에 방글라데시의 농촌 주민들은 개별적으로 무선통신기기를 구입할 수 없을 정도로 소득이 낮았다. 또한 정부는 유선 기반의 공중전화를 제공할 만큼 예산을 확보할 수 없었다. 그러나 빌리지폰 프로그램을 통해 농촌 주민들도 꼭 필요한 만큼은 이동통신 서비스를 활용할 수 있게 되어 새로운 소득을 창출하기도 수월해졌다. 그라민폰은 2016년 기준 가입자 5450만 명, 시장점유율 46.3퍼센트로 방글라데시 1위 모바일 사업자가 되었다.

그라민폰 사례에서도 알 수 있듯이 사회적 기업은 CSV의 좋은 파트너가 될 수 있다. 디자인이 경영에 중요한 요소가 되고 나면 많은 기업에서 디자인회사를 인수합병하고, 블록체인이 중요한 요소가 되고 나면 기업에서 앞다퉈 블록체인 전문벤처와 협업을 추진한다. 마찬가지로 CSV를 추진하는 기업은 사회적 기업을 협업의 대상으로 고려하는 것이 매우 자연스럽다. GIIN 보고서에 따르면, 한 해에도 수십 개 사회적 기업이 일반 기업에 의해 인수합병되거나 상당한 투자를 통한 협업 구도를 구축하고 있다. 국내에서도 사회적 기업 혹은 소셜벤처에 대한 지원과 관심이 늘어나고 있다. 이제 CSV의 협업도 함께 고려할 때다.

## 비영리조직 파트너 관점에서 CSV가 갖는 의미

CSV는 기업의 경영전략이기 때문에 기업경영자의 관점에서 바라보고 해석할 필요가 있다. 그러나 파트너십을 맺고 있을 때는 파트너의 관점 역시 검토하고 이해해야 한다. 앞서 언급한 사회적 기업뿐만 아니라 비영리조직도 중요한 파트너십 기관이다. 더불어 정부나 국제개발 관련 기관의 관점에서도 CSV를 바라볼 필요가 있다.

비영리조직의 관점에서 CSV 협력은 본래 해결하려던 문제를 더 크고 혁신적으로 해결할 수 있는 방안이다. 비영리조직은 사회문제에 전문성을 갖고 있지만, 때로 기업이 가진 자원과 전문성이 더 혁신적인 솔루션을 제시할 수 있다. 기업은 막대한 규모의 투자도 가능하다. 따라서 비영리조직은 해당 조직이 해결하고자 하는 문제 영역에 기업이 참여할 수 있도록 CSV의 기회를 제공하고 파트너십을 유도할 필요가 있다. 예를 들어 세멕스의 '오늘을 위한 기금' 프로젝트는 서민층에 집을 마련해주려던 비영리조직의 노력을 완전히 새로운 차원에서 해결했다. 지원금을 잘 제공하는 것, 재료 수급에서 부당한 손해를 보지 않도록 돕는 것을 넘어 세멕스의 유통망과 노하우를 멕시코 전역에 활용할 수 있었다.

알코아Alcoa의 사례도 유사하다. 미국의 많은 비영리조직과 협동조합에서 재활용을 통해 환경을 보호하자는 캠페인을 벌여왔지만 큰 성과를 내기 어려웠다. 재활용의 경우 한두 명의 실천으로는 눈에 띄는 변화를 이끌어낼 수 없다. 그런데 알코아가 알루미늄을 재활용하기로 하면서 다수의 비영리조직과 협동조합을 네트워크로 엮어내고, 시스템을 제공하며, 무엇보다 해당 분리수거의 후방 프로세스를 적극 책임지는 방식으로 자원순환 시스템의 동력을 자처했다. 그 결과 과거의 분리수거·재활용 노력과는 비교가 되지 않는 큰 성과를 얻었다.

이처럼 CSV가 비영리조직에 큰 기회를 제공하는 것은 분명하다. 다만 자선이나 기부와는 다른 상황이 벌어질 수 있다. 자선이나 기부의 경우 기업이 그 성과에 크게 연연하지 않는다. 진정성 있게 진행되었다면 기대치보다 다소 낮은 성과라도 크게 문제가 되지 않는다. 그러나 CSV 실행을 위해 파트너십을 맺은 경우 사회성과가 비즈니스 성과에 연동되므로 기업은 비영리조직의 성과에 지나치게 집착하고 관리하려 들 수 있다. 이때 비영리조직은 CSV를 실행하는 기업에 대해 종속성을 갖게 된다. 사회적 가치를 창출하는 과정이 결과 중심으로 치우쳐 비영리조직 간에 지나친 경쟁이 일어날 수도 있다.

한편 기업 입장에서는 비즈니스에 직접 영향을 주는 특정 사회문제의 해결만 강조하여 사회문제를 총체적으로 바라보는 기회를 잃을 수도 있다. 예를 들어 아마존 지역에 들어가 빈곤한 주민의 소득을 증대시키려는 CSV 전략이 있다고 가정해보자. 이 활동에서는 주민의 생산성 증대가 핵심 요인이어서 기업은 그들을 훈련하고 생산을 기계화하는 데 몰두할 것이다. 하지만 이 과정에서 환경이 파괴된다거나, 현지의 부족한 전력을 너무 많이 사용한다거나, 과도하게 주민들을 경쟁시켜 공동체가 깨어지거나, 해당 주민들을 지원하던 비영리조직과 주민 사이에 반목이 조장되는 등 문제가 생길 수 있다. CSV라는 측면에서는 매우 성공적이더라도 말이다. 비영리조직은 스스로의 독립성과 전문가로서의 위치를 지키기 위해 부단히 노력해야 한다. 기업의 CSV가 경영전략이라는 점을 이해해야 하고, 협력뿐만 아니라 견제도 필요하다는 점을 주지해야 한다.

정부가 CSV를 바라보는 관점은 두 가지로 생각할 수 있다. 하나는 직접적인 파트너십을 맺을 때의 관점이고, 다른 하나는 파트너십에 직접 포함되지 않더라도 사회 전반의 복리 생산자로서 갖는 관점이다. 첫 번째 경우 정부가 마주한 사회문제를 기업의 전문성이나 혁신의 결과물을 통해 상당 부분 해소할 수 있다. 정부는 제도와 정책을 바탕으로 다수에게 서비스를 제공할 수 있고 기업의 활동반경을 조절할 능력이 있다. 그러나 정부는 대체로 느리게 움직이고, 직접 제공하는 서비스는 효과가 떨어질 수 있다. 따라서 기업의 혁신 능력과 빠른 속도 등을 도입할 필요가 있다. 예컨대 IBM은 정부와 직접 협업한 경험이 있다. 스톡홀름의 도심 교통정체 문제를 IBM이 가진 솔루션을 통해 완화한 것이다. 개발도상국에 기업이 진출할 때에도 정부와 직접 협력을 하게 된다. 해당 정부에서는 현지의 사회문제 해결에 기업이 기여하리라 보고 제도적 협력이나 땅 문제 해결 등 구체적인 역할을 수행하기도 한다. CJ제일제당이 베트남에서 고추재배 프로젝트를 진행할 때도 베트남 정부가 땅을 제공하는 등 프로젝트가 더 수월하게 진행될 수 있도록 도왔다.

두 번째 경우 파트너십이 실제로 존재하기보다는 기업활동에서 정부를 하나의 이해관계자로 포함한다는 측면에서 바라보면 좋다. 기업은 사회 전반에 복리를 증진시켜야 하는 책임을 가진 주체다. 따라서 정부 입장에서는 기업이 그냥 비즈니스를 하는 것보다 CSV를 추진하여 사업의 특정 단계에서 사회적 가치를 창출하는 것이 더 유익하다. 현대사회는 기업이 창출하는 전체 가치가 매우 크고 그 역할이 방대하기 때문에 더욱 그러하다. 이런 이유로 오스트레일리아·인도·칠레 등 국가에서는 정부가 직접 나서서 기업들에게 CSV 전략을 추진할 것을 권하고, 제도나 정책을 통해 인센티브를 제공하기도 한다. 포터도 과거 한 포럼에서, 만약 미국에 있는 기업들이 사업의 10퍼센트만 CSV 방식으로 추진한다면, 미국 국민은 현재 정부 예산 규모의 추가 복리를 누리게 될 것이라고 주장했다. 더불어 정부와 기업이 협업을 할 때에만 해결 가능한 사회문제도 많다. 대표적으로 일자리 문제나 대규모 환경문제가 그렇다. 이런 경우 기업 자체가 그 사회문제의 솔루션인 동시에 문제를 발생시키는 주체다.

예를 들어 미국의 금융위기 이후 청년실업이 늘어났을 때 '100K 이니셔티브'가 생겼다. 말 그대로 10만 명의 일자리를 만들려는 노력이었는데, 이 활동에는 아스펜Aspen 같은 연구조직은 물론, 여러 주 정부와 수십 개의 기업이 참여했다. 정부가 일자리를 만들어야 한다고 아무리 외치고 연구기관에서 보고서를 내놓아도, 결국 기업이 수행을 실제로 가능하게 만들어야 한다. 정책에 연동하는 CSV 전략이야말로 정부에게는 또 하나의 정책 방향이 된다. 이처럼 정부는 사회복리 증진이라는 측면에서 기업을 CSV로 유도할 필요가 있다.

마지막으로 국제개발 관련 조직의 관점을 살펴보자. 그런 조직은 크게 정부의 ODAOfficial Development Assistance(공적개발원조기관)와 INGOInternational Non-Governmental Organization(국제비정부기구)로 나누어 생각해볼 수 있다. 실제로 CSV는 새로운 시장, 특히 개발도상국에 대한 진입 전략으로 자주 고려되고 있다. 이때 국제개발 관련 조직과의 파트너십은 필수다. 특히 INGO가 지원하는 방식의 협업은 매우 빈번하고, IFC나 세계은행 등이 포용비즈니스Inclusive Business의 방향에서 금융 협업을 하기도 한다. 네슬레가 커피농가나 카카오농가를 지원하여 좋은 원재료 확보를 추진한 사업은 대부분 이러한 INGO와의 협업으로 설계되고, 그 이후에야 현지 비영리조직과의 협력이 진행되었다. INGO에게 기업은 좋은 자금지원자를 넘어서서 관련 사업에 경제적 지속가능성이라는 가치를 불어넣는 중요한 존재다. 개발

CSV는 경영전략이지 기업의 책임이나 필수적인 정체성이 아니다. 그러나 반드시 적용되어야 하는 조직이 있다면 공기업이다. 이는 공기업의 본질적인 정체성이 공공성을 공급하여 국민 전체의 복리를 증진하되 기업으로서 그 역할을 수행하는 데 있기 때문이다. 사회적 가치를 창출하는 것을 비즈니스 경쟁력으로 삼는 전략인 CSV가 이런 조직에 핵심적인 관점으로 접목되어야 하는 것은 당연하다.

다만 공기업은 민간기업만큼 일사분란하게 경영체계나 조직을 수정하고 움직이기 어렵다. 또한 실패할 경우 그 피해가 주주나 임직원에 한정되지 않고 사회의 다수 영역에 미칠 수 있다. 따라서 매우 점진적이며, 대신에 근본적인 접목이 필요하다.

최근 정부가 공공기관 평가에 사회적 가치를 추가한 것은 매우 긍정적인 변화다. 다만 잘 정리되지 않은 사회적 가치와 그 평가 방법, 또 당장의 평가 목적을 바탕으로 수행되는 단기적이고 부수적인 사회적 가치 창출 방안은 경계해야 한다.

도상국의 다양한 문제 중 일반적으로 CSV가 건드리는 문제는 빈곤과 관련된 경우가 많은데, 그 해결 방법이 해당 국가나 지역이 기업의 가치사슬의 일부가 되어 소득을 제고하는 방식이기 때문이다. 이는 단순한 구호나 기약 없는 교육·훈련과 차원이 다른 솔루션이 될 수 있다.

더불어 한국의 KOICA를 비롯해 선진국의 공적개발원조기금 혹은 기관들은, 이른바 PPP 활동에 CSV 전략을 연결할 때 강한 파급력을 일으킬 수 있다. 실제로 보다폰의 엠페사는 처음에는 CSV 수준의 사업으로 구성되지 않았고, 공적개발원조 관련 보고서의 정책을 참고해 케냐에서 프로젝트를 기획한 것이다. 기업은 CSV의 큰 장벽인 초기 자금의 부담을 덜면서 명분과 기회를 얻고, 국제개발 관련 조직은 해당 사업의 고질적 문제인 지속가능성을 해결하며, 혁신성을 주입할 중요한 주체인 기업과 파트너십을 맺게 되는 것이다.

### 협업으로 만드는 더 큰 혁신

국내 기업 또한 다양한 글로벌 난제에 그대로 노출되어 있다. 청년 실업을 비롯한 고용 문제, 지역사회 경제 회복, 기후변화 위기 대응, 협력 업체와의 상생 발전 등 다양한 외부 이슈가 비즈니스를 짓누르고 있다. 여전히 어떤 기업은 이런 이슈를 기회와 혁신의 재료로 보지 못한 채, 낡은 패러다임에 갇혀 문제해결을 공공부문에 떠넘기며 정치권과 정부의 리더십 발휘만을 요구하고 있다. 이 가운데 제 기능을 발휘하지 못하는 공공부문은 공존 상생을 위해 각종 정책과 프로그램을 제시하지만 이는 오히려 기업과 사회 간의 갈등을 야기하고 있다. 경제 영역과 사회 영역이 분리되어 작동하는 기존 시스템 아래서는 공공부문이 만능 해결자를 자처할 때 비효율과 문제가 발생한다.

결국 사회변화의 핵심은 기업과 시장이 사회혁신에 적극적으로 참여하느냐에 달려 있다. 물론 단독이 아닌 파트너십 형태의 참여다. 이제 국내 기업도 CSV를 위한 기업의 창의적 혁신은 물론, 섹터 간 융합을 통해 기업이 사회와 환경적으로 진화할 수 있도록 하는 구체적인 파트너십을 위한 변화를 논의할 시점이다. 변화의 시점을 더 이상 늦춘다면 글로벌 비즈니스 생태계의 선택은 국내 기업을 빗겨갈 것이다. 진화의 역사는 외부의 환경에 효과적으로 적응한 이들과 그렇지 못한 이들의 운명이 어떻게 달라졌는지 잘 보여준다.

### Case Study, CJ제일제당, KOICA, 베트남의 협업

국내 CSV 사례 중 파트너십을 잘 설명할 수 있는 사례는 CJ의 베트남 고추재배 프로젝트다.[*] 이 프로젝트에는 CJ제일제당, KOICA, 베트남 현지 정부가 참여했다. CJ제일제당은 가장 중요한 원물 중 하나인 고추가 중국산의 품질 및 가격 변동 위험에 노출되어 있다고 파악했다. 그리하여 베트남 등에 새로운 생산지를 개척하기 위해 노력했다. 다만 그 실현 가능성에 대한 의문이 있었기 때문에 위험성을 낮추고자 KOICA를 통해 현지에 접근했다.

KOICA는 국내 기업이 글로벌 사회공헌을 국제개발 측면에서 발전시킬 수 있도록 공적개발원조기금의 일부를 매칭해 그 실행을 돕고 있다. CJ제일제당도 이 제도를 적절히 활용했다. 고추 원물의 수급 안전성과 비용우위를 위해서는, 기후·토양·교통 등 조건이 맞는 한 저소득지역을 찾아가는 것이 유리한 상황이었다. 최빈곤지역 개발은 KOICA 지원금을 활용하기에 적합했다. 더불어 베트남 정부는, 저소

---

* Kim, Tai-Young and Yoo-Jin Lee. 2016. "Revitalizing a Village." Stanford Social Innovation Review. Winter: 13-14.

**CJ제일제당**
농업기술 전수, 생산물 구매, 커뮤니티 기금 기부, 자금 투자

**KOICA**
기금 지원
대외 협력
프로젝트 구성

CJ
베트남
고추재배

**베트남 정부**
토지 등 사용권 제공
행정 및 허가사항 지원

그림 56. CJ제일제당의 베트남 고추재배 프로젝트 구조

득 농촌지역의 소득을 올리고 기술을 훈련시키는 등 지역 발전에 크게 기여할 CJ제일제당과 KOICA의 협업 프로젝트를 환영했다. 베트남 정부는 관련 허가와 행정적 사안, 토지·사무실 사용을 해결해주며 사업이 잘 진행될 수 있도록 후원했다.

만일 여기에 KOICA가 참여하지 않았다면 CJ제일제당은 훨씬 더 많은 자원을 투입해야 했을 것이고 프로젝트 추진 자체가 어려웠을지 모른다. 또한 현지 정부를 설득하는 데 한계가 있었을 것이다. 한편 베트남 정부가 협력 파트너로 참여하지 않았다면, 현지의 행정적 절차와 허가사항에 대해 더 많은 시간과 에너지, 비용이 소모되었을 것이다. 결국 이 파트너십은 사업 자체의 위험도를 낮추고 성공 가능성을 높이는 주요한 방안이었다고 할 수 있다.

참고로 국내외 대표적인 CSV 파트너십 사례를 열거하면 다음과 같다(그림 57).

| 사업명 | 사업 내용 | 비영리조직 | 정부 | 기업 |
|--------|-----------|-----------|------|------|
| CJ제일제당 베트남 고추재배 프로젝트 | KOICA의 지원을 받아 베트남 저소득층 마을에 고추재배 기술을 전파하고 현지에 고춧가루 농장 건설 | | KOICA, 베트남 정부 | CJ제일제당 |
| CJ 실버택배 | 아파트 단지나 전통시장 등 택배차량 접근성이 떨어지는 곳에서 노인들이 친환경 카트를 이용해 물건을 최종 배송지까지 전달하는 노인 일자리 창출 사업 | | 한국노인 인력개발원, 전국 지자체 | CJ대한통운, 중소기업 |
| 코오롱 호텔카푸치노 | 호텔을 이용하면서 다양한 방식으로 기부하고, 어메니티 등 일회용품 사용을 줄이는 활동 등에 참여하게 하여 사회적 가치를 차별화된 고객 경험으로 제시 | 카라, Water.org | | 엠오디, 구루스, 동구밭 |
| SK 내트럭 | 화물차 운전자들이 휴식, 주유, 정비, 화물 정보 서비스 등을 종합적으로 받을 수 있는 화물차 운전자 전용 휴게소 운영 | | 국토해양부 | SK에너지 |
| 그라민폰 | 그라민텔레콤과 텔레노어그룹의 합작 회사인 그라민폰에서는 방글라데시 저소득층 여성들이 그라민은행에서 빌린 돈으로 단말기를 구입해 이동통신 서비스를 가입할 수 있게 했고 이를 대여하는 형태로 수익을 얻게 함 | | | 텔레노어그룹, 그라민텔레콤, 그라민은행 |
| 야라 인터내셔널 | 높은 운송 비용 등으로 비료 사용이 어려웠던 아프리카 지역에 비료 공장을 건설하고 도로 인프라를 구축해 비료 접근성을 높임 | | 모잠비크 정부, 노르웨이 정부 | 야라 인터내셔널 |
| 마즈: 지속가능한 코코아 이니셔티브 | 유전적 품질이 우수한 코코아를 연구개발하고 저소득층 코코아 생산자들에게 기술 이전 및 교육을 통해 안정적인 코코아 수급을 달성하고, 인증 전문 비영리기관과 협력해 코코아 인증 | Fairtrade International, Rainforest Alliance, UTZ Certified | | 마즈 |
| 세멕스: Patrimonio Hoy | 멕시코 저소득 가구를 대상으로 자가 건축 솔루션과 마이크로파이낸스 제공 | IDB Inter American Development Bank | | 세멕스 |

그림 57. 국내외 주요 CSV 파트너십 사례

# 4

## CSV 실행을 위한
## 모듈 10

많은 기업이 CSV 전략을 수립하고 곧바로 실행의 문제에 맞닥뜨린다. 아무리 아이디어가 좋고 추진 의지가 확고해도, 사회문제 혹은 사회적 가치라는 개념을 도대체 어떻게 다뤄야 할지 막막할 수 있다.

포터와 크레이머의 컨설팅 조직 FSG는, CSV를 위한 가장 기초적인 접근법을 10개 모듈로 나누어 소개한 바 있다. 이 10개 모듈 접근법이 모든 기업에 그대로 맞아떨어지지는 않지만, 기본적인 순서와 고려사항을 참고할 수 있다. 여기서는 간단한 사례와 함께 각 모듈의 내용을 짚어보려 한다.

10개 모듈의 의미와 필요성을 이해하면, 현실에서 CSV 전략을 수행하는 데 중요한 단초가 될 것이다. 대부분의 국내 기업이 CSV 전략을 성공적으로 완수하는 데 어려움을 겪는 까닭은, 뛰어난 아이디어가 없어서라기보다 실행에서 여러 문제에 부딪히기 때문이다.

| | | | | |
|---|---|---|---|---|
| **비전** | [모듈 1] 비전에 CSV 관점이 통합되어 명확하게 세운다 | CSV의 핵심인 명확한 비전 | | |
| **전략** | [모듈 2] 공유가치에 대한 핵심 이슈들의 우선순위를 정한다 | [모듈 3] 공유가치에 대한 야심찬 목표를 정한다 | 명확한 중점과 확실하고 야심찬 목표가 있는 견고한 전략 | |
| **수행** | [모듈 4] 현금, 상품,전문성,영향력 등을 포함한 자산을 활용한다 | [모듈 5] 기업전반에서 추진한다 | [모듈 6] 파트너들도 실행에 동참한다 | 기업 내부뿐만 아니라 외부 파트너와 이해관계자의 자산 및 전문성을 활용한 효과적인 수행 |
| **성과** | [모듈 7] 모든 유관 결과들은 측정한다 | [모듈 8] 결과를 통한 학습은 필수다 | [모듈 9] 확장을 위한 효과적인 노력이 필요하다 | [모듈 10] 진행과정은 대내외적으로 소통한다 · 성과 측정,결과를 통한 학습, 규모화를 위한 성공적 노력, 진보에 대한 소통을 추구하며 성과 관리 |

**그림 58. CSV 실행을 위한 10개 모듈**

먼저 10개 모듈의 전체의 구성을 간단히 살펴보자(그림 58). 전체적으로 모듈 1에서 출발하여 모듈 10으로 흘러가되, 비전부터 전략, 수행을 거쳐 성과까지 4개 층위로 나뉘어 있다. 각 층위는 위에서부터 차례로 CSV의 비전 설정, 그 비전을 달성하기 위한 전략, 전략을 수행하는 방안, 수행의 성과를 관리하는 방안을 이야기한다. 여기서 출발은 '비전'이라는 점에 유의하자. 기업이라는 거대 조직이 움직여 성과를 지속적으로 내려면, 반드시 비전을 통합적으로 제시해 CSV

를 정확하게 전략으로서 자리매김해야 한다.

## 모듈 1 CSV 관점을 통합해 명확한 비전을 세운다

CSV 전략을 제대로 도입해 수행하기 위해서는 비전에 그 관점을 통합해야 한다. 일반 기업에서는 크게 고려하지 않던 사회문제의 해결이 전략에 중요한 요소로 자리 잡을 수 있도록 비전을 재구성해야 한다. 최고경영자와 이사회는 그 비전이 사회에 대한 책임을 넘어 새로운 기회를 창출하고 경쟁력을 제고하기 위한 것임을 확신해야 한다.

인터페이스가 친환경 혁신을 통해 글로벌 1위 카펫타일 사업자가 된 계기는 레이 앤더슨 회장의 비전 선포다. 그는《비즈니스 생태학》(1993)을 통해 환경파괴의 심각성을 깨닫고 이를 사업에 반영해야 한다고 여겼다. 기술의 발전과 인류의 번영이 결국 환경파괴로 이어지는 경로를 끊어내기로 한 것이다. 그리하여 기술이 인류의 번영만이 아니라 환경의 보호도 이뤄낼 수 있다는 비전을 제시했다. 이후 앤더슨은 이사회에 자신의 생각을 전했고 곧 TF팀을 만들어 이 비전을 실행하기 위한 방안을 마련했다. 또한 인터페이스가 지속가능성을 달성하는 최초의 기업이 될 것이라면서, 지금까지 자연에서 가져온 것을 되돌려주는 것은 물론, 다른 기업이 본받을 만한 최고의 프랙티스를 만들 것을 강조했다. 이를 기점으로 TF팀의 역할은 '환경에 끼치는 영향을 조사하는 것'에서 '장기적으로는 석유연료 자체를 사용

무엇보다 중요하지만 자주 간과되는 것이 비전에 CSV 관점을 통합하는 단계다. CSV는 하나의 아이디어 상품이 아니라 경영전략을 의미한다. 따라서 기업의 본질적인 가치 제안이나 비전에서부터 그 전략이 도출되지 않는다면 충분한 일관성이 있다고 할 수 없다. 실제로 국내 다수의 기업에서 CSV를 추진한다고는 하나 이 비전을 세우는 작업이 제대로 선행된 경우가 흔치 않다.

하지 않는, 친환경적인 기업을 만드는 것'으로 바뀌었다.[*]

### 모듈 2 공유가치와 관련된 이슈의 우선순위를 정한다

한 기업이 모든 사회적 이슈를 다룰 수는 없다. 따라서 사회적 이슈는 전략적으로 선택해야 한다. 예를 들어 보다폰은 케냐의 고용·교육·통신·금융·빈곤 등 다양한 사회문제에 기여할 만한 자원이 있는 회사였지만, 그중에서도 우선순위가 필요하다고 생각했다. 그러다 국제사회에 발표된 보고서를 통해 케냐 등 아프리카 개발도상국이 송금과 인출·결제에 어려움을 겪는 사실을 알게 됐다. 보다폰은 이 문제를 좀 더 이해하기 위해 현장 조사와 연구를 진행한 다음, 엠페사라는 소액송금 기술을 도입했다. 대부분의 기업은 다양한 자원과 다양한 이슈에 접점을 가지고 있다. 다만 어떤 이슈를 우선

---

[*]  김태영, 이동엽. 2019. "조직혁신 없는 공유가치 창출은 불가능" DBR (296호)

고려할지는 비전에 비추어 매우 신중히 판단해야 한다.

## 모듈 3 공유가치에 대한 야심 찬 목표를 정한다

집중할 이슈의 우선순위를 결정하고 나면, 각 이슈를 어느 선까지 해결할지, 어떤 식으로 해결할지 등을 설정해야 한다. IBM의 프로 보노 활동 격인 글로벌 기업 봉사단Corporate Services Corps은, 전 세계 IBM 지원자들 가운데 핵심 인재를 선정해 아시아·아프리카·동유럽 등 개발도상국의 경제·환경·교육 문제를 해결하려는 프로젝트의 일환이다. 여기서 비영리조직 혹은 정부 유관 조직이 함께 프로그램을 진행한다. IBM 지원자들은 역량을 개발하고 새로운 경험을 얻기 위해 참여하고, 참여 기관이나 정부는 IBM 전문인력의 서비스를 무상으로 받는다(다른 경우라면 상당한 비용을 들여 구매해야 할 것이다).

이때 IBM은 기업 이미지 제고, 정부 및 NGO를 통한 지역사회와의 공고한 관계 구축, IBM의 혁신 어젠다와 개발도상국 전략 연계 등 뚜렷하고 원대한 목표를 설정했다. 샘 팔미사노Sam J. Palmisano 회장은 목표를 달성하기 위한 도전을 스마터 플래닛Smarter Planet이라고 이름 짓고, 이 이니셔티브가 25개 영역에 구체적인 변화를 일으키고, 사업적으로도 5대 수익 부문이 될 것이라고 발표했다.*

---

* 민승재, 박동천, 2011. "CSV 실행, 10단계 전략프레임 활용하라". DBR (94호)

국내 기업의 CSV가 인정받지 못하는 중요한 이유 중 하나는, 과거에 수행한 일의 결과론적 해석에 그치기 때문이다. 지금 기업이 마주한 경쟁환경에서 어떤 사회문제를 기회로 해석해 도전을 시작할지, 그 도전을 통해 어떤 경쟁력을 창출할지, 그래서 실제로 어떤 성과를 사회적·경제적으로 창출할지에 관한 논의는 찾아보기 어렵다. 일부 기업은 과거에 했거나 지금 하고 있는 일을 CSV의 틀에 억지로 맞추려고 한다. 물론 이로써 실행의 첫걸음을 뗄 수도 있지만 그것만으로는 실제 변화를 일으킬 수 없다. CSV를 하지 않는다고 해서 어딘가 부족한 기업이 되는 것은 아니다. CSV는 기업의 의무나 당위가 아니라 비전을 현실화하는 전략이어야 한다.

## 모듈 4 현금·상품·전문성·영향력 등 자산을 활용한다

모듈 4, 모듈 5, 모듈 6은 명확한 순서가 존재하지 않고 '실행'이라는 층위에서 병렬적으로 고려해야 하는 활동이다. 그중 모듈 4는 자산을 활용하는 관점에 관한 것이다. CSV를 추진할 때는 그에 맞춰 기업의 역량과 자산을 재배치할 수밖에 없다. 국내에서 CSV를 실행하겠다며 기업의 핵심 자산을 활용할 생각 없이 일부의 자금만을 일시적이며 제한적으로 사용하려 하는 장면을 보게 된다. 이는 CSV를 기업 전체 혹은 적어도 한 사업단위의 전략으로 인식하지 못했다는 증거다.

CSV를 제대로 실행하기 위해서는 그 활동을 뒷받침할 자원과 자산이 움직여야 한다. 기업의 사업 규모에 비해 매우 작은 규모의 사업을 실행하면서 CSV의 효과를 기대하는 경우가 있다. 사업 모델의 우수성이나 적합성은 논외로 하더라도, 자산 규모 1조 원의 회사가 사업적 가치를 회수하려면 최소한 수백억 원의 예산이 투입돼야 한다. 수 억 혹은 수천만 원의 투입으로는 당연히 사업부문에서 긍정적인 피드백을 기대할 수 없다. 물론 단번에 자원·자산을 총동원해야 하는 것은 아니다. 단계적인 관점에서 가설을 검증해, 최종적으로 사업에 영향을 끼칠 만한 규모의 투입이 있어야 한다는 이야기다. 이때 투입되는 자원·자산은 그 기업 입장에서 남는 것이 아니라 최고의 것이어야 한다.

GE는 에코매지네이션이라는 이니셔티브 아래 환경에 대한 진일보한 목표를 가지고 기술개발의 비전을 세웠다. 구체적인 방향성이 나온 뒤에는 누적 2조 원 이상의 투자를 집행했다. 이는 단순한 자금 집행의 수준을 뛰어넘는 규모이며, 내부의 고유 자원, 경쟁력 있는 자원을 동원한 것이라는 면에서 주목할 필요가 있다. 이 전략에 핵심 연구개발부서가 배치되었고 주요 사업부문의 변화가 뒤따랐다. 이처럼 CSV를 제대로 수행한다는 것은 그에 걸맞은 자원 투입을 전제로 한다.

### 모듈 5 기업 전반에서 추진해야 한다

CSV는 비즈니스 전략이다. 따라서 그 전략을 추진하는 조직 내부의 유기적 공조와 협업이 필수적이다. 빠르게 달려가던 사람이 오른

쪽으로 방향을 꺾을 때 상체는 우측으로, 하체는 원래 방향으로 나아가려 한다는 것을 생각해보면, 공조와 협업의 중요성을 쉽게 이해할 수 있다. 전사적인 공조 없이는 실행 과정에서 무수한 난관에 부딪힐 게 뻔하다.

파타고니아의 경우 창업자가 환경보호에 관한 비전을 제시하자 담당 팀에서 이를 받아들여 매출의 1퍼센트를 기부하고 있으며, 상품 개발 부서도 친환경 의류와 등산용품을 만들고 있다. 이때 마케팅부서에서 그에 보조를 맞추지 못한다면, 아마도 본인들의 메시지를 전하는 대신 여느 아웃도어 용품 회사와 유사한 홍보 작업을 진행할 것이다. 실제 파타고니아의 CSV 전략은 고객과 여러 이해관계자들의 공감을 얻는 단계에서부터 비즈니스 가치를 창출했다. 특히 "이 자켓을 사지 마세요"라는 파격적인 캠페인을 통해 마케팅부서의 이해도와 협력이 얼마나 중요했는지를 알 수 있다. 비전, 연구개발, 상품 판매와 후속 조치까지 말 그대로 전사적 추진이 필요함을 보여주는 사례다.

---

Insight **CSV 전략 수행팀의 역할** ★

기업에 CSV팀이 생기는 경우가 있다. 이는 분명 CSV를 고려하기 시작했다는 의미다. 그러나 CSV 추진이 CSV팀의 업무만으로 진행되어서는 안 된다. CSV는 경영전략이므로 당연히 최고경영자, 적어도 해당 사업부문장이 주도해야 한다. CSV팀이 조율과 관리 등을 수행할 수는 있으나 실제 기업 전반에서 전략을 추진해야 한다.

---

## 모듈 6 파트너가 실행에 동참한다

어떤 조직이든 자원에 제약을 받는다. 그 정도는 다르더라도 모든 자원을 무한히 쓸 수 있는 조직은 없다. 이런 상황에서 내부 자원의 한계를 넘어서려면 외부 파트너와의 협력은 당연한 선택이다. 나아가 CSV를 실행할 때는 일방적이거나 단순한 협력이 아니라 상호 협력을 통한 시너지 창출을 고려해야 한다. 포터가 소개한 CSV의 세 가지 방식 중 특히 클러스터 방식은 기업 단독으로 추진하기가 사실상 불가능하다.

텔레노어는 선진국에서 행하던 방식으로 방글라데시 지역에 성공적으로 진출할 수 없다는 사실을 알았다. 텔레노어는 기술·서비스 경험은 있지만 개발도상국의 사회환경을 이해하지 못했고, 특히 저소득층의 네트워크를 보유하지 못했다. 그리하여 현지 네트워크가 있는 그라민그룹과 협업을 통해, 빌리지폰에서 그라민폰으로 이어지는 대규모 사업을 추진할 수 있었다. 현재 그라민폰은 50퍼센트 이상의 점유율을 기록하고 있는데, 협력 조직 각자의 고유 역량을 잘 결합한 성과라 할 수 있다.

## 모듈 7 모든 유관 결과를 측정한다

모듈 7에서 모듈 10은 CSV의 성과 관리를 다룬다. 모듈 7부터 모듈 9까지는 순차성이 있고, 모듈 10은 순서와 무관하다. 그중 모듈 7은 아무리 강조해도 지나치지 않은 측정에 관한 활동이다. 측정하지 않으면 스스로 잘하고 있는지 판단할 수 없고 더 잘해내기도 어렵다.

측정은 성과를 올리는 데 필수적이다. 그러나 측정 자체가 목표가 되어서는 안 된다. 측정 역시 기업활동의 한 부분이기 때문에 비용 대비 효과적이어야 하고, 의미 있는 성과 중심으로 한정되어야 한다.

CSV는 전사적인 전략이므로 반드시 그 성과를 측정해야 한다.

CJ제일제당은 베트남에 고추재배 프로젝트를 진행하면서 어떻게 성과를 측정하고 관리할지도 같이 논의했다. 단순히 얼마를 투입했는지가 아니라, 목표한 성과를 어떻게 달성했는지 확인할 방법이 필요했다. 이 경우 의도한 대로 원물을 확보해 안정적이고 가격경쟁력 있는 원재료를 공급할 수 있느냐가 중요했다. 그 핵심 지표로 삼은 것은 농민들의 생산성이었다. 왜냐하면 생산성 증대가 일정 수준을 넘어야 실제로 안정적이고 가격경쟁력 있는 원재료가 될 수 있고, 현지 농민들도 최저빈곤층에서 벗어날 수 있었기 때문이다.

이런 데이터의 측정과 분석은 상당한 비용이 든다. 그러나 일반 사업에 대해 생산성·비용·시간 등 데이터를 다루듯이 CSV 전략의 유관 결과에 대해서도 그런 작업이 필요하다. 더군다나 기업은 사회적 가치에 대한 데이터를 다뤄본 경험이 부족하므로 이에 필요한 역량을 빠르게 쌓아야 한다.

## 모듈 8 결과를 통한 학습은 필수다

모듈 7의 데이터를 그저 모아두기만 하면 무용지물이다. 이 데이터를 통해 전체 성과를 제고할 수 있도록 순환적인 학습의 밑거름으로 사용해야 한다. 측정은 관리하기 위해 하는 것이고, 관리는 더 좋은 성과를 내기 위해 하는 것이다.

인터페이스는 환경오염을 저감하기 위해 먼저 롤 방식에서 타일 방식으로 카펫 상품을 교체했다. 오염된 카펫을 한 번에 롤 단위로 교체하는 것보다 작은 타일 단위로 교체하는 것이 폐기물 감축에 도움이 됐다. 그러나 환경오염 저감에 기여하는 정도를 측정한 결과, 이 정도로는 비전에 다다를 수 없다고 판단했다.

인터페이스는 카펫 서비스를 판매 방식에서 리스 방식으로 변경했다. 그렇게 하면 폐기물 수거가 더 용이하기 때문이다. 그 뒤로도 카펫 폐기물을 재활용하는 기술을 개발하고, 친환경 소재 카펫을 만드는 방안을 마련했다. 한 단계씩 발전할 때마다 환경오염은 지속적으로 줄어들어, 최근에는 기준년도 대비 90퍼센트 이상 환경오염을 저감해낸 것으로 나타났다.

## 모듈 9 확장을 위해 노력해야 한다

측정과 학습을 통해 어떻게 사업을 확장할지도 판단할 수 있다. 혁신의 나선spiral of innovation과 같이, CSV도 선형적으로 성장하는 구조가 아니라 혁신·적응을 반복함으로써 목표한 성과에 다가갈 수 있다.

보다폰의 엠페사는 사회공헌적 접근에서 출발했다. 처음부터 비즈니스 성과를 의도하진 않은 것이다. 그러다 사회문제 해결에 대한 요구가 긴요해지면서, 보다폰은 현지 법인인 사파리콤을 통해 본격적인 투자와 확장에 돌입했다. 그리하여 케냐의 전체 경제인구 가운데 70퍼센트 이상이 가입한 송금서비스가 만들어졌다. 적절한 순간에 확장을 결정하고, 적합한 규모·수준의 자원을 투입한 결과였다. 이렇듯 좋은 의사결정과 판단은 정상적인 측정과 학습을 통해서만 가능하다. 사업을 통해 어떤 결과가 나타나고 있는지, 이는 확산 가능한지, 만일 그렇다면 그 사업이 구체적으로 어떤 영향을 받을지를 판단해야 충분한 규모로 확장을 시도할 수 있다.

### 모듈 10 대내외적으로 진행 과정을 소통해야 한다

모듈 10은 소통에 관한 이야기다. 이해관계자들 사이에서 원하는 정보를 소통해내는 일은 CSV 전 과정에 걸쳐 중요하다. 이를 통해, 내부 이해관계자들은 스스로 어떤 일을 하고 있으며 일이 어떻게 진행되고 있는지를 이해할 수 있다. 대외적으로는 파트너십을 맺은 조직들 사이에서 불협화음이 나오는 것을 예방하고 목표를 공유할 수 있다.

인터콘티넨탈호텔그룹은 에너지 소비량과 환경폐기물을 감축한 데 따른 효과를 고객은 물론, 프랜차이즈 가입자나 내부 임직원과도 자세히 공유해 더 나은 성장을 도모했다. 이는 단순히 PR 효과를 위한 소통이 아니라, 해당 사업에 대해 이해관계자 각각의 공감을 얻기 위한 소통이다. 이 사례에서는 환경오염 저감이라는 목표, 그 목표를 측정할 수 있는 탄소발자국·물발자국, 폐기물 감소 등 지표와 구체적인 수치가 이해관계자들의 공감을 얻는 데 주효했다.

## CSV 실행은 장기전이다

CSV 실행은 작은 사회공헌 프로젝트나 일반적인 상품 판매와 차원이 다르다. 새로운 가치를 담은 전략을 수행하는 활동이므로 긴 호흡과 여러 상호작용이 필요하다. 특히 모듈 10은 그 자체로 몇 년이 걸릴 수 있고, 학습을 반복하며 성장 단계로 진입하는 데는 더 많은 시간과 노력이 들 것이다. 이때 필요한 블록을 빠뜨리거나 성급히 쌓아 제대로 된 모양과 순서를 갖추지 않는 것은 어리석은 행위다. 그렇게 쌓아 올린 건물은 조금만 큰 비가 내리거나 바람이 불면 무너지기 마련이다. 경영환경에 더 큰 파도가 칠 테고 경쟁자들은 공격해 올 것이다.

가능한 수준에서 최고의 블록을 제대로 쌓아야 한다. 대체로 기업의 새로운 사업이나 기조를 내세운 이른바 '빅딜'에는 이런 노력이 진지하게 담긴다. 그러나 국내에서 CSV를 수행할 때는 블록을 얼기설기 쌓는 경우가 많다. 뛰어난 아이디어나 아이템을 지속적으로 찾고 우수한 성과를 내기 위해서는, 모듈 10에 비추어 실행 과정을 꼼꼼히 검토할 필요가 있다.

7장

# 비판과 오해

CSV 전략은 등장과 함께 여러 논쟁과 비판을 불러일으켰다. 초기 CSV 전략은 비어 있는 부분이 많았고 오해를 살 요소도 꽤 있었다. 기존의 CSR 진영과 불필요한 갈등을 빚기도 했다. CSV 전략은 여러 비판들에 꾸준히 대응하며 점점 성숙해져 왔다. 그래서 최근에는 초기에 제기되었던 단순한 비판과 오해들을 상당수 해소했다.

이 장에서는 2014년 발표된 앤드루 크레인Andrew Crane 등의 공동 논문 〈'공유가치창출'의 가치에 대한 문제제기〉*를 중심으로 CSV 전략에 제기된 학술적 비판과 일반적인 오해들에 대해 하나씩 답해보고자 한다. 이를 통해 CSV 전략에 대해 더 깊은 이해를 하는 기회가 되길 바란다.

---

● Crane, Andrew, Guido Palazzo, Laura J Spence, and Dirk Matten. 2014. Contesting the Value of "Creating Shared Value" California Management Review. 56: 130-153.

# CSV에 대한
# 학술적인 비판[•]

## 독창적이지 않다

"CSV는 독창적이지 않다unoriginal. 이미 1970년대 이후 기존 학자들이 사회문제 해결를 통해 기업의 이윤을 창출한다는 생각을 꾸준히 발전시켜왔다. 로자베스 모스 칸터Rosabeth Moss Kanter의 사회혁신social innovation이나, 리 버크Lee Burke · 진 로그즈던Jeanne M. Logsdon의 이해관계자 시각stakeholder perspective에서 제기된 문제를 이름만 그럴 듯하게 바꿔 붙인 것이 CSV다."

여기에는 마이클 포터가 자기 명성을 내세워 기존 논의를 재포장하고 상업적으로 이용한다는 비판이 들어 있는 듯하다. 물론 사회문제 해결과 경제적 이윤을 동시에 추구한다는 생각은 이전에도 꽤 널

---

[•] 이 장은 이지언(현대자동차 해외영업부 근무)이 토론 및 집필에 기여했다.

리 있었다. 일찍이 피터 드러커(1984)도 '비즈니스는 사회문제를 경제적 기회 및 이윤으로 전환해야 한다'고 주장했다.

그런데 '독창적이지 않다'라는 지적은 아이디어와 접근방식, 두 가지 측면에서 바라볼 수 있다. 우선 사회문제와 경제적 이윤을 결합한다는 CSV의 아이디어 자체는 독창적이지 않을 수 있다. 이 말은 프라할라드C. K. Prahalad · 스튜어트 하트Stuart L. Hart의 'BoP' 모델, 존 엘킹턴John Elkington · 앤드루 사비츠Andrew Savitz · 칼 웨버Karl Weber의 '지속가능성장'과 'TBLtriple bottom line', 데이비드 슈웨린David Schwerin · 존 매카이John Mackay의 '깨어 있는 자본주의conscious capitalism'에도 비슷하게 적용될 수 있다. 이들의 아이디어 역시 같은 문제의식에서 출발했기 때문에 독창적이지 않다고 비판이 가능하다. 그러나 같은 문제라도 보는 시각과 해결 방식이 다르기 때문에 상호 보완적으로 발전할 수 있다. 이를테면 BoP 모델은 저개발국가 빈곤층의 삶과 기업의 이해관계를 연결하는 비즈니스 모델로서, 저개발국가에 진출하는 기업의 '지속가능성장' 전략에 도움이 될 수 있다.

CSV 역시 기존의 개념과 문제의식을 공유하더라도 다른 시각에서 문제를 바라볼 수 있다. 전략이란 새로운 고객가치를 창출하기 위해 기업의 가치사슬을 독특하게 구축하는 행위다. 기존의 '사회혁신' 및 '이해관계자 시각' 이론이 사회문제 해결방식에 관한 유용한 가이드를 주는 것은 사실이다. 하지만 그런 가이드가 반드시 비즈니스 전략으로 이어지지는 않는다. 사회혁신은 전체적인 전략적 틀에서 더 큰 의미를 찾을 수 있으며, 이해관계자의 다양한 이해관계를 조정하

전략적 CSR은 있어도, 전략적 CSV는 존재하지 않는다. CSV 자체가 기업의 전략이기 때문이다.

는 일은 그 자체로도 힘들지만 그 과정에서 기업의 전략적 가치가 무시될 수 있다(덧붙이자면 이 두 가지 시각이 전략적이지 않다는 점을 강조하려는 것이 아니라 출발점이 다르다는 점을 지적하고자 한다).

따라서 '독창적이지 않다'는 비판은 CSV가 기존과 다른 비즈니스 전략이라는 차원을 애써 무시한 발상이다. 기본적으로 CSV 전략은 '사회혁신'이나 '이해관계자 시각'보다 기업의 핵심역량과 고객가치를 지향한다. 즉 소비자 가치 창출을 통한 이윤추구라는 기업의 역할에 본질적으로 충실하기 때문에, 가치사슬상의 다양한 행위에 많은 임팩트를 줄 수 있다. 다만 포터와 크레이머는 자신들의 주장을 선명하게 하기 위해 기존의 여러 CSR활동을 CSV와 단순히 비교함으로써, CSR의 존재 목적과 다양성, 전략적 가치를 과도하게 깎아내렸다. 자신들의 논문에서 CSV야말로 사회문제 해결을 위한 최후의 보루인 양 가장 상위에 배치함으로써, 다른 접근이나 시각을 '낮은 수준의 사회적 가치 창출 방법'으로 오해하게끔 하기도 했다. 기업의 CSV 활동은 사회문제를 해결하는 데 충분한 전략적 도구가 될 수 있다. 그렇다고 해서 CSV가 다른 모든 접근보다 진화론적으로 우위에 있다고 주장한다면, 동의하는 이가 많지 않을 것이다.

## 기업은 반드시 이기적이다

"CSV는 사회적 목표와 경제적 목표 사이에 존재하는 원초적 긴장감tension을 무시한다. 그러나 이 긴장은 너무나 깊고 커서 이해관계가 전혀 다른 기업이 좀처럼 해결할 수 없다."

기업이 사회적 목표와 경제적 목표 사이의 긴장을 해결하는 데는 한계가 있을 수 있다. 그러나 이를 영원히 해결할 수 없는 것처럼 보거나, 해결 지점을 찾는 노력마저 비난하는 것은 좋은 비판이 아니다. 기업이 사회문제 해결을 위해 존재하진 않지만, 정부나 비영리조직과 협업해 사회적 가치를 일궈낸 선례가 수두룩하다. 기업은 주택문제를 해결하고, 음식을 생산하고, 도로를 건설하고, 의약품을 보급하는 등 사회에 없어서는 안 될 중요한 상품·서비스를 제공한다. 따라서 사회적 목표와 경제적 목표가 긴장관계에 놓여 있다는 사실이, 기업이 사회문제 해결의 주체 혹은 협력자가 될 수 있다는 주장을 반박하지는 못한다.

크레인(2014)은 CSR과 이해관계자 시각에 기반한 많은 논문도 같은 오류를 범하고 있다고 주장한다. CSV를 비판하는 선상에서, 사회문제 해결에 관한 다른 접근에 대해서도 비슷한 비판을 하는 것이다. 이를 테면 기업은 사적 이익을 위해 비정상적 비즈니스 모델을 노동자에게 강요할 가능성이 높고, 결국 자사의 경제적 이익을 위해 사회적으로 해가 되는 접근방식을 취하게 된다는 이야기다. 물론 일부 기업이 사회적 가치를 추구한다며 언론에 홍보하고, 실제로는 자기 이익만 가져가는 비즈니스 모델을 고수한 사례도 있다. 이른바 '그린워싱green washing(위장환경주의)'이 대표적이다.

그렇다면 왜 전략적 CSR을 한다고 하는 기업에서 '그린워싱' 같은 행태를 취하는가? 한 가지만 꼽자면 기업의 핵심역량에 기초하지 않은 사회문제를 다루기 때문이다. 이런 경우 제품·서비스와 거의 무관한 주변적인 일을 해놓고서 홍보에 치중하게 된다. 정작 제품에는 인체에 유해한 재료를 쓰면서 포장지 일부를 친환경적으로 개선하는 식의 전략적 CSR을 하는 기업이 더러 있다. 이에 대한 비판이 합당한지는 관점에 따라 다르겠지만, 여기서 중요한 것은 CSV가 핵심역량 기반 사업이기 때문에 그런 우려를 어느 정도 해소할 수 있다는 점이다.

많은 기업이 사회의 이익에 반하는 잘못을 해온 것은 사실이다. 그러나 환경오염, 수자원 부족, 종업원 복지, 청년 실업 등 사회문제를 모두 기업의 탓으로 돌리는 '기업매도론'이나, 기업이 이런 문제를 해결할 능력이 없다고 하는 '기업무능론'은 기업의 역할을 과소평가하는 것이다. 그런 논리대로라면 기업은 사회문제의 원인이며 이를 해결할 능력과 의지도 없으니, 사회문제 해결에 나서는 대신 법을 준수하면서 궁극적 목표인 경제적 이익에만 충실해야 한다는 결론에 이른다. 이는 밀턴 프리드먼Milton Friedman이 설파한, "기업의 사회적 책임은 이윤을 창출하는 것"이라는 주장과 사뭇 비슷하다. 출발은 다르지만 종착점은 같다. 기업을 경제적 이익 추구의 집합체로만 한정하고, 그저 이윤창출에 충실하라고 주문하는 것이다. 이는 일찌감치 기업이 적극적으로 사회문제 해결에 나서야 한다고 보는 입장에 정면으로 배치된다.

코피 아난Kofi Annan 전 유엔 사무총장은 "기업의 적극적 참여 없이 가난을 극복할 수 있다고 주장하는 것은 유토피아적 사고방식"이라며 일갈했다. 환경운동가이자 《비즈니스 생태학》의 저자 폴 호큰은 "지구상에서 인류를 다른 방향으로 이끌 수 있는 거대하고, 능력 있고, 어디에나 존재하며, 영향력이 큰 유일한 제도는 바로 비즈니스와 산업"이라 주장했다. CSV는 기업의 사적 이익과 사회의 공적 이익이 늘 공존할 수 있다고 주장하지 않는다. 오히려 그게 매우 어렵기 때문에, 기업의 핵심역량과 사회문제가 만나는 접점을 매우 신중하게 '전략적'으로 선택해야 함을 강조한다. 이런 신중함 때문에 사회의 공익을 향상하는 데는 무관심한 것 아니냐는 오해를 사기도 하고, 한편으로 기업이 왜 사회문제에 관여하려 하느냐는 비판을 받기도 한다. CSV는 결코 기업이 모든 사회문제를 풀 수 있다고 주장하지 않는다. 기업의 사익과 사회의 공익이 만나는 지점에 한하여, 기업의 핵심역량을 최대한 이용해 사회문제 해결에 도움을 주고 기업의 사익도 가능하다고 보는 것이다.

### 기업의 태생적 한계

"CSV는 담배·총기류 등 유해 제품을 생산하는 기업에는 적용할 수 없다. 기업이 사회문제를 해결하는 것은 거의 불가능하며, 나아가

CSV가 전혀 적용되지 않는 산업군도 있다."

이는 CSV의 내재적 한계를 지적하는 내용이다. 물론 담배는 건강에 해롭다. 나라마다 정도는 다르겠지만, 담배를 반사회적 상품으로 보는 데 거의 동의할 것이다. 담배에 대한 규정이 세계적으로 엄격해지고 있는 것도 사실이다. 따라서 담배제조 자체를 금지하는 것이 공익적 조치이며 CSV의 가치에도 부합한다고 주장할 수 있다. 만일 담배회사가 CSV를 시행한다면, 그건 어떤 식으로든 담배로 이윤을 창출하는 반사회적 행위이고 CSV의 조건에 맞지 않는 자기모순적 행위라고 비판할 수도 있다.

그러나 현실에는 담배를 선호하는 사람이 여전히 많고, 담배 제조 및 판매가 불법도 아니다. 기업이 담배 생산을 중단해야 하는지 여부는 정부·국회·시민사회의 논의를 거쳐 해결할 문제다. 이는 CSV를 추구하는 기업이 결정할 선택의 문제가 아니다. 담배회사가 CSV를 추구한다면 담배 소작농과 협력해 빈곤 소작농의 삶의 질을 개선할 수 있고, 친환경 제품을 만들 수도 있으며, 나아가 니코틴 함량을 줄이는 식으로 제품을 개선할 수도 있다.

극단적으로 밀어붙이면 자동차에 대해서도 같은 논리를 펼칠 수 있을 것이다. 현재 기술 수준으로는 환경에 일정한 해를 끼치거나, 인명사고를 완벽히 막지 못하는 자동차를 만들 수밖에 없다. 완벽한 친환경자동차 혹은 완벽한 인명보호 자동차가 가능하지 않으므로 자동차라는 제품 자체를 폐기해야 한다고 누군가가 주장한다면 과연 합리적인 생각일까? (세상에는 이런 주장을 하는 이들도 물론 있다!)

자동차회사는 제품을 더 친환경적으로 개선하고 인명을 보호하는 장치를 갖춤으로써 CSV 전략을 경쟁력 있게 추진할 수 있다. 요컨대 개별 기업의 비즈니스 전략으로서 CSV를 제품 자체의 존재 유무와 혼동해서는 안 된다. 담배회사도 자동차회사도 모두 CSR 혹은 CSV 전략을 추진할 수 있다. '담배회사라면 CSR은 추진해도 좋지만 CSV는 안 된다'라는 논리는 성립할 수 없다.

## CSV는 복잡한 글로벌 가치사슬을 다룰 수 없다

"CSV는 글로벌 환경의 복잡한 가치사슬을 다룰 수 없다."

포터와 크레이머는 기업의 가치가슬 전체를 바꾸지 않더라도 부분적으로 CSV 전략을 추진할 수 있다고 보았다. 예컨대 에너지 사용, 로지스틱스, 구매, 배달, 종업원 생산성 등 분야에서 사회문제를 해결할 수 있으며, 이를 통해 기업의 경쟁우위를 높일 방안을 강구해야 한다는 것이다. 또한 단순히 기존 가치사슬 프로세스를 답습하는 게 아니라 혁신적으로 문제를 개선해야 한다고 주장했다.

그러나 크레인(2014)은 이런 과정이 글로벌 환경에서 구축하기 몹시 어렵기 때문에 결국 '이윤 우선주의' 기업만 생존할 수 있다는 비관론을 다시 폈다. 복잡한 이해관계가 얽힌 글로벌 시장에서 가치사슬을 개선한다는 게 어렵다는 지적은 충분히 납득할 만하다. 그러나 그 어려움을 가지고 CSV 전략이 무용을 주장하는 것은 무리다. 사회적 이익과 경제적 이윤이 양립 불가능하다고 본다면 그 이유를 세세히 밝혀야 설득력이 있을 것이다.

## 비현실성

"CSV는 클러스터 개발을 통해 사회의 이익과 경제적 이윤을 약속하지만 이는 실현되기 힘들다."

앞서 설명했듯이 클러스터란, 특정 분야에서 경쟁하고 협력하는 상호 연관된 기업, 전문화된 공급자, 서비스 제공업체, 관련 산업, 연구기관(대학·연구소) 등이 지리적으로 모여 있는 결집체다. 하나의 산업 혹은 기업이 지속적으로 성장하려면 클러스터의 각 부분이 독립적인 경쟁력이 있고 유기적으로 연결되어 시너지를 내야 한다. 톱니바퀴 하나에 이상이 생기면 전체 기계 조작에 문제가 생기듯이, 클러스터의 성공은 각 부분의 원활한 작동을 전제로 한다.

어떤 부분에 문제가 생기면 정부나 기업은 이를 개선하려고 노력한다. 예컨대 소프트웨어 전공자 수가 기업의 수요보다 너무 적으면, 정부는 소프트웨어학과에 세금 할인이나 인센티브 혜택을 주어 학과 신설을 장려하는 식으로 인력 양성에 나설 것이다. 이마저 여의치 않을 경우 기업 스스로 생존을 위해 소프트웨어 전공 희망자에게 소프트웨어 무상교육을 제공하고 추후 일자리를 제공하는 식으로 인력을 충원할 수 있다. 이런 CSV가 바로 클러스터를 개발하는 방식이다.

클러스터 개발 방식은 기업이 속한 환경을 개선하는 작업이라 매우 어려울 수 있다. 그러나 일부 클러스터의 성공이 자칫 "해결되지 않은 환경적·사회적 문제의 바다에 떠 있는 윈윈 프로젝트라는 상상 속의 섬"이 되리라는 것은 지나친 기우다. 어느 한 클러스터의 성공은 다른 클러스터에도 직간접적으로 도움이 되며, 그러다 보면 '사회 문제의 바다'가 점차 메워질 것이기 때문이다. CSV는 더 나은 클러스터 개발을 위해 기업이 적극적으로 나설 것을 주문한다. 비료회사인 야라인터내셔널이 여러 기업과 협업하여 탄자니아의 열악한 농촌 인프라를 개선하고, 이를 통해 비료 판매를 늘려간 사례가 있다. 장기적인 시각으로 비즈니스 모델을 개선하는 작업이 필요하다.

## 순진한 접근이다

"CSV는 기업이 법과 규제를 준수하기 어렵다는 점을 간과한다."

크레인(2014)의 논리는 법과 규제를 따르지 않는, 기본이 안 된 기업이 너무나 많기 때문에 CSV를 얘기하는 것이 어불성설이라는 이야기다. 저자들은 법과 윤리 문제를 다 해결하고 CSV를 할 만큼 당당한 기업이 어디겠느냐고 반문한다. 물론 법과 규제를 따르지 않은 기업 행태를 언론에서 자주 접할 수 있다. 그러나 모든 기업이 법을 어기고 규제를 무시하는 것은 아니다.

CSV 논의에서 법과 윤리 문제를 자세히 다루지 않는 것은 이를 소홀히 여겨서가 아니다. 이는 CSV를 하는 기업에도 기본이다. 어떤 이유로든 법과 규제를 어겼다면 처벌받고 응당한 조치를 취해야 하며, 윤리적으로 심각하게 고민해야 한다. 그런데 '법과 규제를 한 번이라도 어긴 기업이라면 CSR이든 CSV든 사회적 가치를 창출하는 전략을 시행해서는 안 된다'라고 말하는 것은 다른 얘기다. 그런 사고는 다양한 비즈니스 모델을 개발하고 실행하는 데 방해가 된다.

사람이 저마다 다르듯이 모든 기업이 같은 방식으로 행동할 수는 없다. 어떤 기업은 윤리적으로도 사업적으로도 흠잡을 데 없는 반면, 그렇지 않은 기업도 존재하는 게 현실이다. 좋은 CSV 모델을 만드는 길은 다양하고, 정부 및 비영리조직 등 협력자들과 함께해야 한다. 법과 규제에 대한 준수를 기본으로, 기업은 사회와 기업의 이익 모두에 공헌할 수 있는 비즈니스 모델을 개발하는 데 더 적극 나서야 한다. "(CSV에 대해 사회적 가치와 경제적 가치에서 발생하는 법적·윤리적 문제를) 해결하고 나서 우리를 찾으라, 그러면 CSV 설탕을 뿌려 줄 테니"(크레인, 2014) 같은 비판은 사회문제를 해결하고 기업의 긍정적 역할을 확장하는 데 별반 도움이 되지 않는다.

## 근본적 한계

"CSV는 사회에서 기업의 역할에 대한 순진한 이해에 기초하고 있다. CSV가 거시적 사회문제를 해결한다고 주장하지만, 실상은 기업의 미시적 행동변화만 촉구한다. CSV는 자본주의 사회에 뿌리박힌 근본적인 사회문제를 해결하지 못한다."

비판의 요지는 CSV가 자본주의 사회의 근본 문제를 해결하려 하지 않는다는 것이다. 즉 자본주의의 근본 문제를 풀 수 없기 때문에 CSV를 해봐야 별 소용없다는 비관적인 입장이다. 그런데 CSV는 스스로 '자본주의의 근본 문제 해결'을 주장한 적이 없다. CSV는 '기업이 사회에서 할 수 있는 일을 해보자'는 낙관주의적 입장이다.

기업의 핵심역량을 사회문제 해결에 전략적으로 사용하자는 것이

CSV의 핵심이다. 이런 방식은 정부 정책을 획기적으로 수립해 단기간에 많은 기업을 변화시키고 사회문제를 해결하는 방식보다 더뎌 보일 수 있다. 하지만 기업이 사회문제를 바탕으로 혁신적 비즈니스 모델을 수립하고 경쟁우위를 확보하는 순간, CSV는 여느 정부 정책보다 훨씬 더 큰 힘을 발휘할 수 있다. 미시적 물결이 커져 거시적 흐름을 형성하는 것이다. 법과 규제에 의한 강압적인 방식이 아니라, 자기 역량에 맞게 자발적으로 이익을 추구하는 과정에서 더 지속 가능하고 견고한 흐름을 만들어낼 수 있다.

반 컵의 물을 보고 '반이나 차 있다'라든지 '반밖에 안 남았다'라고 하는 판단은 개인의 몫이다. 크레인(2014)은 CSV가 기업 입장에서 사회문제를 바라보기 때문에 한계가 있다고 지적한다. 그러나 그 한계가 바로 CSV가 추구하는 목표다. CSV는 슈퍼맨처럼 온 세상을 구하려 들지 않는다. 사회문제를 자신의 핵심역량에 기반해 해결해나가려는, 어쩌면 조금 더 인간적인 배트맨에 가깝다.

# CSV에 대한
# 일반적인 오해

최근 8년간 우리 사회의 CSV 논쟁에 나타난 몇 가지 오해가 있다.[*] CSV를 둘러싼 잘못된 상식은 무엇이며, 이에 대한 어떤 반론이 가능할지 하나씩 살펴보자.

### CSR은 CSV로 진화한다?

CSV 전략을 '준법 → 자선 → CSR'에서 이어지는 진화 개념으로 오해하는 경우가 있다. 사회적 가치를 창출하는 역사적 과정이 어느 정도 비슷한 경로를 밟은 것은 사실이다(그림 59). 그러나 나중에 만들어진 개념이 앞선 개념보다 무조건 우월하다고 볼 수 없다. 그 이유는 간단하다. 기업이 자선이나 CSR이나 CSV를 한다고 해서 법을 어

---

[*] 김태영. 2012. "CSV는 자본주의 그 자체, 한단계 높은 이윤을 준다" DBR (96호) 수정 보완

그림 59. 기업의 사회적 가치 창출 모델의 진화(×)

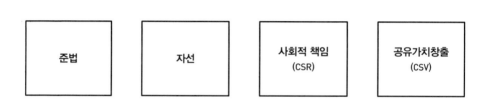

그림 60. 기업의 사회적 가치 창출 모델의 다양성(○)

겨도 되는 것은 아니기 때문이다. 또한 자선을 하고 나서 CSR 사업을 진행하고, 그 뒤에 CSV 사업을 진행하는 방식이 정답은 아니다. 언제든 자선이나 CSR이나 CSV 사업을 해도 무방하다. 이런 맥락에서 준법을 비롯해 사회적 가치 창출 모델은 각각 독립적인 모델로 간주하는 것이 타당하다(그림 60). 기업은 내외적 환경에 비추어 어떤 자선, 어떤 CSR, 어떤 CSV 프로그램을 시행할지, 자기만의 독특한 포트폴리오를 구축하는 것이 맞다.

세간에서는 한국 기업의 도덕성을 비난하곤 한다. 대개 기업이 준법을 하지 않은 데서 비롯한 문제다. 그에 비해 자선이나 그 밖의 사회적 책임을 도외시한 것을 비난하는 경우는 드물다.[•] 사실상 준법은 기업이 사회적·경제적 가치를 창출하는 모든 행위에 가장 기본적인 토대가 된다. 따라서 이를 위반할 경우 일반 대중의 반감이 클 수밖에 없다. 위법을 한 기업에 대해 "법도 안 지키면서 자선이나 사회공헌 프로그램을 운영하면 뭐하나"라든지 "기업은 사업하면서 법만 잘 지키면서 된다"라는 시각으로 바라보기도 한다.

여기서 질문을 던질 수 있다. 기업이 위법을 한 순간, 진행하던 모든 자선 혹은 사회공헌 프로그램을 중단하는 것이 옳은가? 위법을 한 기업은 앞으로 어떠한 자선·CSR·CSV 프로그램도 시행해서는 안 되는가? 이런 질문은 기업의 준법과 자선·CSR·CSV 프로그램의 양립 문제로 귀결된다. 답변은 시각에 따라 다양할 것이다. 다만 준법 문제와 자선·CSR·CSV는 어느 정도 별도의 판단이 필요하다. 기업이 준법을 위한 노력을 게을리해서는 안 되지만, 자선·CSR·CSV 프로그램 개발도 소홀히 해서는 안 된다. 기업은 사회에서 수행하는 역할을 더 적극적으로 해석하여, 사회에 기여하는 각종 프로그램을 미래지향적으로 개발하고 기업 경쟁력도 높이는 방안을 강구해야 한다.

이 논쟁의 중심에는 포터와 크레이머가 〈빅 아이디어: 공유가치창

---

[•] 최근에는 기업의 사회적 책임과 관련을 다하지 않는 기업에 대한 문화적, 규범적 반감이 높아지고 있다.

x

x

| CSR | CSV |
|---|---|
| 가치: 선행(doing good) | 가치: 투입 비용 대비 높은 사회경제적 가치 창출 |
| 시민의식, 자선활동, 지속가능성 | 기업과 공동체 모두를 위한 가치 창출 |
| 자유 재량, 혹은 외부 압력에 대한 반응 | 경쟁의 필수 요소 |
| 이윤 극대화와 관계 없는 활동이 이루어짐 | 이윤 극대화를 위한 필수 요소 |
| 외부 요구나 개인적 취향에 따라 활동 내용이 정해짐 | 기업별 상황과 내부 요인에 따라 활동 내용이 정해짐 |
| 다른 기업활동이나 CSR 예산 문제로 영향력이 제한됨 | CSV를 위해 기업 전체 예산 재편성 |
| 사례: 공정구매 | 사례: 조달 시스템 자체를 혁신해서 품질을 개선하고 생산량 증대 |

양측 모두 관련 법규와 윤리 기준을 준수하고 기업활동이 사회에 미치는 피해를 줄인다는 원칙을 따른다고 가정함.

**그림 61. CSR과 CSV의 차이**

출처: 포터, 크레이머. 〈빅 아이디어: 공유가치창출〉(2011)

출〉(2011)에 제시한 'CSR과 CSV의 차이'가 있다(그림 61). CSR을 기업이 대가 없이 선행을 하는 행동으로 규정하고, 외부의 요구나 개인(예컨대 최고경영자)의 취향에 따라 활동 내용이 정해지는 것으로 매우 단순하게 묘사함으로써, 상대적으로 CSV를 부각하려는 의도로 보인다.

하지만 CSR은 단순한 자선활동이 아니라, 임직원·공급망·협력사·지역사회·소비자·주주·시민사회·환경문제 등 이해관계자와 기업경영 전반에 걸쳐 올바른 관계를 맺는 활동으로 포터와 크레이머가 묘사한 것과는 상당한 거리가 있다. 예를 들어 2010년 발표된 'CSR 가이드라인' ISO26000은 기업이 의사결정 및 경영활동을 할 때 사회적 책임을 강조했다. 특히 NGO^Non-Governmental Organization(비정부조직), SSRO<sup>Service, Support, Research and Others</sup>(서비스·지원·연구 및 기타)
등 주요 이해관계자를 중심으로 지배구조·인권·노동·환경·공정거
래·소비자·지역사회 참여 및 발전 등 7대 주제를 사회적 책임 이슈
로 규정했다. 따라서 CSR을 단순한 사회공헌으로 치부하는 것은 오
류다.

결론적으로 기업의 사회적 가치 창출 모델이 '준법 → 자선 → CSR
→ CSV' 식으로 발전한다는 진화론적 사고는 바람직하다고 할 수 없
다. 기업의 사회적 가치 창출 모델의 다양성을 존중하고 기업은 내외
적 여건을 고려해 자신에게 맞는 포트폴리오를 구축하면 된다.

### CSR을 하는 기업은 CSV로 즉시 전환할 수 있다?

최근 많은 기업이 CSR에 관심을 갖고 사업을 진행하고 있다. 그 범
위도 매우 넓고 활동도 활발하다. 기업의 제품과 무관한 자선사업부
터, 국내를 넘어 해외에도 사회적 책임을 수행하려는 노력이 치열하
다. 또한 기업은 홈페이지를 통해 회사가 진행한 각종 CSR 활동을 홍
보한다. 그런데 만일 CSV의 시각에 동의한다면, 이제껏 해온 기업의
CSR 활동은 어떻게 해야 할까? 모든 CSR 활동을 CSV로 바꿔야 하
는 것인가?

이에 대해 포터와 크레이머는 CSR은 CSV를 위한 좋은 전제조건
이므로 그만둘 필요가 없다고 말했다. CSR은 기업의 핵심역량과는
무관하거나 연관성이 적다. CSR을 위해 기업의 핵심역량과 사업을
재편할 필요도 없다. 주력 사업을 손보지 않고도 CSR이 가능하기 때

문에 전략상 부담을 덜 수 있다. 바로 이 점이 CSR의 장점이자, 그렇기 때문에 '비용'으로 인식돼 지속성과 영향력 면에서 한계를 지닌다.

### CSV는 대기업의 전유물이다?

CSV의 성공 사례로 등장하는 회사는 대체로 거대한 다국적기업이다. 임팩트 비즈니스를 선도하는 기업도 대기업이거나 거대자본을 가진 경우가 많다. 따라서 'CSV는 대기업에만 적용할 수 있는 게 아닌가?'라는 의구심을 가질 수 있다. 네슬레·유니레버·GE·시스코 등은 단기 재무성과에 영향받지 않고 일정 기간 혹은 장기간에 걸쳐 CSV에 자원·시간을 할애할 만한 재무적 완충지대를 지녔다고 생각하기 때문이다.

그러나 자원이 많은 대기업이라고 해서 CSV에 반드시 더 유리하다고 할 수는 없다. 조직 규모가 크고 기존 사업이 이미 정착돼 있으면 오히려 변화를 거부하려는 조직 관성이 매우 강하다. 규모가 작고 대기업처럼 큰 시장을 필요로 하지 않는 민첩한 중소기업의 활약이 기대되는 분야가 CSV다. 역사적으로 볼 때 혁신과 새로운 시장 개척은 현재 시장을 유지하려는 대기업보다 혁신적이고 도전적인 중소기업의 편이었다.

### CSV를 하면 이윤이 줄어든다?

CSV를 실행하면 거기에 드는 비용 때문에 경제적 이윤이 줄어든 중소기업은 시장을 보는 장기적인 안목과 CSV를 위한 기술·능력이 필요하다. CSV 프로젝트가 성공하려면 좋은 아이디어만이 아니라, 실질적인 조직 운영 능력과 기술적 역량이 절실하다. 이 문제는 중소기업이 홀로 해결하기 어려울 때가 많다. 따라서 정부 지원이나 NGO 등 시민단체와의 연계를 통한 '클러스터'의 사고방식이 필요하다.

한편 포터는 CSV를 이뤄가는 과정에도 다른 사업처럼 실험정신·도전·투자가 필요하다고 강조했다. CSV 역시 치열한 경쟁 속에 기업활동을 하면서 사회적 가치를 창출하는, 매우 자본주의적인 프로세스를 거치기 때문이다. 유기농 제품을 다루는 홀푸드마켓Whole Foods Market, 쓰레기를 재가공하는 웨이스트매니지먼트Waste Management, 친환경 재생고무를 사용하는 아웃도어 샌들 회사인 차코Chaco 등은 처음부터 친환경이라는 사회적 가치를 기반으로 사업 모델을 만든 기업이다. 이런 사회적 가치를 담보하는 사회적 기업이 대기업보다 훨씬 수월하게 새로운 상품을 들고 새로운 시장에 진입해 혁신을 불러일으킬 가능성이 높다. 이런 시장이 지속적으로 커진다면 기존 대기업도 다양한 사업 기회를 놓쳐 위기의 순간을 맞을 수 있다. 기업 규모와 관계없이 혁신은 언제나 도전하는 기업의 몫이다.

다는 주장이 있다. 이런 주장이 나오는 까닭은 빈곤·환경 등 사회문제 영역이 단기적으로 시장성이 적어 이윤을 창출하기 어렵다고 보기 때문이다. 그런데 CSV의 목적은 사회적 가치만이 아니라 경제적 이윤을 확대하는 것이기도 하다. 포터와 크레이머는 "CSV는 대안적

자본주의가 아니라 자본주의 그 자체"라고 표현했다. 즉 이윤을 창출하기 위해 CSV를 한다는 것이다.

CSV의 기본명제는 "모든 이윤이 동등하지는 않다Not all profit is equal"로 요약할 수 있다. 이 말은 무엇을 의미하는가? 자전거사업을 하든 시계사업을 하든 기업은 일정한 비용을 들여 상품·서비스를 공급하며, 그 과정에서 가격을 결정하고 이윤을 남긴다. 그 점에서 이윤 창출의 과정은 어느 사업이든 매한가지다. 하지만 포터와 크레이머는 "CSV에 기여한 이윤이 한 단계 높은 형태의 자본주의a higher form of capitalism를 반영한다"고 주장했다. 경제적 이윤도 늘고 사회적 가치도 커지기 때문에 차원이 다른 자본주의라는 것이다. 거꾸로 말하자면 CSV는 경제적 이윤을 줄여가면서 사회적 가치를 높이려는 시도가 아니다. 다른 사업에 투자할 기회비용을 감수하면서 경제적 이윤과 사회적 가치를 창출하려는 게 아니다. 오히려 기회비용을 상쇄하고도 남을 경제적 이윤을 가져다주는 기업활동인 것이다.

더러 기업에 맞지 않는 CSV 모델을 시도해 경제적 이윤이 줄어들 수도 있다. 좋은 CSV 모델을 찾는 것은 어려운 작업이지만, 필수불가결한 성공조건임에는 분명하다.

## CSV는 사회적 가치를 많이 창출할수록 좋다?

기업이 CSV 전략을 수행하다 보면 '사회적 가치의 크기'에 관심을 갖게 된다. 대개는 사회적 가치의 크기가 클수록 좋다고 인식한다. 경제적 이윤이야 많을수록 기업에 도움이 된다. 그러나 사회적 가치는 반드시 그렇지 않다.

　만일 기업이 사회적 가치를 늘리는 것을 목표로 한다면, 많은 사람이 사회적·구조적으로 고통받는 사회문제에 집중해야 한다. 전통적 CSR 관점에서는 기업의 사회적 공헌이라는 면에서, 기업의 핵심역량과 거리가 있더라도 수익의 일부를 배분해 사업을 진행한다. 그런데 핵심역량과 동떨어진 사회문제를 해결하는 데는 상당한 비용이 들기 때문에, 지속적인 사업으로 이어지지 못할 가능성이 매우 높다. 이와 달리 CSV 관점에서는 다양한 사회문제에 전략적으로 접근한다. 기업의 핵심역량을 고려해 선택한 사회문제는 사회가 시급히 해결하려는 사회문제와 유사할 수도 상이할 수도 있다. 이때 기업은 사회적 요구에 대해 지나치게 부담을 갖지 않아야 한다.

　간혹 '우리 기업이 더 많은 사회적 가치를 창출했다'라거나 '사회적 가치가 지난해보다 몇 퍼센트 더 늘었다'라는 식으로 사회적 가치의 크기에 순위를 매기고 경쟁하기도 한다. 사회적 가치를 측정하는 방식이 기업마다 다르다는 점을 고려하면, 이런 순위경쟁은 더욱 의미가 없다. 사회적 가치가 많이 창출된 것처럼 보이려는 시도는 편의적인 가치계산법, 지나친 홍보 경쟁 등으로 본래 의도를 그르치고 만다. 중요한 것은, 기업이 CSV 전략을 실행하면서 기업 실적이 꾸준히 올라 시장에서 좋은 평가를 받고, 특정 사회문제를 지속적으로 해결해 기업 경쟁력에도 이바지하고 있느냐는 점일 것이다.

　한편 기업활동을 하다 보면 해당 산업이나 제품에 시야가 갇힐 때가 많다. 그런데 1960년 하버드 비즈니스 스쿨 교수 시어도어 레빗

Theodore Levitt은 〈마케팅 근시안Marketing Myopia〉이라는 논문에서 기업의 제품이 아닌 고객의 필요에 따라 기업의 사업범위를 정해야 한다고 일찍이 설파했다. 예를 들어 철도사업을 제품(승객 혹은 화물) 중심의 철도사업에 한정하지 않고 수송산업으로 재정의할 때, 항공산업 등 다른 운송사업에도 관심을 갖게 된다는 것이다. 최근 고객중심적 사고를 벗어나 인간중심적 사고방식에 관심을 기울여야 한다는 주장이 나온다. 사람들을 볼 때 기업의 제품·서비스를 구매하는 고객으로서가 아니라, 사회에 속해 삶의 질을 향상하려는 다양한 욕구와 문제를 지닌 인간으로서 보는 관점이 필요하다는 이야기다. 포터와 크레이머도 "고객을 설득하는 것을 넘어서서 인간의 요구를 깊이 이해하고, 비전통적 고객에게 제품·서비스를 제공하는 방법"을 교육하는 것이 중요하다고 봤다.

사람들이 제품·서비스를 구매하는 이유는 스스로 가진 어떤 문제를 해결하기 위해서다. 일처리를 위해 컴퓨터를 사고, 의사소통을 위해 전화기를 사고, 배고프면 음식을 사고, 역량을 갖추기 위해 교육 서비스를 산다. 그런데 이런 문제해결 과정에서 사회적·환경적으로 고통받게 된다면 그 사람은 스스로 고객이 되기 어렵다. CSV는 사람들에게 고통을 주는 사회문제와 사람들이 직면한 사회적 조건에 주의를 기울일 때 경제적 이윤도 극대화할 수 있다는 식의 '발상 전환'을 촉구한다. 고객이 고통을 받으면 결국 기업도 비용처리가 늘어나 고통받는다. 고객의 욕구는 고객을 둘러싼 사회적·환경적 조건과 더불어 개선될 수 있다. 사회문제가 있는 곳에 오히려 경제적 이윤 가능성이 있다.

한국 사회에서 CSV를 논의하는 것은 다음의 의미가 있다.

첫째, CSV는 기업의 핵심역량에 기반한 사회적 가치 창출 활동이다. 현재 대기업을 중심으로 많은 기업들이 CSR을 실행하고 있다. 하지만 CSR을 기업의 주된 활동으로 생각하는 기업은 많지 않다. 또한 박애정신과 기부행위를 논할 계제도 아닌, 지켜야 할 기본 법규조차 위반하는 기업도 종종 있다. 환경 오염물질을 불법 폐기하거나, 비자금을 마련하거나, 비정규직 직원 혹은 이주노동자를 차별하는 기업도 여전히 존재한다. 이런 기업의 최고경영자에게 CSR이 어떤 의미를 지니는지를 반문하지 않을 수 없다. 아직도 많은 기업에 CSR은 비용만 들고 효과는 확실하지 않는 '비용센터cost center'로 인식되는 게 현실이다.

CSV의 관점은 사회적 가치를 증대하는 행위가 기업의 성과를 해치기는커녕 오히려 증대한다고 주장한다. 즉 기업의 자원을 쓰기만 하는 '비용센터'가 아니라 기업에 이익을 벌어주는 '이익센터profit center'라는 것이다. 이 점에서 CSV는 사회적 가치에 큰 관심을 두지 않던 기업들에게 "기업이 왜 사회적 가치를 중시해야 하는가"에 대한 실마리를 던져준다. 사회적 가치 창출에 비용을 지불할 용의가 없다면 경제적 이윤을 위해 사회공헌을 하라는 것이다. 이타심을 위해 본인의 이기심을 이용하는 전략인 셈이다.

둘째, CSR을 하는 많은 기업이 비용은 많이 드는 데 효과는 신통치 않다고 한다. 이때 예산을 얼마나 배정하는지는 기업의 이익 규모와 밀접한 관계가 있다. 이익이 많으면 CSR 비용을 늘리고 이익이 적으면 CSR 지출을 줄이는 식이다. 불경기가 되면 가장 먼저 CSR 지출을 줄인다. 기업에 간접적으로 돌아오는 이익보다 직접적으로 눈에 보이는 비용처리에 더 관심을 두기 때문이다. 이런 식으로는 사업의 지속성을 담보하기 어렵다. 사회적 가치를 위한 장기간의 대규모 투자·비용 지출을 감당할 수 없는 것이다. 또한 CSR 활동에 대한 구체적인 내부방침을 정하기도 어려워, 다양한 사회적 가치 창출 사업을 조직화하기 힘들다.

이런 문제를 해결하려면 기업의 핵심역량에 근거한 사회적 가치 창출이어야 한다. CSV 관점에서는 해당 기업의 기본적인 기업활동을 바탕으로 CSR 활동의 우선순위를 정할 것을 권한다. 무엇을 먼저 하고 무엇을 하지 말아야 할지를 알려준다. CSV가 여러 CSR 활동에 가이드라인을 제시한다고 할 수 있다.

CSV는 사회문제 해결의 만병통치약이 아니다. 그러나 기업이 적극 나서고 정부와 시민단체가 협력하면 더 나은 사회를 만드는 데 기여할 수 있다. CSV는 현재 진행형이다. CSV 분석틀이 완벽하지 않다고 해서 그 비전 자체가 틀린 것은 아니다. 매지니먼트 패러다임의 일시적 유행을 넘어, 사회적 가치를 창출할 수 있는 경제적·사회적 제반 여건에 대한 토론과 실험은 계속돼야 한다.

근 수십 년간 다양한 매니지먼트 패러다임이 유행하다 사라지곤 했다. 예컨대 품질통제QC, Quality Control, TQM, 리엔지니어링Reengineering, 식스시그마, 균형성과표BSC, Balanced Score Card 등이 그렇다. 일부는 여전히 회자되며 기업에서 쓰이기도 한다. 하지만 새 옷을 사고 헌 옷을 버리듯 많은 기업이 철 지난 패러다임을 버린다. 새로운 패러다임이 나올 때마다 도입해 '매지먼트 패러다임의 시험장'으로 불리는 기업도 있다.

'헌신강화escalation of commitment' 개념으로 유명한 배리 스토Barry Staw 버클리대 경영학과 교수는 2000년 리사 엡스타인Lisa Epstein과 함께 매니지먼트 분야의 저명한 저널인《ASQAdministrative Science Quarterly》에 "유행하는 매지니먼트 패러다임의 가장 큰 수혜자는 그것을 사용하는 기업의 최고경영자"라고 지적하는 논문을 실었다. '유행하는 매지니먼트 패러다임' 즉 TQM의 도입이 최고경영자의 급여(보너스 포함)를 올리는 데 한몫하지만, 기업의 재무성과와는 큰 관련이 없다는 것이다. 흥미로운 사실은 유행하는 매니지먼트 패러다임을 이용하는 기업이 그렇지 않은 기업보다 존경받으며, 혁신적이고 관리도 잘할 것으로 대중에게 각인된다는 점이다. 유행하는 매니지먼트 패러다임은 회사의 평판을 높이는 데 도움이 된다. 이렇게 확립된 평판이 기업의 재무성과에 어떻게, 얼마나 오래 연결되는지에 대해서는 논란이 계속되고 있다.

새로운 매니지먼트 패러다임을 도입하려면 만만치 않은 비용을 지불해야 한다. 이 때문에 그 수혜를 장기적으로 정확히 측정하는 것은 어렵다. 최고경영자의 연봉이 올라간 것도 기업으로서는 비용이다. 실질적 경영 성과를 위해 도입된 TQM이 그러한데, 하물며 본연의 기업활동과 거리가 있는 CSR이 기업의 재무성과에 미치는 영향을 명확하게 보이기란 더 어렵다. 따라서 기업의 재무성과에 직접적으로 영향을 주는 혁신적인 비즈니스 모델을 구축해야만,

논란이 되는 여러 패러다임 경쟁에서 앞서나갈 수 있다. 이런 점에서 CSV는 기업의 핵심역량을 기반으로 사회적 가치를 올리고 경제적 이익을 추구하는 기업의 전략이자 비즈니스 모델이 될 수 있다.●

---

● 최근 언론에 자주 소개되는 CSV 관련 내용은 대략 두 흐름이 있다. 첫째, 한국이 경제적으로 어려웠던 시절의 기업 경제활동을 CSV로 포장하는 경우가 늘고 있다. 한 가지 우려되는 점은, 이런 논리를 따르면 경제적으로 어려운 시절에 제품·서비스를 제공한 모든 기업이 CSV 기업이 될 가능성이 있다는 것이다. 이런 논의는 CSV개념의 폐기로 연결될 가능성이 높다. 둘째, CSV를 '이해관계자 시각'과 혼동하는 경우다. 이 경우 기업의 이윤추구가 다양한 이해관계자들의 이익에 부합해야 한다고 본다. 하지만 그런 기업이 곧 CSV 기업이 되는 것은 아니다. CSV는 비즈니스 전략이기 때문이다.

# 이중언어 인재를 키우자!

이 책은 포터와 크레이머의 CSV 논의를 보완하고 성공적인 CSV 실행을 돕기 위해 쓰였다. 2011년 포터와 크레이머의 논문은 사회적 가치를 전략적 개념으로 이해하는 CSV를 제시하며 세상의 큰 주목을 받았다. 하지만 지난 8년간 한국 기업의 CSV 진행상황을 현장에서 살펴본 결과, 포터와 크레이머의 논의만으로 국내에서 CSV를 성공적으로 진행할 수 없다는 결론에 이르렀다. 이 책에서는 사회적 가치와 경제적 가치의 관계, CSV를 둘러싼 오해에 대한 반론, CSV를 단계적으로 이해할 수 있는 SCE 분석틀, 기술혁신의 문제, CSV 실행에서 나타나는 조직의 문제, 그리고 사회적 가치와 경제적 가치를 아우르는 측정 문제 등에 초점을 두었다. 나아가 CSV 기업의 모범 사례를 소개해, 국내 기업의 현실과 괴리를 좁히고자 했다.

아쉬운 점도 있었다. 일부 기업 사례는 데이터가 부족했고, 다양한 연구가 축적될 만큼 충분한 시간이 확보되지 않은 한계가 있었다. 그럼에도 우리가 희망을 갖는 이유는, 국내에서도 사회적 가치를 전략적 개념으로 이해하고 실행에 옮기는 기업이 늘고 있기 때문이다. 더 많은 기업이 혁신과 열정으로 무장해 글로벌 기업보다 진일보한 자리에 서리라 기대한다.

이를 위해 중요한 과제가 있다. 그중 하나가 바로 인재육성이다. 2011년 스탠퍼드 대학의 사회혁신센터Center for Social Innovation를 방문해 버나뎃 클레이비어Bernadette Clavier 디렉터와 귀한 논의를 이어간 적이 있다. 당시 그는 '이중언어 인재Bilingual Talent'를 이야기했다. 물론 이때 '이중언어 인재'란 한국인이 영어를 잘한다는 식의 의미가 아니다. 사회 영역의 언어와 비즈니스 영역의 언어, 양쪽 언어의 구사자를 뜻한다. 이미 10여 년 전부터 CSV를 비롯해 기업 비즈니스와 사회문제 해결이라는 가치를 동시에 다룰 수 있는 인재에 관한 논의가 시작되었다. 하지만 우리 사회는 사회 아니면 비즈니스, 둘 중 하나를 모국어로 삼는 체계에 머무르고 있다. 그래서 한쪽 언어를 모국어로 하되, 다른 한쪽 언어도 충분히 잘 구사해 양 영역에서 융합자와 소통자 역할을 할 수 있는 인재를 육성하는 일이 어느 때보다 절실하다.

우리 사회는 언제나 준비된 인재가 부족하다. CSV 전략을 계획하거나 실행할 때도 그 일을 수행할 적합한 인력을 찾지 못할 가능성이 매우 높다. 기업의 인력은 대부분 비즈니스에만 탁월하다. 사회공헌부서나 개인적인 봉사활동을 경험한 이들이 있겠으나 전체 사업에 기여하기는 어려운 상황이다.

또 다른 문제는 고객과 이해관계자의 역할 변화에 관한 것이다. 우리 사회에 기업의 도덕성을 비판하는 이야기가 많다. 전국경제인연합회의 발표에 따르면, 사회공헌 기금은 한 해를 빼고는 계속 늘어났는데 기업에 대한 존경도는 거의 매년 줄어들었다. 이런 인식이 우리 사회에 각인되어 있다. 회사의 갑질이나 비리 문제가 불거져 불매운동으로 이어진 사례가 있다. 지금도 그 회사가 그럭저럭 비즈니스를 유지하는 것을 보면, 문제가 생겼을 때 그 시기만 잘 넘기면 된다는 수준의 이해가 자리 잡는 것도 놀랍지 않다. 구매는 '시장에서의 투표'라고 한다. 기업은 사회 밖에서 사회와 갈등하는 것이 아니라 사회에 속한 하나의 주체다. 소비자 및 이해관계자가 일관성 있게 기업과 상품을 선택하기 시작해야 진정한 변화가 보이리라 생각한다. 기업의 존재 자체를 비판하기보다는 고객과 이해관계자가 선택을 달리해 기업에 동기부여를 하고 지침을 주는 것이 필요하다.

모든 것은 여전히 사람의 문제다. 그러나 사람의 생각과 역량이 자라기까지는 상당한 시간이 걸린다. 말하자면 이 책에서 꿈꾸는 기업을 통한 사회혁신, 이를 통한 사회의 지속가능한 진보라는 것은 인재를 지속적으로 교육하고 좋은 경험을 쌓아감으로써 가능하다. 그러므로 기업은 당장 그 일을 위한 투자에 나서야 한다. 기업은 사회적 기업이나 비영리조직에 핵심인력을 파견해 사회적 가치의 새로운 언어를 배우거나, 사회적 기업이나 비영리조직에서 비즈니스 훈련이 되어 있는 인력을 중용하는 방안을 적극 검토해야 한다.

기업은 사회변화에 따른 '적응'과 '혁신'을 짐이 아닌 기회로 바라보아야 한다. 컴퓨터가 처음 만들어졌을 때도, 인터넷이 처음 등장했을 때도 엔지니어들의 장난감 이상으로 여기지 않던 것들이 이제 비즈니스의 요체이자 기반이 되었다. 이 책의 고민을 기업의 경영자나 전략팀만이 아니라 기업에서 일할 인재, 스타트업을 고려하는 청년, 나아가 그들의 상품을 소비하거나 또 다른 방법으로 관계를 맺을 모두에게 권하는 이유가 그것이다. 기업이 처한 현실에서 경쟁력을 확보하기 위해 우리는 사회적 가치로 한 발짝 더 움직여야 한다. 우리가 바라는 세상은 조금씩, 그러나 예상보다 빨리 다가올지도 모른다.

부록 1.

# 지금 CSV는 어떻게 움직이고 있는가

오늘날 전 세계 기업에서 각종 CSV 프로젝트를 진행하고 있다. 이들 프로젝트가 초심을 잃지 않고 소기의 목적을 달성하려면, 현장에서 그날그날 전략을 점검하고 보완해나가야 한다. 즉 중·장기적으로 경쟁력 있는 전략을 만들고, 기업의 모든 구성원이 그 전략을 효율적으로 구현해야 하는 것이다.

여기 국내외 CSV 사례들은 처음부터 완벽한 전략으로 성공을 거둔 모범으로서 제시하는 것은 아니다. 그보다는 CSV 전략의 기본 요건을 갖춰 더 나은 전략으로 발전할 가능성이 큰, 현재 진행형인 사례들이다.

## 그라민폰: 빌리지폰 프로그램

그라민폰Grameenphone은 노르웨이 텔레노어그룹과 방글라데시 그라민텔레콤의 합작회사로 1996년 10월 10일 설립되었다. 현재 가입자 기준으로 방글라데시 모바일 통신업계 1위를 달리고 있다.

세계 최빈곤국가에 속하는 방글라데시는 통신 비용이 비싸고 인프라가 부족한 탓에, 비도시권 저소득층이 무선통신의 혜택을 누릴 수 없었다. 비도시권 주민은 개별적으로 무선통신을 구입해 사용할 정도의 소득이 없었으며, 정부 또한 유선 기반의 공중전화를 제공할 예산을 확보할 수 없었다. 특히 대다수 주민이 농업에 종사하는 상황에서 농산물 가격 정보를 얻기 어려워 중간상인에게 횡포를 당하거나 먼 거리를 이동해 정보를 얻어야 했다. 통신 접근성의 한계는 정보의 부족으로 이어지고, 이는 다시 소득 증가를 저해하는 요인이 되었다.

그라민폰의 빌리지폰Village Phone 프로그램은 주로 저소득층 여성을 마을 휴대전화 공급자Village Phone Operator로 삼아 그라민은행에서 최대 175달러를 대출해주어 단말기를 구입하게 했다. 이들 여성은 그라민폰의 이동통신 서비스에 가입한 다음, 마을 주민에게 휴대전화를 공중전화처럼 빌려주었다. 이를 통해 저소득층 여성은 경제적으로 자립하고, 마을 주민은 이동통신 서비스를 이용할 수 있게 됐다. 농촌에서도 꼭 필요한 만큼은 무선통신을 활용함으로써, 결과적으로 고용이 늘고 새로운 소득을 창출하기도 수월해졌다.

그라민폰은 통신인프라가 절대적으로 부족한 방글라데시 시장에 진출해 이곳 최대의 이동통신 기업으로 자리 잡았으며, 50퍼센트 이상의 시장점유율을 보이고 있다.

**더 읽기**

– 합작회사로 사회적, 비즈니스 가치를 동시에 창출하는 그라민 은행

http://www.seoulnpocenter.kr/bbs/board.php?bo_table=npo_aca&wr_id=1234&sfl=wr_4&stx=
%ED%98%91%EB%A0%A5

– 그라민폰 방글라데시

https://www.telenor.com/about-us/global-presence/bangladesh/

– 세상을 구하는 기술로 사업에 도전하라! 소외된 90%을 위한 나의 재능 사용법

https://blog.naver.com/dcnf2012/110171820017

## 인터페이스: 카펫타일 리스 서비스

인터페이스는 세계 최대의 글로벌 카펫제조 회사다. 1973년 설립되어 미국에 본사를 둔 채 110개국에서 약 1조 원의 매출을 올리고 있다. 최고경영자 레이 앤더슨은 환경친화적 기업을 목표로 미션 제로 프로젝트를 시행했으며, 원가를 절감하는 한편 기업혁신에도 성공했다. 인터페이스는 최고경영자를 중심으로 전사적으로 전략 변경을 추진한 사례다.

카펫 소재는 대부분 석유화학물질이므로 자원 소비도 많을뿐더러 폐기 과정에서 심각한 환경오염을 일으킨다. 폐기되는 카펫의 89퍼센트가 매립되어 분해되기까지 적어도 수십 년이 걸린다. 게다가 분해되는 동안 벤젠 등 여러 오염물질이 배출된다.

인터페이스는 카펫 폐기물을 줄이기 위해 카펫타일 리스 서비스를 고안해 냈다. 카펫을 타일 형태로 만들어 오염되거나 파괴된 부분만 교체할 수 있도록 한 것이다. 이를 통해 환경오염 물질 배출을 30퍼센트 이상 감축하고, 수거한 카펫을 재활용하는 기술도 개발해 1995년부터 약 20년간 16만 톤에 달하는 폐기물을 줄였다. 나아가 친환경 카펫 신소재 솔레니움, 유해물질을 배출하지 않는 접착테이프 등을 개발해 기존 대비 환경영향을 90퍼센트 줄였다. 그 결과, 1996년 이래로 카펫의 평균 탄소 배출은 66퍼센트 감소했고, 총 폐기물의 규모는 91퍼센트, 온실가스 배출량은 96퍼센트 감축되었다.

인터페이스는 자사 규모를 넘어 카펫산업 전반에 변화를 일으켜 환경영향의 극단적 감소를 달성했다. 또한 인터페이스의 리스 서비스를 통해 고객은 카펫 전체를 교체하는 데 드는 비용 대비 30퍼센트 이상을 절약하는 한편, 매달 정기적인 관리를 받아 더 좋은 품질의 카펫을 이용할 수 있었다. 리스 서비스로 사업을 전환한 이후 약 12년간 인터페이스의 매출은 70퍼센트가량 증가했고 순이익은 두 배가 되었다.


더 읽기

- 인터페이스 21세기형 지속가능 모델 기업

http://www.koenergy.co.kr/news/articleView.html?idxno=12765

- Swept under the Carpet: Exposing the Greenwash of the U.S. Carpet Industry Report published by GAIA and Changing Markets

- 이기적인 착한 기업들

https://www.csr.go.kr/data/study_view.asp?Idx=235&Page=5&setListViewCnt=10&schField=&schValue=&schApproval=

## 파타고니아

파타고니아는 1973년 산악인 이본 쉬나드가 설립한 고급 아웃도어의류회사다. 미국에서 시장 2위를 기록 중이며 사회적 기업 인증제도인 비콥 인증을 받았다. 2200여 명의 임직원을 고용하고 있으며, 세계 17개국 83개 의류생산업체와 OEM 협력관계를 맺고 25개국 150개 원자재생산업체와 납품관계를 맺고 있다. 2017년 기준으로 약 9000억 원의 매출을 기록하고 있다. 파타고니아는 최고경영자를 중심으로 전사적으로 기업 전략을 변경한 사례다.

패션산업은 환경오염을 크게 일으키는 대표적인 산업이다. 상품을 폐기할 때는 물론, 생산 과정에서도 여러 오염물질이 발생한다. 폴리에스테르는 석유화학물질이며, 면화 생산에서도 농약과 인공비료가 많이 사용되어 독성물질이 검출되기도 한다. 이런 식으로 면화를 생산한 지역은 약 5년의 회복기가 필요할 정도로 그 영향이 심각하다. 또한 1킬로그램의 면을 생산하는 데 1만 리터의 물이 사용되기도 한다.

파타고니아는 기존 면화를 유기농법으로 생산한 면화로 대체하고, 폴리에스테르는 재활용하기로 결정했다. 그리하여 다양한 테스트와 연구를 거쳐 1996년 모든 면직류를 100퍼센트 유기농법 순면으로 전환하는 데 성공했다. 한편 플라스틱 페트와 빈 병을 재활용해 재킷용 섬유를 생산하는 기술도 개발했다. 재생 폴리에스테르는 석유에서 바로 뽑은 폴리에스테르보다 큰 비용이 들었지만 파타고니아는 새로운 전략을 멈추지 않았다.

나아가 고객이 제품을 가져오면 수선해주고 반짇고리 세트를 증정하면서, 옷을 새로 사는 대신 오래 입도록 권했다. 고객은 자신들이 구입한 옷이 오래 입을 수 있는 튼튼한 옷임을 인지하며, 그 옷을 입고 갈 산악과 자연을 보호하는 데 스스로 기여한다는 확신을 갖게 됐다. 또한 산악 의류를 구매하는 비용도 줄일 수 있었다.

이런 행보를 통해 파타고니아는 미국의 2위 아웃도어 브랜드로 자리매김했다. 훌륭한 브랜드 자산 축적과 비용관리 정책의 결과로 2013년 매출을 약 7000억 원까지 끌어올렸으며, 2015년 기준 약 9000억 원의 매출을 기록했다. 2008년부터는 파격적인 복지정책을 실행하면서 직원 이직률이 급감하고 충성도가 상승해, 오히려 순이익이 세 배 이상 증가했다.

**더 읽기**

- 유승권, 박병진. (2017). "파타고니아, 비즈니스 가치사슬과 CSR의 결합사례" 한국기업경영학회 기업경영연구, 24(4). pp. 31-57

- Environmental Issues with cotton

http://www.theworldcounts.com/counters/cotton_environmental_impacts/environmental_issues_with_cotton

## 보다폰: 엠페사

보다폰<sup>Vodafone</sup>은 영국에 본사를 둔 세계 2위의 이동통신 기업이다. 1984년 설립되어 현재 31개국에서 4억 400만 명의 고객에게 이동통신 및 IT 서비스를 제공하며, 약 9만 1000명의 직원을 두고 있다. 보다폰은 유럽 · 미국 등 선진국에서 이동통신 시장의 경쟁이 치열해질 무렵, 일찌감치 미래의 수익을 창출할 수 있는 이머징 마켓으로 진출할 전략을 펼쳐왔다. 그리하여 현재 고객의 68퍼센트와 매출의 약 3분의 1이 이머징 마켓에서 나올 만큼 성공적인 진출을 해냈다. 보다폰의 엠페사<sup>M-PESA</sup>는 이머징 마켓 진출을 모색하는 과정에서 탄생한 서비스다. 본래 CSR로 시작했으며 회사 내 모바일 결제 사업부문에서 담당했다.

케냐는 한국의 약 5.8배에 달하는 국토 면적에 4500만 인구가 사는 나라다. 그럼에도 은행은 750개 지점에 불과하고 대부분 도심에 몰려 있어, 도시가 아닌 지역에 거주하는 인구는 은행과 금융서비스를 이용하기 어려웠다. 1인당 GDP 1000달러 정도의 저개발국가이기 때문에, 국내총생산에서 농업이 차지하는 비중은 24퍼센트로 가장 높다. 농업은 추수 · 파종 시기에 따라 수입의 변동이 크다. 케냐에서는 이를 해소하고자 선진국에서 금융 지원을 받았지만, 금융인프라의 부족을 해결하기에는 역부족이었다. 많은 인구가 금융서비스의 혜택을 받지 못하거나, 은행 등 금융기관에 접근하기 위해 상당한 시간과 노력을 들여야 하는 불합리한 상황에 놓여 있었다.

엠페사는 케냐의 사파리콤이 보다폰의 기술이전을 받아 마련한 서비스로, 스마트폰 외의 휴대전화에서도 문자를 통한 송금을 가능하게 한 일종의 전자지갑 시스템이다. 이를 이용하면 현금이 없더라도 대금을 지급할 수 있고, 소액대출도 받을 수 있어 금융 접근성이 매우 높아졌다. 게다가 은행계좌가 없어 송금에 어려움을 겪던 케냐 국민들은 휴대전화 계정 자체를 은행계좌처럼 이용할 수 있어, 금융 갈증을 크게 해소하며 사회적 가치를 창출했다.

엠페사는 도입 초기부터 시장에서 뜨거운 반응을 얻었다. 케냐 전체 성인의 3분의 2에 해당하는 1800만 명 이상이 서비스를 이용하고 있어, 케냐가 한국을 제치고 전세계 모바일 뱅킹 보급율 1위를 기록하고 있다는 사실이 이를 뒷받침한다. 또한 엠페사는 은행의 물리적 거리의 문제를 해결하는 한편, 수수료도 매우 낮아 대중적인 모델로서 충분히 의미가 있다. 실제로 케냐 가정의 2퍼센트가 모바일 금융서비스를 통해 극빈층에서 벗어난 것으로 조사됐다.

엠페사는 2007년 도입 이후 성장을 거듭해 세계적으로 약 28만 7400개의 공식 에이전트 네트워크를 구축했으며, 2016년 엠페사를 통한 누적 거래 수는 60억 건에 달했다. 보다폰이 40퍼센트 지분을 보유한 사파리콤에 따르면, 케냐 GDP의 약 43퍼센트에 해당하는 규모의 돈이 엠페사를 통해 거래되고 있다. 사파리콤의 전체 매출 가운데 18퍼센트가 엠페사로부터 창출되며, 2013년 상반기 가입 고객은 전해 대비 19퍼센트 증가했다. 탄자니아의 보다콤Vodacom의 경우 매출의 14퍼센트가 엠페사로부터 창출된다. 현재 엠페사는 인도와 콩고공화국을 비롯해 케냐·아프가니스탄 등에서도 신시장 진출 전략의 선봉을 맡고 있다.

**더 읽기**
— M-Pesa: Kenya's mobile money success story turns 10
https://edition.cnn.com/2017/02/21/africa/mpesa-10th-anniversary/index.html

수퍼빈은 인공지능을 통해 순환자원의 가치를 공유하고 실천하는 사회문화를 만들어가는 것을 목표로 하는 기업이다. 2015년 설립되어, 인공지능 재활용 수거 자판기인 네프론을 개발해 2016년 시범사업 이후 2017년 대한민국 특허대상을 수상했다. 현재 네프론은 서울·과천·의성·구미 등 여러 지역에 설치되어 있다.

2018년 상반기 중국이 재활용 쓰레기 수입을 중단하면서 일시적으로 쓰레기 대란이 국내를 휩쓸었다. 그에 따라 플라스틱 사용 감소를 위한 일회용컵 단속 등 정책이 잇따라 발표됐고 쓰레기 문제는 심각한 사회문제로 인식되었다. 플라스틱이 환경에 심각한 악영향을 끼치는 원인은 크게 두 가지로 볼 수 있다. 첫째는 플라스틱의 썩지 않는 성질 때문인데, 플라스틱이 자연에서 분해되려면 최소 수백 년이 걸린다. 둘째는 플라스틱이 해양 오염을 유발하기 때문이다. 플라스틱은 물에 계속 떠다녀 해양생물이 이를 먹이로 착각하여 해양생태계에 치명적인 영향을 미친다.

플라스틱이 대중적으로 사용되기 시작한 1950년부터 2015년까지 총 생산량은 83억 톤에 이른다. 그중 3분의 1 이상은 페트병·비닐 같은 포장재이므로 단기간에 쓰레기로 돌변한다. 플라스틱 포장재의 재활용율은 14퍼센트에 불과하다. 따라서 플라스틱 사용을 줄이는 동시에 재활용율을 높이는 것이 관건이다. 그러나 한국에서는 분리수거의 미비, 지방자치단체 선별장의 부족, 재활용 기술의 부족, 제조 단계에서의 재활용 고려 부족 등 이유로 재활용이 제대로 이뤄지지 않고 있다. 수퍼빈은 플라스틱 재활용율이 낮은 원인 가운데 분리수거의 미비에 집중했다. 가정에서 나온 분리수거 쓰레기 대부분이 재활용 가능함에도 분리수거가 세분화되지 않아 버려진다고 본 것이다. 이에 착안해 수퍼빈은 인공지능을 이용해 쓰레기를 선별 수거하는 기기인 네프론을 발명했다. 그리하여 기기를 설치·대여하고 쓰레기를 수거해 가공한 다음, 재활용 업체에 이를 판매함으로써 수익을 얻는 시스템을 만들었다.

네프론은 인공지능 기반의 기계이기 때문에 기존 재활용 프로세스의 높은 쓰레기 선별장 운영 비용을 획기적으로 줄일 수 있었다. 현재까지 데이터를 보면, 민간업체에 위탁하는 비용의 3분의 1정도만을 들여 비슷한 성과를 낼 수 있다. 또한 재활용 선별에서 정확도가 높아지므로 효율성이 향상되고 재활용업체의 자의적인 쓰레기 선별 방식에서 벗어나 일관성을 확보하는 등 효용이 있으며, 궁극적으로는 재활용율을 높일 수 있다. 네프론이 선별해 재활용 회사에 제공하는 캔과 페트는 2018년 상반기에만 33톤 수준이었다.

네프론의 직접고객은 지방자치단체다. 지방자치단체는 환경보호라는 사회적 가치를 중요시하는 조직이며, 네프론을 활용할 때 66퍼센트가량의 세출 감소 효과가 있기 때문에 이에 매력을 느낄 수밖에 없다. 한편 대중은 네프론에 재활용품을 투입할 때 개당 10~15원의 포인트를 지급받는다. 수퍼빈은 이를 은행처럼 적립해주고 일정 금액이 모이면 찾아 쓸 수 있도록 했다. 결과적으로 대중 사용자에게도 인센티브를 다소 제공하는 셈이다.

수퍼빈은 2017년 후반부터 판매를 시작해 2018년에는 전해 대비 약 300퍼센트 매출이 신장될 것으로 추정되었다. 비용과 명분에서 모두 직접고객인 지방자치단체에 매력적인 상품이기 때문이다.

**더 읽기**

- The New Plastics Economy
https://www.ellenmacarthurfoundation.org/assets/downloads/New-Plastics-Economy_
Catalysing-Action_13-1-17.pdf
- 플라스틱, 줄이는 게 답인 이유
http://www.greenpeace.org/korea/news/feature-story/2/2017/why-reducing-plastic-use-is-
the-only-answer

## 롯데마트의 어깨동무

롯데마트는 롯데쇼핑이 운영하는 대형할인점으로 2018년 1월 기준 국내외 총 180여개 지점을 보유하고 있다. 롯데마트는 동반성장 헌장과 동반성장 5대 실천전략을 실천하고 있는 상생을 강조해왔다. 롯데마트는 주요 이해관계자인 제조, 유통 중소기업이 안정적인 판로 확보, 상품 브랜드 확립 그리고 가격경쟁력 확보 등 다양한 어려움을 겪고 있음에 따라 롯데가 가진 자산과 역량을 통해 협력사의 성장과 더불어 지역사회 상생을 목표했다.

본래 두부는 중소기업의 전통적인 고유 상품이었다. 하지만 대기업의 두부시장 진입으로 유통시장 구조가 대기업 중심으로 바뀌며 1999년 53.2퍼센트였던 중소기업의 시장점유율은 2012년 16.9퍼센트로 감소했다. 상생이라는 이슈를 주시하던 롯데마트는 이러한 불균형을 사회문제로 보고 이를 해소하고자 했다.

'어깨동무 두부 협동조합'이 이에 대안으로 제시됐다. 이 협동조합은 각 지역의 두부 관련 이해관계자들이 모여 설립한 곳이다. 두부제조업체 6곳, 콩 원물업체, 콩나물 제조업체, 부자재 업체, 2차 가공업체 등 총 14개 업체가 하나의 협동조합으로 힘을 모았다. 롯데마트는 협동조합 설립 때부터 '어깨동무'란 이름의 브랜드를 제안하는 등 컨설팅을 제공했고 지금도 각종 마케팅과 홍보활동을 도와주며 협력관계를 유지하고 있다. 중소기업의 우수한 두부생산 기술력과 대기업의 자원과 역량이 더해져 시너지 효과를 낸 사례라고 할 수 있다.

협동조합을 통해 두부의 제조원가가 낮아지면서 대기업 두부 브랜드와 가격 경쟁을 할 수 있게 됐다. 또한 지역성이 곧 신선함으로 연결되도록 마케팅했다. 어깨동무 두부 구매액의 0.5퍼센트는 국내 콩 재배 농가의 1등급 콩 생산에 쓰이도록 해 지지기반도 확립했다.

그 결과 어깨동무 두부 협동조합은 대기업의 제품 대비 최대 37퍼센트 낮은 가격을 고객에게 제안할 수 있었다. 중소기업 두부 시장점유율은 2012년 16.9퍼센트에서 2014년 31.5퍼센트로 증가했다. 협동조합에 참여한 두부 상품 제조 5개사의 이익은 30퍼센트 이상 증가했으며, 원물업체의 콩 취급 물량도 월 평균 30퍼센트가량 제고되고 원물 및 부자재 공동 구매를 통해 연간 3억 이상의 원가 절감효과도 발생하고 있다.

어깨동무 프로젝트는 2013 동반성장 주간 기념식에서 대기업과 중소기업 동반성장 우수사례에 채택되어 산업통상자원부 장관의 표창을 받았다. 동반성장위원회가 발표한 2013년 동반성장지수 평가 결과에서 유통기업 중 우수 등급을 받은 기업은 롯데마트가 유일했다. 2014년에는 공유가치 창출 우수 기업을 선정해 수여하는 제1회 'PORTER PRIZE FOR EXCELLENCE IN CSV(포터상)'에서 상생부문 상을 수상했다.

**더 읽기**

– 노병용 롯데마트 · 문영학 오성식품 대표의 유쾌한 '어깨동무'
http://www.etoday.co.kr/news/section/newsview.php?idxno=808669
– 어깨동무협동조합 회사소개
http://xn---9l0b66ho9gevl.com/homepage/pages/submenu1/submenu1_2.php2014 Highlights
– 롯데마트 CSV 프로젝트 추진사례 – 어깨동무 협동조합 –
file:///C:/Users/ISQ-LENOVO-2019-3/Downloads/2016년+롯데마트+상생협력+사례(어깨동무+협동조합).pdf
– 롯데마트 동반성장 소개
https://winwin.lottemart.com/main/system/System01.do?menuId=1&categoryCd=C0002

## CJ대한통운: 실버택배

CJ대한통운은 1930년 설립된 국내 최초의 물류 보관 및 운송 업체 '조선미곡 창고주식회사'를 전신으로 한다. 현재 계약물류, 택배, 포워딩, 국제특송, 항만 하역·운송 등 다양한 사업을 진행하며 33개국에 진출했다. 국내에는 100여 개의 물류센터를 운영하며 계약물류 시장에서 1위 자리를 지키고 있다. 나아가 '일자리, 친환경, 지역사회 기여'라는 3대 핵심가치를 구현하기 위해 '실버택배' 모델을 개발하고 적극 추진해왔다. 실버택배 사업을 운영하는 택배사업부에서는 1만 8000여 대의 운영 차량으로 1일 최대 670만 박스의 물량을 처리하고 있다. 실버택배는 기존 택배원의 과다한 업무량을 분산시켜 업무 부담을 줄이고 안전성을 높여 고객에게 품질적 차별성을 제공했다.

한국은 빠르게 고령화하는 나라들 중 하나로, 2050년이 되면 65세 이상 인구가 전체 인구의 35.9퍼센트에 달할 것으로 예상된다. 반면 노인복지 수준은 하위권으로, 노인빈곤율이 50퍼센트에 육박한다. CJ대한통운의 실버택배는 노동강도가 높지 않고 지속적인 소득이 보장되므로 노인에게 큰 장점이 있다. 이 사업은 택배 차량이 싣고 온 물건을 노인들이 친환경 카트를 이용해 최종 지점까지 배송하는 방식으로 운영된다. 현재 실버택배를 통해 전국 160여 개 거점에 1300여 개의 노인 일자리가 창출되었고, 노인들은 월 50만~150만 원 정도의 소득을 얻는다. 이는 정부에서 마련한 노인 일자리의 소득보다 높은 수준이다.

사회적 가치를 창출하는 사업이 CJ대한통운 고객의 불편함을 해소한 점도 의미 있다. 택배사업은 안전 때문에 화물차가 아파트단지나 전통시장에 들어가지 못하는 등 배송에 비효율성 문제가 있었다. 이는 택배기사에게도 불편한 일이지만, 고객도 배송이 늦어지는 등 여러 서비스 품질 문제를 겪는다. CJ

대한통운은 택배차량이 들어가지 못하는 단지 내 배송에 실버택배를 활용함으로써 물류 효율을 크게 높였다. 장기적으로는 서비스 차별성을 확보하고 품질을 제고해, 매출이 늘어나는 결과로 이어질 것이다. 실버택배는 고령사회에 필요한 양질의 노인 일자리를 창출하는 동시에, 배송 서비스의 질을 높여 기업과 사회의 동반성장을 도모하는 CJ그룹의 대표적 공유가치 모델이다.

**더 읽기**

– CJ대한통운 실버택배, 누적 배송량 2천만 상자 넘었다
https://www.cjlogistics.com/ko/newsroom/news/NR_00000348
– 실버택배 400명 운영… 어르신·고객·회사 모두 만족
http://news.chosun.com/site/data/html_dir/2014/12/22/2014122202707.html

## 코오롱: 호텔카푸치노

코오롱그룹의 자회사인 엠오디는 1973년부터 호텔·콘도·골프장 등 레저사업과 부동산종합서비스 사업을 하고 있다. 대표적인 사업은 마우나 오션 리조트를 통한 골프장 운영업이며, 그 밖에 코오롱호텔, 씨클라우드호텔, 호텔카푸치노를 운영하고 있다. 2017년 기준으로 사원은 약 120명, 매출액은 865억 원이다. 엠오디에서 운영하는 호텔카푸치노는 코오롱그룹의 전략기획실인 LSI<sup>Life Style Innovation</sup>에서 제안한 프로젝트로, 국내 최초 공유가치를 내세운 호텔로 주목받고 있다.

호텔산업은 환경영향이 큰 대표적인 산업이다. 운영상 에너지 소비가 크고 어메니티를 통해 다량 폐기물이 발생한다. 한국에너지공단의 에너지 사용량 통계에 따르면 에너지 다소비 건물 가운데 호텔이 차지하는 비율은 약 10퍼센트다.

호텔카푸치노는 이런 사회문제를 호텔 전반의 문화를 바꿔 해결하고자 했다. 고객이 객실·식당·엘리베이터 등 어디서든 기부를 실천할 수 있도록 공간을 마련해, 사회적 가치 창출을 경험하게 하는 것이다. 예컨대 반려견과 동반 투숙이 가능한 '바크룸'을 통해 얻어지는 수익금 일부는 동물보호단체 '카라'에 기부해 유기견을 돕는 데 사용하고, 호텔의 식음료 메뉴 중 '엔젤 메뉴'를 주문할 경우에도 수익금 일부를 기부한다. 모든 객실에 'E&G<sup>Earn & Giveaway</sup> 프로그램'을 운영해, 어메니티를 사용하지 않은 만큼 카페에서 음료로 교환하거나 비영리조직 'Water.org'에 기부하게끔 유도했으며, 'Share Your Clothes' 박스를 설치해 버려지는 의류를 기부하고 있다.

이런 고객 경험은 확실한 차별화가 가능하다. 그 차별화된 가치는 대중이 자랑스럽게 설명할 만한 요소가 있어 최근 SNS의 발달로 중요해진 콘텐츠로서의 가치도 지닌다. 호텔카푸치노는 비슷한 시기에 지어진 다른 호텔과 비교해 명확한 포지션을 갖게 됐고 바이럴 마케팅에 월등히 성공했다. 이는 중·장기적으로 브랜드 가치와 매출에 긍정적인 영향을 끼칠 것으로 예상된다.

**더 읽기**

– 호텔카푸치노에서 자고 나가면 천사가 된다?!

https://www.jungle.co.kr/magazine/23033

– 호텔&레스토랑 – Stay long with nature 호텔과 환경, 함께 갈 수 있을까?

http://hoteltrend.tistory.com/206

– 건물부문_에너지사용량 규모별 업종별 현황

http://kosis.kr/statHtml/statHtml.do?orgId=115&tblId=DT_11507N_102&conn_path=I2

## SK이노베이션: 내트럭

SK이노베이션은 1962년 국내 최초 정유·화학 회사로 출발한 국내 최대 규모의 에너지·화학 기업이다. 현재 석유개발·정유·화학·윤활유·배터리 등 사업을 하며 사원은 약 6500명, 매출은 약 46조 원을 기록하고 있다. '내트럭' 사업은 SK이노베이션의 자회사이자 정유회사인 SK에너지의 주유소 및 휴게소 사업의 일환이다.

화물운송은 고강도 노동이 필요한 일이다. 그러나 알선료를 제하고 나면 운송료가 적다 보니, 운송 건수를 높이기 위해 졸음운전도 마다 않고 밤새도록 운전하는 노동자가 많다. 이런 상황에서 화물차 운전자의 졸음운전은 큰 사고를 일으킬 수 있는 문제로 지적돼왔다. 또한 화물차 운전자는 화물 주선자 혹은 운송점을 통해 화물 정보를 받아야 하는데, 대형차의 특성상 주차공간이 마땅치 않아 주택가 등에 불법주차를 하게 되어 주변에 문제를 야기하기도 한다.

SK이노베이션은 '내트럭하우스'라는 화물차 전용 휴게소를 전국에 수십 곳 두고, 화물차 운전자가 휴식을 취하고 주차·주유·정비 서비스를 받을 수 있게 했다. 이는 졸음운전 사고를 방지하고, 화물차주가 실시간 화물 정보를 얻을 수 있도록 해 불법주차의 문제도 줄였다. 화물정보망 서비스 '내트럭프렌즈'는 다단계의 계약을 제거하여 화물차주의 수익을 개선하는 데에도 일조했다. 그 밖에 무료 건강검진 서비스, 체육시설을 통해 화물차 운전자의 건강·복리 증진에도 기여했다.

내트럭 서비스를 이용하는 주 고객은 화물차 운전자다. 화물차는 일반 승용차보다 주유를 자주 하며 1회 주유량도 훨씬 많기 때문에, 정유·화학 회사에는 중요한 고객군이다. SK이노베이션은 이 운전자들에게 휴식공간, 안전한 주차공간, 관련 서비스를 제공하여 주유와 함께 새로운 고객 서비스의 가능성을 창출하는 데 성공했다. 매출에 큰 영향을 주는 화물차 운전자를 고정 고객으로 확보함으로써 시장점유율을 높이는 데에도 성공했다. 그리하여 SK이노베이션은 가격경쟁력에서 우위에 있지 않음에도 10년 이상 국내 주유소 점유율 1위를 지킬 수 있었다.

**더 읽기**

– 화물연대 파업이 반복되는 이유

http://www.laborplus.co.kr/news/articleView.html?idxno=1299

– 10년간 세번 파업… 화물연대 요구안은 왜 늘 똑같을까?

http://www.pressian.com/news/article.html?no=106584

에넬<sup>Enel</sup>은 이탈리아 최대 전력회사이자 글로벌 기업이다. 세계 34개국에서 전력·가스 사업을 진행하며 고용된 인원은 약 7만 명이다. 고객 수는 약 7200만 명으로, 유럽에서 가장 많은 수준이다. 2017년 기준 매출액은 약 96조 원, 영업이익은 약 19.4조 원이었다.

에넬은 신재생에너지 분야의 기술력을 바탕으로 수력·풍력·지열·태양열·바이오매스에서 42기가와트의 에너지를 생산하고 있다. 특히 '산후안 프로젝트'는 중남미의 재생에너지 솔루션 사업으로 진행됐다.

산후안데마르코나<sup>San Juan De Marcona</sup>는 페루의 작은 어촌 마을이다. 이곳에는 2만여 명의 주민이 살며, 대부분 근처 항구에서 어업으로 생계를 유지하고 있었다. 그러나 해초 채취 과정에서 발생하는 높은 사고·사망률, 조업용 전기 수급의 불안정, 낮은 가격협상력에 따른 소득 불안정 등 복합적인 문제를 안고 있었다.

이런 문제를 해결하려면 단순히 전기를 공급하는 차원을 넘어 마을 주민의 삶의 질을 높이고 지역사회를 발전시킬 시설이 필요했다. 에넬은 마을에 하이브리드 오프그리드<sup>Hybrid Off-Grid</sup> 솔루션을 시범적으로 설치하고, 생태계를 보호하면서 안전하게 해조류를 채취하는 방법을 교육했다. 주민들의 어업 안전성과 생산성이 향상되자 평균 40퍼센트가량 소득이 증대했다. 가계 수입의 향상은 지역경제의 발전과 전반적인 생활수준 향상을 불러왔다. 정부로서도 주민 반대 없이 전력시설을 유치한다는 중요한 차별성을 확보할 수 있었다.

에넬은 '산후안 프로젝트'를 통해 주요 신사업인 하이브리드 오프그리드 솔루션을 시험하는 동시에, 지역주민의 삶의 질을 높인 점도 인정받았다. 그리하여 입찰을 통한 신시장 진출에 앞서 새로운 사업 기회를 열 수 있었다.

**더 읽기**

— Creating Shared Value for the Fishermen of San Juan De Marcona

https://www.sharedvalue.org/groups/creating—shared—value—fishermen—san—juan—de—

marcona

마즈Mars는 초콜릿·껌·반려동물용품·식품·음료 및 생명과학 등 총 6개 사업부를 가진 가족경영회사다. 1911년 프랭크 마즈Frank C. Mars가 '마즈캔디'를 만드는 것으로 시작해 지금은 세계적 제과업체로서 미국 버지니아에 본사를 두고 전 세계에 7만 2000여 지사를 두고 있다. 세계 10대 스낵 가운데 5개가 마즈의 브랜드(스니커즈, M&M 등)라는 점을 보더라도 그 시장지배력이 매우 크다고 할 수 있다. 마즈의 CSV 사업은 초콜릿·드링크 등 코코아를 원료로 쓰는 모든 사업부문에 적용된다.

마즈는 약 500만 명에 이르는 전 세계 코코아재배 농민 가운데 상당수가 빈곤상태임을 깨달았다. 이들은 고된 노동에 시달리면서도 생산성이 낮아 충분한 수입을 얻지 못한다. 생산성이 낮은 이유는 다양하다. 코코아에 대한 과학적 연구가 부족해 최적화된 품종을 개발하지 못했고, 식물의 노화와 병충해에 대한 이해도 낮은 편이기 때문이다. 물론 노후한 농장, 유통인프라, 재배인력의 전문성·기술 부족 역시 생산성을 저해하는 요인이다. 당시 조사에 따르면 관리가 잘된 농가의 경우 헥타르당 700킬로그램을 생산하며 수입은 킬로그램당 721.35달러에 달했다. 반면 그렇지 않은 농가의 경우 생산량은 그 절반에 가까운 400킬로그램, 수입은 412.2달러 정도였다.

이에 마즈는 농가를 돕던 기존 사회공헌 프로젝트를 통합하고 새로운 예산을 투자해 2009년 '지속가능한 코코아 이니셔티브Sustainable Cocoa Initiative'를 발족했다. 장기적으로는 고품질 코코아를 조달하는 것을 목표로 하는 전략이었으며, 그 실행을 위해 연구·기술이전·인증제도라는 세 가지 접근법을 시도했다. 먼저 마즈는 코코아 생산구조를 변화시킬 거시적 차원의 연구를 활성화하고자 해당 분야에 투자하고 어젠다 구축을 지원했다. 2008년 마즈는

IBM 및 USDA-ARS<sup>The United States Department of Agriculture-Agricultural Research Service</sup>(미국 농무부 농업연구서비스)와 함께 병충해에 강하고 품질이 좋은 품종을 개발하기 위한 '카카오 게놈 서열 연구'에 참여해 2010년 게놈 서열을 완성했으며, 연구 성과를 저작권 없이 대중에 공개했다.

다음으로 코코아농가에 적극적인 기술이전을 지원했다. CDC<sup>Cocoa Development Center</sup>(코코아개발센터)를 곳곳에 세우고 코코아를 지속적으로 생산할 수 있는 다양한 방법론을 실험하고, 농가 교육·멘토링도 진행했다. 또한 품질 좋은 비료나 농기구를 유통하는 허브 역할을 하기도 했다.

마지막으로는 2020년까지 원자재로 조달되는 코코아를 인증코코아로 100퍼센트 전환할 것을 목표로 하고, 이를 위해 페어트레이드 인터내셔널<sup>Fairtrade International</sup>, 레인포리스트 얼라이언스<sup>Rainforest Alliance</sup>, 유티지 서티파이드<sup>UTZ Certified</sup> 등 세 곳의 인증 전문기관과 협력했다. 일례로 인도네시아의 안디<sup>Andi</sup>는 CDC의 지원을 토대로 생산성이 헥타르당 400킬로그램에서 1800킬로그램으로 늘어났으며, 마즈의 지원을 받아 종자 판매 등 연수입 9000달러를 추가할 수 있었다. 그리하여 마즈는 세계 최대 인증코코아 구매자로 올라섰을 뿐만 아니라, 초콜릿 제조업계 2·3위를 다투는 페레로<sup>Ferrero</sup>와 허쉬<sup>Hershey</sup>도 인증코코아 100퍼센트 사용을 약속하는 등 산업 전반에 변화의 초석을 마련했다.

마즈는 전 세계 코코아의 최대 수요자로서, 코코아농가의 상황이 전과 같다면 양질의 코코아를 확보하기 어려워져 사업 확장에 큰 걸림돌이 되리라고 빠르게 판단했다. 이를 해결하기 위한 마즈의 노력은 코코아를 조달하는 농가에는 물론, 초콜릿을 소비하는 고객에게도 품질 향상의 긍정적 영향을 끼친 것으로 평가받는다. 마즈는 현재까지 초콜릿바 등 코코아를 사용하는 사업부문의 시장점유율 1위를 유지하고 있다.

**더 읽기**

— Mars 홈페이지 — Sustainable Cocoa Initiative

https://www.mars.com/global/sustainable-in-a-generation/our-approach-to-sustainability/
raw-materials/cocoa

## 세멕스: 오늘을 위한 기금

세멕스CEMEX는 1906년 설립되어 세계 50여 개국에서 생산설비를 운영하고 있는 건축자재 공급 및 시멘트 생산 기업이다. 2012년 기준으로 매출은 15조 원, 임직원 수는 약 5만 5000명이다. 세멕스는 일찍부터 유통인프라에 투자함으로써 가격경쟁력을 얻을 수 있었는데, 넓은 멕시코 국토를 아우르는 효율적인 배급망 구축과 중앙의 꼼꼼한 관리를 통한 제품 배송은 세멕스의 전통적인 성공 요인 중 하나로 꼽혀왔다. 세멕스는 비공식 건설부문, 즉 주택 등의 건설 시장을 대상으로 CSV 사업을 진행했다.

멕시코 인구의 60퍼센트는 일일 소득이 5달러 미만이었다. 이들 대부분은 주거환경도 매우 열악해 평균 6~10명의 가족이 질 낮은 벽돌, 녹슨 철판이나 골판지 등으로 지어진 방 한 칸에 살고 있었다. 세멕스는 비영리조직과 함께, '오늘을 위한 기금Patrimonio Hoy'이라는 사회적 기업을 공동 설립해 이 문제를 해결했다. 여기에 가입한 고객은 주택을 건설할 때 세멕스를 통해 담보 없이 고정금리로 대출을 받고 수입도 저축할 수 있었다. 일반적으로 저소득층에 대한 금융지원 서비스가 대출 혹은 저축, 둘 중 하나만 지원하는 데 비해 '오늘을 위한 기금'은 두 가지가 동시에 가능했다. 이 프로그램은 우리나라의 '계'와 유사한 탄다스tandas를 활용해 세 가정을 한 그룹으로 묶고, 각 그룹의 가정이 돌아가면서 동일한 금액을 매주 소액 상환하는 방식으로 운영됐다.

사회성과 면에서는 2011년 기준 약 265만 명에게 주거환경 개선의 기회를 제공하며 빈곤을 줄이는 데 기여했다. 기존에 보통 한 가족이 사는 방 한 칸을 짓는 데 4년, 방 네 칸짜리 주택을 짓는 데 16년이 걸렸지만, 이 프로그램을 통해 건설 비용은 평균 30퍼센트, 건설 기간은 60~70퍼센트 감축됐다. 누적액 1억 3500만 달러에 달하는 마이크로파이낸스 대출을 집행한 가운데 정시 상환율은 99퍼센트 이뤄졌다. 또한 프로모터의 95퍼센트를 차지하는 여성 가운데 절반이 노동 경력이 전무하다는 점에서, 소득 보장과 직업훈련을 통한 여성 역량강화에 큰 기여를 한 것으로 인정된다.

'오늘을 위한 기금'을 통해 고객은 더 빠르고 저렴하게 좋은 집을 지을 수 있었다. 각 가정이 구매하는 자재의 품질 보전과 안전한 보관, 적정 시기의 공급·배달이 가능해지자 이전에 겪었던 문제가 해결됐다. 본사에서는 일정 규모의 집단에 전문가들을 배치해, 더욱 질 높은 주거환경을 만들기 위한 지원 서비스를 정기적으로 제공하며 고객 지원의 가치를 창출했다.

세멕스는 1990년대까지 법적으로 보호받는 환경에서 안정적으로 사업을 영위하며 가격만으로 경쟁하면서 시장점유율 65퍼센트 이상을 차지하고 있었다. 그러나 이후 법적 보호장치가 사라지면서 다국적기업과 가격 외 여러 경쟁 요인에 노출됐다. '오늘을 위한 기금'은 이를 타개할 활로가 됐다. 일반적인 건설자재 유통 마진율이 평균 15퍼센트인 데 비해, '오늘을 위한 기금'은 마진율을 12퍼센트 수준으로 떨어뜨리는 도전이었다. 그러나 이러한 손실을 만회할 수 있었던 것은 시멘트 수요의 증가뿐 아니라, 최대 45퍼센트에 이르는 높은 마진율을 갖는 모래·자갈 등 건축자재에 대한 꾸준한 수요 증가 덕분이었다. 따라서 유통업자들은 이 프로그램에 적극적으로 참여 의사를 밝혔다.

재무성과 면에서도 2004년 손익분기점을 돌파한 이후 자체적으로 지속가능한 수익을 내고 있다. 특히 건설 경기의 침체 속에서도 연간 60만 톤씩 안정적인 시멘트 판매를 기록하고, 약 700만 달러의 매출을 올리고 있다. 프로그램에 참여한 소비자 만족도 역시 80퍼센트를 상회하며, 입소문을 듣고 참여한 가정이 60퍼센트에 달하는 등 매우 높은 브랜드 충성도를 쌓아갔다.

**더 읽기**
— Satcha, Robinson. (2014). CEMEX: An In-Depth Situational Analysis and Strategic Plan. American University

## 바스프: 바스프그라민

바스프BASF는 세계적인 종합화학기업이다. 특히 '스티로폼'이라는 상표로 출시된 발포폴리스티렌 제품과 청바지에 쓰이는 인디고 염료를 개발한 것으로 유명하다. 2017년 기준 11만 5000명이 넘는 직원이 있으며, 645억 유로의 매출을 기록했다. 바스프그라민BASF-Grameen Limited은 바스프와 그라민 헬스케어 트러스트가 합작한 사회적 기업으로서 2009년 방글라데시에 설립되었다. 바스프그라민은 바스프의 투자와 기술력, 그라민그룹의 아시아 네트워크를 활용해 복합영양제와 모기장을 개발·판매하며, 주로 동남아시아 지역의 섬유화학 사업부문과 관련 있다.

동남아시아의 저개발국가에서는 벌레를 통해 감염되는 말라리아 같은 질병으로 매년 수만 명의 사상자가 나온다. 특히 방글라데시 국민의 72퍼센트는 말라리아의 위험에 놓여 있다. 과거에 사용하던 살충제는 독성물질로서 금지되었고, 각종 국제기구와 자국 정부의 노력으로 치료를 확대하고 있으나 전체 수요에 비해 턱없이 부족한 형편이다. 또한 기존의 저가 모기장은 모기를 막는 역할을 충분히 하지 못했고, 모기퇴치용 스프레이는 효과는 있지만 건강에 좋지 않다는 점 때문에 꺼려지던 상황이었다.

바스프그라민에서 판매하는 특수 모기장은 바스프의 기술력으로 모기를 막는 데 매우 효과적인 물질을 쓰는데, 실제로 이것이 보급된 지역에서 말라리아·뎅기열 등 질병이 줄어들었다. 또한 오래 쓰지 못하는 기존의 모기퇴치용 스프레이가 개당 3달러 50센트, 효과가 거의 없는 일반 모기장이 2.5달러 수준이었던 데 비해, 특수 모기장은 6~7달러이지만 스무 번 세척이 가능해 평균 3년 이상 사용할 수 있으므로 가격 면에서도 좋은 수준이었다.

바스프의 입장에서 합작회사 설립은 의미 있는 시장 진출이었다. 바스프는 인도·중국의 생산 거점을 통해 방글라데시 내에서 농업·섬유·가죽·염료 등 화학첨가제를 판매하며 가장 높은 시장점유율을 기록하던 기업이다. 그러나 아직 시장이 작고 성장성이 높아, 지역사회와 더 깊이 관계를 맺음으로써 실제적인 신시장 진출 단계가 필요한 상황이었다. 바스프는 바스프그라민을 통해 기업 이미지를 제고하고 보건사회 분야에서 기여를 인정받았다. 또한 그라민의 현지 네트워크를 통해 새로운 유통망을 큰 비용을 들이지 않고 확보할 수 있었다. 현재 바스프그라민의 특수 모기장 생산을 담당하는 GFFL은 하루에 9000개를 생산할 수 있는 공장설비를 운영하고 있다.

**더 읽기**

— BASF at a glance
https://www.basf.com/en/company/investor-relations/calendar-and-publications/factbook/basf-group/basf-at-a-glance.html
— WHO (2008): World Malaria Report 2008 (2013/1/11)
http://whqlibdoc.who.int/publications/2008/9789241563697_eng.pdf
— Hiromi TSUBOI. (2013), Mosquito Nets as Social Business in Bangladesh, Akita University

## ICICI 롬바드: 날씨보험

ICICI 롬바드Lombard는 인도에서 가장 큰 민간 일반보험회사로 2014년 초 기준으로 1조 1540억 원의 총 영업보험료를 기록했다. 이곳은 인도에서 두 번째로 큰 은행인 ICICI은행(자산 규모 99조 원)과 캐나다의 페어팩스 파이낸셜 홀딩스Fairfax Financial Holdings(자산 규모 37조 원)가 합작하여 만든 회사다.

인도의 농업 종사자의 상당수는 소작농이다. 소작농은 강수에 따라 농사 사정이 달라지는데 기후변동 때문에 경제적 부담을 직접적으로 안게 됐다. 특히 가난한 소작농은 대출·저축·보험 등 금융상품에 대한 접근성이 떨어져 연이자율 200퍼센트가 넘는 고리대금에 손댈 수밖에 없었고, 결국 더 극심한 빈곤을 겪곤 했다.

ICICI 롬바드는 소작농의 금전문제를 해결해주면서, 이들의 자산을 이용해 새로운 시장에 진입할 기회를 포착했다. 즉 날씨에 따른 금전적 손실을 보호해주는 날씨보험 상품을 만들고, 시스템을 잘 작동시켜 피보험자가 보험사와 쓸데없는 갈등을 겪지 않게 된 것이다. 이전에는 애매한 피해 기준 탓에 피보험자가 피해를 증명하려 스스로 농작물을 망치는 일종의 보험사기도 있었고, 보험사의 기준이 너무 보수적이어서 실제 피해를 입었음에도 보상받지 못하는 경우도 있었다. 또 그 보상이 상당한 시간과 절차를 소모하기 때문에 당장 생계를 걱정해야 하는 농민의 입장에서는 그 쓸모가 상당히 줄어들었던 게 사실이다.

그러나 ICICI 롬바드의 날씨보험은 인도기상청 같은 독립적인 제3의 기관이 수집한 기상정보로 평상 기후를 측정하여, 그 평상 기후보다 농작물에 불리한 기후가 되면 무조건 사전에 설정한 보상을 지급하는 방식으로 상품이 구성되었다. 이 상품은 인도 14개 주, 64개 구역에서 26종의 농작물을 아우르며,

민간·은행·소액대출업자 그리고 농업 기반 산업의 위험감수 능력을 강화했다. 인도 정부는 현재 다른 농민들도 서비스를 이용할 수 있도록 서비스 확장을 위한 보조금을 ICICI 롬바드에 지불하고 있다.

2011년까지 ICICI 롬바드의 날씨 기반 농작물보험은 760만 헥타르, 220만 명에게 제공됐다. 이에 해당하는 농작물의 가치는 7200만 달러 수준이며, 해당 상품은 회사의 직접거래 비율 가운데 7.8퍼센트를 차지할 정도로 기업성장에 기여했다. 또한 이 보험은 피해 상황을 일일이 확인하지 않아도 된다는 점 때문에 상당한 수준의 갈등비용과 확인비용을 덜어, 영업이익률도 다른 보험 상품보다 높은 것으로 분석된다.

**더 읽기**

– ICICI 홈페이지 – Rural Insurance

https://www.icicilombard.com/rural-insurance

– ICICI Lombard to provide crop insurance for farmers in Jaunpur

https://www.business-standard.com/article/press-releases/icici-lombard-to-provide-crop-insurance-for-farmers-in-jaunpur-110081600068_1.html

## 시스코: 네트워킹 아카데미

시스코<sup>Cisco</sup>는 1984년 미국에서 설립된 네트워크통신 전문기업이다. 1986년 첫 제품을 판매한 이후 1990년 IPO를 거쳐 현재 전 세계에 6만 7000여 명의 직원을 둔 글로벌 기업으로 가파르게 성장해왔다. 2012년 매출은 약 486억 달러, 영업이익은 약 111억 달러였으며, 명실상부한 네트워크통신 분야 최고의 기업으로 군림하고 있다. 네트워킹 장비, 네트워킹 소프트웨어, 인터페이스 및 모듈, 라우터, 네트워크 관리 및 자동화 서비스, 보안관제 서비스 등 방대한 영역에서 대부분 글로벌 시장점유율 1·2위를 기록하고 있다. 시스코 네트워킹 아카데미<sup>Networking Academy</sup>는 관리·고객 서비스 부문에서 담당했으며 처음에는 CSR로 시작되었다.

선진국에서는 기술·지식이 없어 실직하는 경우가 많다. 미국에서도 직업을 갖지 못하거나 직업에서 퇴출되는 중요한 이유는 경쟁력 있는 기술·지식을 갖추지 못해서인 것으로 조사됐다. 특히 최신 기술은 가정의 경제적 형편이나 지역 인프라에 영향을 많이 받는다. 공립학교에 IT 기기가 충분히 있거나 근처에 재단·전시관 등 공공시설이 마련된 도시에서는 그나마 경제적 형편을 극복할 기회가 생기지만, 그런 요소가 매우 부족한 지역에서는 최신 트렌드를 배우기는커녕 경험하기도 어렵다.

시스코는 컴퓨터 기술, 특별히 네트워크 시스템 관련 기술을 익히면 좀 더 쉽게 일자리를 찾을 수 있으리라는 생각에서 1997년 네트워킹 아카데미 사업을 시작했다. 여기서는 16개 언어로 약 2만 명에 달하는 시스코의 전문강사가 교육을 진행한다. 또한 최대 3만 개의 일자리를 제공하는 커리어 네트워킹 웹사이트에서 구직활동을 할 수 있다. 현재까지 시스코가 아카데미의 정착·활성화에 투자한 비용은 3억 5000만 달러가량이며, 이를 통해 약 780만 명의 학생이 배출되었으며, 2012년 기준으로 165여 개국에서 1만 개 이상의 아카데미를 운영 중이다. 여기서 400만 명 이상의 청년이 교육받고 그중 50퍼센트 이상이 새 직장을 얻었으며, 70퍼센트가 신규 취업, 승진, 연봉 인상의 변화를 나타냈다. 아카데미 측은 개인의 발전에서 나아가 지역 자체가 매력적인 비즈니스 대상으로 성장할 수 있도록 돕고 있다. 2014년 시스코가 발간한 보고서 가운데 경제적 효과를 심층 분석한 내용에 따르면, IoE<sup>Internet of Everything</sup> 공공분야에서 아카데미의 향후 10년간 경제적 가치는 4조 6000억 달러에 이른다.

IT 설비가 필요한 기업은 해당 장비나 소프트웨어를 관리·운영하기 위해 담당자를 고용하거나 외부 파트너를 이용하곤 한다. 도시에는 이런 인력이 매우 많지만 그렇지 않은 지역에는 수리·운영·관리를 맡을 인력이 기업 안팎으로 매우 부족하다. 시스코 네트워킹 아카데미 졸업생은 그런 지역에서 전문가로 자리 잡기 시작했고, 시스코의 장비에 익숙하며 락인<sup>lock in</sup>된 상태이기 때문에 그저 충성도 때문이 아니라 실효성 때문에 시스코 장비와 서비스를 이용하게 된다. 시스코는 그 경제적 효과를 누릴 수 있었다.

시스코는 네트워킹 아카데미 사업으로 워싱턴 D.C 소재 국제문제협의회의 '2013 글로벌 교육 어워드'를 수상했고, 《포천》 선정 '2015 세계를 바꾼 혁신 기업' 8위에 오르면서 브랜드 이미지를 높일 수 있었다. 일례로 주니퍼 네트웍스<sup>Juniper Networks</sup>는 다년간 네트워킹 영역의 핵심 경쟁자였지만 현재 시스코의 매출액은 주니퍼 네트-웍스의 약 10배다.

**더 읽기**
— Cisco Networking Academy '20 years of changing worlds'
https://www.netacad.com/twenty/
— Why Cisco Is Worth Nearly 15 Times As Much As Juniper
https://www.forbes.com/sites/greatspeculations/2017/07/03/why-cisco-is-worth-nearly-15-times-as-much-as-juniper/#501c3ca12a3f

— Cisco's Networking Academy Trains 1M Students Per Year To Fill 8M Networking Jobs
https://www.forbes.com/sites/patrickmoorhead/2016/06/28/ciscos-networking-academy-
trains-1m-students-per-year-to-fill-8m-networking-jobs/#4259777a288b

## 노바티스: 건강한 가족

노바티스Novartis는 스위스 바젤에 본사를 둔 다국적 제약회사다. 1996년 스위스의 양대 제약·의료업체이던 시바-가이기Ciba-Geigy와 산도즈Sandoz의 합병으로 설립되었으며, 2013년 기준 매출액 약 58조 원, 고용 인원 약 14만 명을 기록했다. 노바티스는 디클로페낙(볼타렌), 발사르탄(디오반), 이매티닙(글리벡), 카바마제핀(테그레톨), 클로자핀(클로자릴), 테르비나핀(라미실), 사이클로스포린(산디문) 등 다양한 약품을 생산하고 있다. 노바티스의 CSV 사업은 주로 저개발국가 진출과 관련 있고, 이해관계자들 간 소통을 위해 전문가가 동원됐다.

인도 전체 인구 12억 명 가운데 7억 4000만 인구가 하루 3달러 미만으로 살아가고 있다. 세계보건기구WHO의 국제 기준에서 권장하는 1만 명당 병상 수는 40개이지만, 인도는 9개에 불과하다. 특히 과반수 이상의 병원이 대도시에 집중돼 있어 도시와 농촌 간 의료 병상 수 격차가 문제되고 있다. 또한 전체 인구 가운데 35퍼센트만이 기초의약품에 대한 접근성이 확보되어 있을 만큼 의료보건 인프라가 부족한 상황이다. 의사 한 명당 6000명의 환자를 돌봐야 하는 셈이며 병상 한 개당 8000명의 환자를 수용해야 하는 수준이다.

'건강한 가족Arogya Parivar'은 BoP 계층의 의료 접근성을 높이는 다양한 프로그램으로 구성되어 있다. 기본적인 건강 지식과 예방법에 대한 교육, 기초 질병에 대한 교육, 결핵약·설사치료제·영양제·칼슘보충제 등 의약품 공급, 도시 의사들이 여는 시골 마을 이동진료캠프, 지방 의사·약국에 대한 소액대출 서비스 제공, 작은 사이즈의 저렴한 약 공급 등이 이뤄졌다.

그 결과 11개 주의 3만 1000개 마을에서 4억 2000만 명이 건강 증진에 필요한 서비스·인프라를 제공받았다. 또 이 과정에서 건강감독자와 건강교육자에게 일자리를 제공하고 직무능력을 강화해 장기적 관점에서 의료보건 자생력을 키우는 데 일조했으며, 복제 가능한 모델을 제시함으로써 다른 국가에도 적용할 수 있게 했다. 소비자는 건강을 유지하려면 어떤 활동과 약이 필요한지 정보를 얻어 올바른 선택을 하게 되고, 언어·유통·가격 면에서 적합한 의료 서비스·상품을 접할 수 있었다.

'건강한 가족'은 시작 이후 30개월 만에 손익분기점을 돌파하며 현재 유의미한 사업부문으로 운영되고 있다. '건강한 가족' 사업의 기반 유통과 이해관계자 관계 설정이 완료된 지역에서는, 노바티스의 다른 의료 서비스·상품도 적은 비용을 들여 진입해 시장에서 쉽게 점유율을 높일 수 있었다.

**더 읽기**

– 인도 의료 관련 시장동향

https://news.kotra.or.kr/user/globalBbs/kotranews/4/globalBbsDataView.do?setIdx=243&dataIdx=159494

## 골드만삭스: 사회성과 연계 채권

골드만삭스는 1869년 설립되어 130여 년의 전통을 가진 대표적인 투자은행 겸 증권회사다. 2008년 글로벌 금융위기 이전까지는 국제금융시장을 주도하던 3대 투자회사였다. 증권상장·인수합병·채권발행 등을 대행하거나 부동산에 투자하는 도매금융, 그리고 개인투자가의 투자금을 운용하거나 보험·증권 업무를 하는 소매금융 사업을 하고 있다. 본사는 미국 뉴욕에 있으며, 런던·프랑크푸르트·도쿄·홍콩·서울 등 26개국에 56개 사무소를 두고 있다.

지금까지 사회문제 해결은 정부가 세금을 거둬 진행하거나, 비영리조직에서 기부금을 모아 추진하는 방식으로 진행되곤 했다. 그러나 2007년 경제위기를 기점으로 정부가 걷을 수 있는 세금은 부족해졌고, 비영리조직은 충분한 기부금을 모금하기 어려워졌다. 사회문제 해결에도 금융적 접근이 필요해진 것이다. 그러나 정부나 비영리조직의 금융기법은 매우 초보적이고 경직되어 있어 다양한 필요를 충족하기 어려웠다.

골드만삭스는 도시투자그룹Urban Investment Group이라는 사업부를 신설하고 사회에 대한 투자를 비즈니스적 관점에서 재조명했다. 그 대표적인 사업이 SIBSocial Impact Bond, 즉 '사회성과 연계 채권'이다. 영국에서 처음 시작된 SIB를 뉴욕시·블룸버그재단과 함께 약 100억 원 규모로 진행한 사업은 실제로 출소자의 재범률을 충분히 낮추고 있는 것으로 보고된다. 이후에도 여러 지역에서 미취학 아동 사전교육 프로그램, 청소년범 재범률 감소 프로그램 등을 진행하며 해당 사회문제 해결에 10억에서 100억 원가량의 자금을 공급하고 있다. 그런데 실제 프로젝트에 공급되는 자금은 그 몇 배에 달한다. 골드만삭스가 제안하는 금융기법에 따라, 다른 자선기관이나 지역 금융기관도 참여를 독려받기 때문이다.

SIB의 고객은 결국 해당 프로젝트를 발주하고 채권을 발행하는 정부기관이라 할 수 있다. 정부기관으로서는 당장의 세출 없이 SIB를 통해 사회문제를 해결할 수 있다는 강한 이점이 있으며, 세입을 통한 세출로 해결하는 것보다 기간·비용 면에서 더 효율적이다. 실제로 프로젝트가 성공해 사전에 논의된 이자를 골드만삭스에 지급하더라도, 이는 골드만삭스의 사전 펀딩을 통한 개입이 없었더라면 발생했을 사회문제 비용보다 적기 때문에, 정부 입장에서는 비용 면에서 우수한 조건이다.

골드만삭스는 SIB 사업을 통해, 2007년 금융위기 이후 금융권에 가해진 사회적 압력을 상당 부분 해소하고 있으며, 정부를 상대로 한 안정적인 금융상품을 창출한 것으로 평가받는다. 특히 세계적으로 가장 많은 SIB 프로젝트(또는 그와 유사한 사업)를 진행한 점에서 그 경쟁력을 인정받고 있다.

**더 읽기**

— A primer on social impact bonds

https://www.cepal.org/sites/default/files/news/files/wp_pena_3.pdf

## 월마트: 그리닝

월마트<sup>Walmart</sup>는 미국 아칸소주에 본사를 둔 세계 최대 규모의 유통업체다. 현재 미국을 비롯해 27개국에 걸쳐 1만여 개 매장을 운영하고 있으며, 종업원은 220만 명에 달한다. 월마트에서 취급하는 상품은 식료품부터 건강용품에 이르기까지 거의 모든 종류의 생활 소비재다. 특히 식품류가 전체 매출액의 50퍼센트 이상을 차지할 정도로 비중이 크다는 게 특징이다. 월마트가 2013년 연매출액 4691억 달러<sup>USD</sup>를 기록하며 포브스 선정 '글로벌 2000대 기업' 중 매출부문 1위를 차지했을 정도로 거대한 '유통 공룡'임은 잘 알려져 있다.

이러한 월마트의 성공은 '상시저가판매<sup>Every Day Low Price</sup>'라는 슬로건에 따라 구매가에 10~15퍼센트 정도의 낮은 마진을 붙이는 할인전략이 주효했다. 월마트는 저가전략을 통해 저소득층 소비자의 생활을 지배할 뿐만 아니라, 월마트에 대한 매출의존도가 높은 공급업체에 막대한 영향력을 행사하고 있기도 하다.

월마트는 거대 유통기업인 만큼 다양한 사회문제와 마주하고 있다. 특히 운송과 포장재에서 비롯한 환경오염은 월마트의 기업윤리가 비판받는 주 요인이었다. 2005년 맥킨지 앤드 컴퍼니<sup>McKinsey & Company</sup>의 연구에서는, 월마트 소비자의 2~8퍼센트가 기업윤리를 이유로 월마트 쇼핑을 중단한 것으로 밝혀졌다.

월마트는 사업의 부정적 영향을 줄이는 것을 넘어, 지속가능성을 적극적으로 시험하기로 하고 그리닝<sup>Greening</sup>이라는 이름의 이니셔티브를 출범시켰다. 환경과 관련해서는 에너지 공급원을 100퍼센트 재생 가능한 에너지로 충당할 것, 폐기물 배출량을 '0'으로 만들 것, 환경적으로 지속가능한 제품을 판매할 것이라는 큰 목표를 세운 것이다. 이를 위해 관련 이해관계자들을 해산물·포장재·전자제품 등 14개 영역의 '지속가능한 가치 네트워크^Sustainable Value Networks'에 참여하도록 독려하고, 이들이 각 영역에서 비즈니스적 지속가능성과 환경적 지속가능성을 함께 고려하며 일할 수 있는 환경을 조성했다.

그 결과 물류 효율화를 통해 2만 대의 자동차가 도로에서 사라지는 것과 동일한 효과를 낳았고, 2011년 이후 폐기물 배출량을 80퍼센트 이상 감축했으며, 2011년 당해 3억 3800만 파운드에 달하는 식품을 전 세계 푸드뱅크에 기부함으로써 2억 3100만 달러에 상응하는 가치를 창출했다. 또한 2007년에는 포장회사, 제조업체, 정부 부처 및 비영리조직과 협력해 제품 포장 기준을 개발하고 공급업체의 포장재 감축을 유도함으로써, 6년 뒤인 2013년에는 2008년 대비 5퍼센트 이상의 포장재 절감 효과를 기록했다. 나아가 화물 트럭당 제품 적재량이 기존보다 늘어나 이산화탄소 발생량을 66만여 톤 줄였고, 트럭의 주행거리를 단축시켜 이산화탄소 발생량 10만 톤 줄이는 데 성공했다.

월마트는 이런 노력을 통해 소비자에게 '노력하는 기업'이라는 이미지를 심었다. 2000년대 중반까지 끊이지 않던 '반 월마트 시위'도 현저하게 줄었다. 또한 공급업체들의 친환경 제품 공급 노력을 통해 관련 기업·기관에 돌아간 수익이 총 1조 5000억 달러로 추산될 정도로 해당 부문 판매가 급증했고, 폐기물·포장재 감축 효과를 통해 화물 트럭당 제품 적재량이 기존보다 늘어남으로써 34억 달러의 유통 비용을 절감하고, 화물 트럭의 물류 효율화를 통해 주행거리를 단축시켜 1억 3000만 달러에 상당하는 이득을 얻었다.

**더 읽기**

— Wal—Mart CEO Leads Quarterly Sustainability Network Meeting
https://corporate.walmart.com/_news_/news—archive/2006/07/12/wal—mart—ceo—leads—quarterly—sustainability—network—meeting

## 인터컨티넨탈호텔그룹: 그린 인게이지

인터컨티넨탈호텔그룹Inter Continental Hotels Group은 세계 최대 규모의 호텔 체인을 보유한 영국 기업이다. 2011년 2월 기준으로 세계 100여개 나라에서 4400개 호텔을 운영하고 있으며 객실 수는 64만 개가 넘는다. 인터컨티넨탈을 비롯해 홀리데이인Holiday Inn, 크라운플라자Crowne Plaza, 호텔인디고Hotel Indigo, 홀리데이인 익스프레스Holiday Inn Express, 스테이브릿지Staybridge, 캔들우드스위트Candlewood Suites 등 총 7개 호텔 브랜드가 있다.

인터컨티넨탈호텔그룹의 경영 방식은 직접소유, 위탁경영, 프랜차이즈 가맹 등 크게 세 가지로 나뉜다. 전체 호텔 가운데 프랜차이즈 형태로 운영하는 호텔이 3783개로 가장 많고, 경영을 위탁받은 호텔은 639개다. 직접 소유한 호텔은 15개로 그룹이 운영하는 전체 호텔 가운데 1퍼센트도 안 된다. 위탁경영을 맡은 호텔로부터는 전체 수입의 일정 비율을, 프랜차이즈 가맹점 호텔로부터는 객실 수입의 일부를 수수료로 받는다. 인터컨티넨탈호텔그룹은 지속가능경영 부문에서 CSV 사업을 주도하고 있으며, 이는 호텔 프랜차이즈 사업 부문에 적용되었다.

호텔이 사용하는 에너지와 수자원, 그에 따른 폐기물은 심각한 수준이다. 이를 줄이기 위해 고객에게 주는 인센티브가 없고, 직접 관리도 하지 않아 호텔이 소비적인 공간으로 자리 잡았기 때문이다. 특히 고급 호텔은 충분한 투숙비를 받고 고급 서비스를 제공하기 위해 환경에 악영향을 끼칠 수 있는 활동(세척이나 잦은 청소 등)을 수행하는 것이 일반적이다.

인터컨티넨탈호텔그룹은 2009년부터 모든 호텔에서 환경적 영향을 감소시키는 '그린 인게이지Green Engage' 프로그램을 시작했다. 이는 온라인 솔루션을 기반으로 한 고객활동·관리활동을 통해 에너지·물 소비량과 배출되는 오염물질을 줄이려는 통합적 프로그램이다. 예를 들어 크라운플라자·호텔인디고·홀리데이인 등 230여 개의 캘리포니아 지역 호텔은 물 소비를 줄일 수 있는 여러 가이드와 함께, 공기를 통과시키는 기능이 더해진 수도꼭지를 제공받았다. 이를 통해 호텔 전체 물 사용량의 30퍼센트를 차지하는 객실의 물 사용량이 절감되었고, 캘리포니아에서 연간 700만 갤런의 물을 절약할 수 있었다.

최종 고객인 소비자 가운데 환경관여도가 높은 일부 고객은 '그린 인게이지' 프로그램에 호의적이었다. 이들은 그간 호텔 숙박에서 느끼던 환경오염에 대한 죄책감을 벗을 기회라고 여겼다. 인터컨티넨탈호텔그룹의 직접고객인 가맹 호텔도 참여하는 것을 유리하게 느낄 수 있었다. 가맹 호텔은 비용을 일부 줄이고 에너지 효율성을 높이는 등, 환경오염에 대한 대외 압력을 다소 해소함으로써 최종 소비자의 호감을 얻을 수 있었기 때문이다.

'그린 인게이지' 프로그램은 약 7년간 참여 호텔을 늘려가며 에너지 사용을 25퍼센트, 물 사용을 4.8퍼센트 줄였고, 이에 호의적인 소비자가 늘어나 오히려 매출이 증가했다. 호텔의 에너지 비용 지출은 감소해, 2015년에는 2012년 대비 약 8700만 달러의 비용을 절약했다. 개별 호텔의 경우 에너지 비용은 호텔의 모든 지출 항목 가운데 두 번째로 높은 비중을 차지한다. 일반적으로 호텔업에서는 운영에 따른 영업이익이 높지 않은 것을 고려할 때 에너지 비용의 감소는 영업이익을 늘리는 데 크게 기여한 것으로 분석된다.

**더 읽기**

— IHG Green Engage System
https://www.ihg.com/content/us/en/about/green−engage
— IHG 2015 Responsible usiness Report

## 기린: 기즈나 프로젝트

기린은 맥주를 중심으로 다양한 음료를 제조·판매하는 유한회사다. 일본 내 1위 맥주회사인 아사히와 함께 일본 맥주시장의 70퍼센트 이상을 과점하고 있다. 기린은 일본의 식품회사 1위를 유지하다가 2014년 산토리에 밀려 2조 1952억 엔의 매출, 1145억 엔의 영업이익으로 일본 식품회사 2위를 기록했다.

2011년 일본 동북부에서 발생한 지진은 센다이 지역의 핵발전소를 붕괴시키며 일본 역사상 유례없는 위기감과 경제적 피해를 일으켰다. 핵 유출은 많은 생명을 앗아갔을 뿐만 아니라, 장기적으로 일본 및 인근 자연에 막대한 악영향을 끼칠 것으로 분석되었다. 또한 인근 지역의 모든 경제권은 실제로 파괴되었고 이후 삶을 유지하기에도 여러 난관이 있었다. 특히 기린은 해당 지역에 공장을 보유하며 지역 농민·주민과 관계를 형성하고 있었기에, 체감하는 사회문제의 심각성이 매우 높았다.

기린은 일본어로 '유대' 또는 '결속'을 의미하는 '기즈나Kizuna' 프로젝트를 통해 피해지역에 3년간 60억 엔을 지원하는 구호지원을 시작했다. 또한 2013년 11월 '효게츠 와나시Hyoketsu Wanash' 음료를 출시했는데, 이는 원전사고 이후 배척받아온 후쿠시마 지역의 배를 원료로 하는 음료다. 기린은 원료를 수급해 농민에게 소득을 제공할 뿐 아니라, 제품을 판매할 때마다 1엔씩 기금을 마련하여 동북부 지방의 농업 부흥을 지원하기도 했다. 일본 소비자들은 센다이 지역의 어려움을 위로하고 그 해결에 동참할 의향이 컸다. 이들은 효게츠 와나시를 구입함으로써 그런 마음을 실행에 옮길 기회를 얻었다.

기린은 주 사업부문인 맥주에서는 아사히에, 전체 식품시장에서는 산토리에 1위를 내어주는 등 매출·이익 면에서 성장이 둔해진 상황이었다. 이때 신제품 출시와 시장점유율 증가는 중요한 활로가 될 수 있었다. 다만 효게츠 와나시는 2014년 380만 개를 출하할 계획이었으나 실제 시장에서 어느 정도의 반응을 얻었는지는 공개되지 않았다. 또한 CSV는 적어도 한 사업부문의 전략을 의미하는 것이지 단일한 신상품 아이디어를 의미하는 것은 아니기 때문에, 기린의 도전은 통합적인 전략 관점에서 지속적으로 유지되지 않는다면 좋은 CSV 사례로 논의되기는 어려울 것으로 보인다.

**더 읽기**

- Kirin Group Sustainability Report 2014

https://www.kirinholdings.co.jp/english/csv/report/sustainability/pdf/report2014/sustainabilityreport2014e.pdf

## 알코아: 알루미늄 재활용

알코아Alcoa는 1888년 창립된 오랜 전통의 알루미늄 제조회사로, 미국 뉴욕에 본사를 두고 전 세계 약 30개국에서 활동하는 시가총액 100억 달러(2018년 6월 기준) 규모의 기업이다. 알루미늄업계에서 세계 3위를 점하고 있으며 직원 수는 약 1만 4600명이다. 이곳은 알루미늄 제조·조립·합성 등 알루미늄 관련 사업이 총 수익의 4분의 3 이상을 차지할 정도로 알루미늄에 주력하고 있다. 알코아의 제품은 주로 항공우주, 자동차, 각종 상업용 패키징, 건축, 산업자재 등 광범위한 산업분야에서 활용된다.

그런데 알루미늄은 막대한 환경파괴를 불러일으킨다. 자연상태의 보크사이트 광석을 채굴하려면 노천 채굴 방식을 이용하기 때문에, 인근 숲이나 농경지를 거의 파헤치다시피 걷어내면서 작업하게 된다. 포크레인의 디젤엔진이 다량의 먼지·질소·이산화유황·이산화탄소 등을 발생시키며 엄청난 면적의 숲이 파괴되고, 서식지 파괴로 생물종 멸종까지 야기하는 상황이다. 또 보크사이트를 알루미나로, 알루미나를 다시 알루미늄으로 만드는 과정에 쓰이는 전기에너지의 양은 엄청나다. 실제로 알루미늄의 전체 생산비용에서 전력요금이 차지하는 비중은 20~40퍼센트에 달할 정도로 매우 높고, 전 세계 전기 소비량의 3퍼센트가 알루미늄 생산에 사용될 정도였다. 이런 이유로 알루미늄은 단위당 환경파괴가 가장 심한 금속 중 하나로 간주되고 있다.

이론적으로 알루미늄은 물질상 전혀 손실 없이 100퍼센트 재활용이 가능하다. 또 알루미늄을 재생할 때 소모되는 에너지는, 생산할 때 소모되는 에너지의 5퍼센트에 불과해 알루미늄 재활용은 95퍼센트의 에너지 절감 효과를 가져온다. 이런 특징에 기반하여 알코아는 알루미늄 재생산 사슬을 만들기 시작했다.

2008년 미국은 이전 10년간 캔 재활용 비율이 66퍼센트에서 53퍼센트로 감소 추세를 보여 세계에서 가장 낮은 수준이었다. 이에 알코아는 북미 지역의 캔 재활용 비율을 2015년까지 75퍼센트 수준으로 끌어올리는 것을 목표로 프로젝트를 시행했다. 미국 테네시주에 알루미늄 재활용 공장을 신축하는 데만 2400만 달러 규모의 투자를 감행했다. 이 사업은 매년 30만 톤에 이르는 재활용 알루미늄이 알코아의 공급사슬에 투입한다는 것, 그리고 매년 335만 톤의 온실가스 배출량(60만 대의 자동차가 배출하는 온실가스의 양과 동일)을 감축한다는 것을 의미했다.

고객에게 직접적으로 미친 영향은 없으나 매년 재활용으로 공급되는 알루미늄은 총 5억 달러에 달하는 잔존가치를 가질 것으로 추산됐다. 이는 그에 상응하는 에너지 비용 절감과 원자재 가격민감도 감소를 통해, 재무 건전성 제고에 긍정적인 영향을 주는 것으로 분석되었다.

**더 읽기**
— Forbes 기업정보
https://www.forbes.com/companies/alcoa/
— Alcoa Recycling Plant, Tennessee
https://www.packaging—gateway.com/projects/alcoarecycling

## IBM: 스마터 플래닛 이니셔티브

IBM은 미국 뉴욕주에 본사를 둔, 세계에서 가장 오래되고 거대한 기술·컨설팅 회사다. 전 세계 170개국에 진출해 약 928억 달러의 매출을 내며, 38만 명의 임직원을 두고 있다. 컴퓨터 하드웨어·소프트웨어는 물론, 인프라·호스팅·컨설팅까지 서비스하고 있으며 그 영역은 메인프레임부터 나노테크놀로지까지 매우 넓다. IBM은 컨설팅·솔루션 부문에서 신사업으로 CSV를 시작했다.

전 세계는 도시화와 에너지 사용 등으로 여러 사회문제를 겪고 있다. 예를 들어 도시의 교통체증은 고질적인 문제다. 이는 많은 사람들의 시간·에너지를 낭비한다. 미국에서만 37억 시간이 매년 교통체증으로 낭비되며, 78억 달러에 해당하는 23억 갤런의 연료가 매년 쓸모없이 사용된다.

IBM은 이런 문제를 해결하기 위한 IT 솔루션·서비스를 제시했다. 이를테면 교통체증이 심각한 스톡홀름에서는, 도시 중심부로 들어오는 차량 번호판을 광학문자판독기로 인식해 시간대별로 혼잡통행료를 다르게 징수하는 방식을 도입하여, 실시간 교통량 통제를 탄력적으로 할 수 있었다. 이를 통해 교통량은 22퍼센트 감소했고 오염물질 배출량도 14퍼센트 감소했으며, 그 영향으로 대중교통 이용자는 4만 명 늘어났다. 이 방식은 싱가포르·교토 등 다른 도시에도 적용되어 각각 수백만 대 이상 차량의 통행에 효율성을 높였다.

주요 고객인 정부나 기관의 관리자는 해당 사회의 문제를 해결하거나 완화하고, 여기에 보통 수반되던 비용도 효과적으로 절감할 수 있었다. IBM의 '스마터 플래닛 이니셔티브Smarter Planet Initiative'는 미국 38개 주에 거주하는 환자 200만 명에게 백신·주사가 정확히 전달되고 있는지를 모니터링하여, 최대 90퍼센트 진료비를 절감하는 프로젝트다. 2010년에 6000곳에서 30억 달러의 매출을 올렸고, 2015년에는 70억 달러의 매출을 기록해 IBM 전체 매출의 7~8퍼센트를 차지할 만큼 중요한 사업부문으로 성장했다. 오늘날 '스마터 플래닛 이니셔티브'는 IBM의 전체 기업성장을 견인하는 사업으로 인식되고 있다.

**더 읽기**

— The Management of Transportation Flow

http://www—03.ibm.com/ibm/history/ibm100/us/en/icons/transportationflow/

## 코카콜라: 콜레티보

코카콜라$^{Coca-Cola}$는 미국 조지아주에 본사를 둔 무알콜음료회사로, '코카콜라' 상품은 오랫동안 세계에서 가장 가치 높은 브랜드였다. 2013년 기준으로 세계 200개국에서 269억 달러의 매출을 내고, 13만 명의 직원을 고용했다. 대표 상품으로는 코카콜라, 다이어트 코크, 코카콜라 체리, 코카콜라 제로 등이 있으며 500여 개 브랜드를 가지고 있다. 코카콜라는 브라질 슬럼에서 살아가는 청소년을 위한 CSV 사업을 추진한 사례가 있다.

브라질은 슬럼이 많고 거기서 살아가는 청소년도 많다. 전 세계적으로 청년실업은 거대한 문제인데 여전히 뾰족한 해답이 없다. 브라질은 그 정도가 심해 15세부터 25세 사이의 청소년 가운데 20퍼센트는 일하지도 공부하지도 훈련받지도 않고 있다. 이는 브라질의 경제발전에 한계를 가져오는 원인이 될 뿐 아니라, 청소년 스스로 자존감이 낮아지는 결과를 낳기도 한다.

이에 코카콜라는 청소년을 위한 교육·훈련 플랫폼 '콜레티보$^{Coletivo}$'를 만들었다. 여기서는 자존감 향상을 위한 교육을 실시하는 한편, 상품 판매·관리 능력을 배양하는 데 초점을 맞춰 훈련 서비스를 제공했다. 2014년 기준으로 브라질 전역에 126개의 콜레티보가 운영되었으며, 참가자의 70퍼센트 이상이 여성이었다. 매년 15세부터 25세 사이의 청소년 5만 명이 교육받았고, 졸업생 가운데 30퍼센트가 6개월 내 취업에 성공했다. 고용된 졸업생은 평균적으로 가정의 소득을 50퍼센트 상승시키는 데 기여했다. 졸업생이 코카콜라의 판매원으로 일할 경우, 콜레티보의 직접적인 수요자에게 더 나은 판매기술과 적절한 상품관리 방법을 제공할 수 있다.

코카콜라는, 콜레티보를 통해 가장 중요한 자산인 브랜드를 강화하는 데 성공했으며 훈련된 판매원들 덕분에 판매액이 늘어난 것으로 보고한 바 있다.

그러나 그 구체적인 수치는 명확하게 공개되지 않았고 실질적인 기여도에 대해서도 여러 논란이 있다. 그 이유는 훈련된 판매기술이 코카콜라의 상품 외에도 다양한 상품(때로는 코카콜라의 경쟁상품)에도 활용되었기 때문이다.

**더 읽기**

— 제조업 CSV #6. 사회문제의 해결과 함께 도약에 성공한 기업들 (2)

http://ibr.kr/3693

— Coca-Cola's Coletivo Empowers 60,000 Youth in Brazil

https://www.sharedvalue.org/groups/coca-colas-coletivo-empowers-60000-youth-brazil

## 아라우코: 공유가치 이니셔티브

아라우코^Arauco는 칠레 기반의 세계적인 펄프·제지 기업으로서, 나무를 심어 관리하고 그 생산물을 가공·판매하거나, 나무를 베어 펄프나 건설자재로 제공하기도 한다. 칠레·아르헨티나·브라질·우루과이·미국·캐나다 등 10개국에서 펄프가공 공장 및 목재제조 공장을 운영하고 있으며, 직원은 직접고용이 1만 5000명, 협력사 간접고용은 2만 7000명에 달한다. 매출액은 2017년 기준 25억 달러를 기록했다. 아라우코의 CSV 사업은 칠레 내 목재 소싱 부문과 신규 공장 런칭 부문에서 시작됐고, 대부분 아라우코가 45년 가까이 유지해온 CSR 활동에서 착안하거나 이를 발전시킨 것이다.

아라우코와 연계된 사회문제는 크게 세 가지였다. 첫 번째는 환경파괴인데, 임업은 본질적으로 나무를 베는 사업이기 때문에 환경적 압력과 문제가 끊임없이 발생한다. 두 번째는 아라우코가 칠레 전체 전력 이용의 4퍼센트를 차지할 정도로 에너지·물 사용량이 매우 높다는 점이다. 마지막으로는 나무를 베어내는 지역의 공동체가 파괴되기도 한다는 점이다. 그 지역은 대개 빈곤한 지역으로, 중등학교 졸업률이 40퍼센트에 못 미치며 실업률은 12~17퍼센트에 이를 만큼 교육·고용 면에서 취약하다.

아라우코는 먼저 나무를 효율적으로 채취하고 가공하는 전문기술자를 양성했다. 기술자들은 더 나은 소득을 얻었고, 기업은 자연을 덜 훼손하면서 나무를 베어 결과적으로 자원 소비를 줄였다. 다음으로 에너지 소비를 줄이고, 풍력에너지를 핵심으로 재생에너지를 생산·자급하려는 노력을 기울였다. 실제로 2010년부터 전기 자급을 넘어 50만 명의 지역주민에게 전력을 판매할 수도 있었다. 마지막으로 직접 조림하고 작목하는 활동에서 나아가, 소규모 나무농장을 소유한 지역주민 또는 공동체와 협력하여 기술을 전수하고 적절한 소득을 확보하도록 하는 '우리는 파트너We are Partners'라는 프로그램을 시작했다.

이를 통해 아라우코는 기업의 확장에 가장 큰 어려움이었던 충분한 나무(특히 유칼립투스) 수급을 이뤘다. 또한 훈련된 기술인력의 수가 많아지고 이직률도 현저히 줄어들어, 투자한 훈련 비용을 넘어선 효과를 봤다. 풍력발전을 기본으로 하는 신재생에너지 생산은 새로운 사업군으로 편성되어 더 많은 수익을 창출할 것으로 기대되고 있다.

### 더 읽기

- Shared Value in Chile (full report by shared value initiative)
- Increasing Private Sector Competitiveness by Solving Social Problems
- 2017 Arauco Sustainability Report

## 다우케미칼: 솔루셔니즘

다우케미칼<sup>Dow Chemical</sup>은 독일의 바스프와 수위를 다투는 미국의 거대 화학 기업이다. 플라스틱, 기능성 화학 제품, 석유화학 제품, 코팅재 및 건축자재, 정밀화학 제품이 주요 상품이며, 2013년 기준으로 571억 달러의 매출을 달성했다. 세계 160개국에 진출했고 직원 수는 5만 4000명을 넘는다. 다우케미칼의 CSV 사업은 식용기름을 다루는 사업부에서 팜유를 대체하기 위한 연구를 하며 시작됐다.

맥도날드 등 패스트푸드기업, 아시아의 라면 생산기업 등은 보통 저렴한 팜유나 저급 대두유로 식품을 조리한다. 그런데 근 수년간 이들 기름의 두 가지 문제가 대두됐다. 하나는 비만 등 성인병과 암을 유발한다고 하는 트랜스지방·포화지방산이 많아 인체에 해롭다는 것이다. 다른 하나는 기름을 생산하는 농민의 소득이 낮아 빈곤을 지속적으로 악화시킨다는 것이다.

다우케미칼은 연구개발 전통인 '솔루셔니즘<sup>Solutionism</sup>' 철학을 바탕으로 트랜스지방이 적고 심장에 좋은, 오메가9이 강화된 카놀라유·해바라기씨유를 개발했다. 이를 통해 미국에서만 6억 톤의 트랜스지방 감소 효과가 있었다. 또한 대두유를 생산하는 농가가 해바라기씨유를 생산할 수 있도록 발전된 기술을 이전하여 헥타르당 생산성을 두 배로 늘리는 데 성공했다. 한편 다우케미칼의 해바라기씨유를 사용하는 패스트푸드는 '정크푸드'라는 오명에서 어느 정도 벗어날 수 있었다. 또한 기존의 기름보다 보존기간이 길기 때문에 여러 장점이 있었다.

카놀라유·해바라기씨유는 2012년 기준으로 다우케미칼의 매출에 가장 크게 기여한 단일 상품으로서 7억 달러 수준을 기록했고, 이전보다 월등하게 상승한 80퍼센트의 시장점유율을 보였다.

**더 읽기**

— THE HISTORY OF OMEGA—9 OILS

http://www.omega—9oils.com/about/

— Dow Electronic Materials Wins Texas Instruments' 2013 Supplier Excellence Award

https://www.dow.com/en—us/news/press—releases/Dow퍼센트20Electronic퍼센트20Materials퍼센트20Wins퍼센트20Texas퍼센트20Instruments퍼센트202013퍼센트20Supplier퍼센트20Excellence퍼센트20Award

## 트리오도스은행: 전사적 CSV

트리오도스은행Triodos Bank은 네덜란드에 본사를 두고 유럽 5개국에서 활동하고 있는 지속가능성 은행이다. 1980년부터 재생에너지를 시작으로 친환경 유기농·주택공급·소액금융·예술기획·공정무역 등 윤리적 사업에 투자하고 있다. 세계 43개국에서 740만 명 이상의 고객을 확보하고 있으며, 2013년 기준 1억 7000만 달러의 매출을 올렸다. 트리오도스은행은 전 기업의 수준에서 모든 사업부문에 CSV 전략을 사용하고 있다.

금융은 현대사회에서 가장 중요한 도구이자 기반이다. 금융을 통해 자금이 투입되는 곳에서 다양한 성과가 도출되고 관심이 집중되는 것은 당연하다. 그런데 사회에 악영향을 끼치는 회사·조직에 자금을 제공하지 말자는 '윤리적 투자' 운동은 오래됐지만, 사회적으로 긍정적인 영향을 끼치거나 문제를 해결하려는 조직이 쉽게 금융에 접근하도록 하는 경우는 매우 적었다. 후자의 사례가 있더라도 자선적인 관점에서만 진행되어, 지속가능성을 담보하는 데 분명 한계가 있었다.

트리오도스은행은 사회·환경에 도움이 되는 조직에 금융을 제공하기 위해 사업을 진행하는 은행이다. 2012년 기준으로 예금 또는 펀드에 가입한 44만 명가량의 고객의 돈으로 수백 개의 조직에 돈을 빌려주고 있다. 그 조직들은 공정무역업체, 유기농 농장, 문화예술사업체, 재생에너지사업체, 사회적 기업 등으로 사회문제 해결을 위해 적극적인 금융 서비스를 제공받는다. 그 덕분에 충분한 규모의 성장을 경험하고 사회문제 해결 서비스를 규모 있게 제공할 수 있다.

예를 들어 트리오도스은행이 처음 그린펀드 등을 조성해 신재생에너지 조직에 대출을 진행했을 때만 해도, 해당 영역은 일반적으로 금융을 사용할 수 없는 대안에너지 시장이었다. 그러나 지금은 일반적인 금융사에서도 여러 방식으로 자금을 지원하는 일반 시장에 편입되었고, 해당 기업은 환경오염을 경감하고 에너지 소비를 절감하는 역할을 상당히 해내고 있다. 돈을 맡기는 사람에게는 긍정적인 산업군에 기여할 기회를 제공하면서, 일반 은행에 비해 돈의 사용처를 명확히 알 수 있는 권한을 준다. 돈을 사용하는 조직으로서는 일반 금융에서 자금을 융통하기 어려운 면이 있는데, 트리오도스은행을 통해 금융 접근성을 확보할 수 있다.

트리오도스 은행은 경제위기 이후 거의 유일하게 성장하고 있는 금융조직이다. 2013년 기준으로 1억 7000만 달러의 매출과 2700만 달러의 이익을 남겼으며, 2012년 기준 56억 달러 수준의 재무상태를 보이고 있다.

### 더 읽기
– 박희원, "해외 사회적 은행 사례 분석: 트리오도스 은행", 'Weekly KDB Report', 2017.9.25
– 은행은 태생적으로 사회적일 수 있다 '트리오도스 은행'
http://www.mediasr.co.kr/news/articleView.html?idxno=38044
– '착한 은행' 트리오도스 성장 비결은
http://news.chosun.com/site/data/html_dir/2013/07/08/2013070802151.html

부록 2.

## CSV 관련 조직과 행사

CSV는 여러 기관·조직의 협업을 통해 발전하고 있다. 오늘날 CSV에 주목하는 다양한 분야 종사자의 이해를 돕기 위해, CSV 전략과 직간접적으로 연관된 주요 조직과 행사를 소개한다.

## 주요 조직

### CASPIAN AGENCY
대표: Heather Mason
설립: 2005
분야: CSR 컨설팅
본사: 미국(LA)
웹사이트: http://www.caspianagency.com

### COMPARTAMOS CON COLMBIA
대표: Jose Alejandro Torres
설립: 2001
분야: CSV 컨설팅
본사: 콜롬비아
웹사이트: http://compartamos.org

### CRE-EN
대표: Ayako Sonoda
설립: 1988
분야: CSR 컨설팅, 리포트 개발
본사: 일본(도쿄)
웹사이트: http://www.cre-en.jp

### CSR ASIA
의장: Richard Welford
설립: 2004
분야: CSR 컨설팅, 지속가능경영 연구, 네트워크 운영
본사: 홍콩
웹사이트: http://www.csr-asia.com

### ELLIS JONES CONSULTING
대표: Ellis Jones
설립: 2012
분야: CSV 컨설팅, 지속가능성 연구, IT 콘텐츠 개발
본사: 호주(멜버른)
웹사이트: http://www.ellisjones.com.au

### ENOVATING LAB
대표: Jon Azua
설립: 2003
분야: CSV 컨설팅, 비영리 컨설팅
본사: 스페인(빌바오)
웹사이트: http://www.enovatinglab.com

### E-SQUARE
대표: Hiro Motoki
설립: 2000
분야: 임팩트 평가, CSR 컨설팅, CSV 컨설팅
본사: 일본(도쿄)
웹사이트: http://www.e-squareinc.com

### FSG
설립자: Michael E. Porter, Mark Kramer
설립: 2000
분야: 재단, CSV, 콜렉티브 임팩트 연구 및 컨설팅
본사: 미국(보스턴)
웹사이트: www.fsg.org

### FUNDES
대표: Stephan Schmidheiny
설립: 1984
분야: 대기업, 정부 동반 중소기업 성장 지원

본사: 코스타리카

웹사이트: http://fundes.org

## G:ENESIS

대표: Stephan Malherbe

설립: 1998

분야: 임팩트 평가, 콜렉티브 임팩트, CSV 컨설팅

본사: 남아프리카공화국(요하네스버그)

웹사이트: https://www.genesis-analytics.com

## IMPACT ASSETS

대표: Timothy Freundlich

설립: 2010

분야: 임팩트투자, 투자자문

본사: 미국(워싱턴)

웹사이트: http://www.impactassets.org

## IMPACT SQUARE

대표: 도현명

설립: 2010

분야: CSV 컨설팅, 소셜임팩트 평가, 소셜벤처 엑셀러레이팅

본사: 대한민국(서울)

웹사이트: https://www.impactsquare.com

## KJAER ADVICE

대표: Louise Kjaer

설립: 2014

분야: 콜렉티브 임팩트, CSV 컨설팅

본사: 덴마크(코펜하겐)

웹사이트: http://kjaeradvice.com

## LOTUS CONSULTING

대표: Elizabeth Walker Sobhani

설립: 2010

분야: 비영리 컨설팅, CSV 컨설팅

본사: 중국(베이징)

웹사이트: http://www.lotusconsultingasia.com

## PALLADIUM

대표: Kim Bredhauer

설립: 1965

분야: 콜렉티브 임팩트, 임팩트 투자

본사: 런던·워싱턴 등 10개 도시의 6개 조직 연합체

웹사이트: http://thepalladiumgroup.com

## PROFITAS

대표: Sebastian Hurtado

설립: 2004

분야: 정책, 경제 환경 분석

본사: 에콰도르(키토)

웹사이트: http://www.profitas.com

## PURE CONSULTING

대표: Geir Gustav Hantveit

설립: 2009

분야: CSR 컨설팅, 마케팅, PR

본사: 노르웨이

웹사이트: http://pure.prod.dinamo.in/

## SCS CONSULTING

대표: Michael Shandler

설립: 2001

분야: 경영전략 컨설팅, 지속가능성 평가

본사: 이탈리아(볼로냐)

웹사이트: http://www.scsconsulting.it

## SHARED VALUE INITIATIVE

대표: Lauren A. Smith & Greg Hills (Co-CEO)

설립: 2012

분야: CSV 연구, CSV 컨퍼런스, CSV 네트워크

본사: 미국(보스턴)

웹사이트: www.sharedvalue.org

비고: FSG의 CSV 전문 자회사에 해당

## SOCIAL VALUE INSTITUTE

대표: Hernando Aguilera

설립: 2010

분야: 임팩트 관리, 소셜임팩트 컨설팅

본사: 멕시코

웹사이트: http://www.svalue.org

## SOCIAL VALUE UK

대표: Richard Kennedy

설립: 2009

분야: 임팩트 평가, 네트워크 운영

본사: 영국

웹사이트: http://www.socialvalueuk.org

## TPI

대표: Darian Stibbe(Executive Director)

설립: 2003

분야: CSV, 콜렉티브 임팩트(파트너링) 컨설팅

본사: 영국(옥스퍼드)

웹사이트: https://thepartneringinitiative.org

주요 행사

## ASIA SUSTAINABILITY REPORTING SUMMIT

주최: CSRWorks

시작: 2015

주제: CSR, 리포팅

장소: 싱가포르

웹사이트: https://csrworks.com/summit

## COLLECTIVE IMPACT FORUM

주최: FSG/Aspen Institute Forum for Community Solutions

시작: 2013

주제: Collective Impact

장소: 북아메리카 · 아프리카

웹사이트: https://www.collectiveimpactforum.org

## CREATING SHARED VALUE FORUM

주최: Nestle

시작: 2009

주제: CSV(물 · 영양 · 지역개발)

장소: 매년 변경

웹사이트: https://www.nestle.com/media/mediaeventscalendar/allevents/creating-shared-value-forum-2018

## CSV 포럼

주최: 산업통상자원부(산업정책연구원 운영)

시작: 2013

주제: CSV, 지속가능성

장소: 대한민국(서울)

웹사이트: http://csvplatform.net

## ENGAGE FOR GOOD

주최: Engage For Good

시작: 2002

주제: 코즈 마케팅

장소: 미국(뉴욕)

웹사이트: https://engageforgood.com

## RESPONSIBLE BUSINESS FORUM ON SUSTAINABLE DEVELOPMENT

주최: Global Initiatives

시작: 2013

주제: CSV

장소: 싱가포르

웹사이트: http://www.responsiblebusiness.com

## SDG BUSINESS FORUM

주최: ICC, UN DESA, UNGC

시작: 2016

주제: SDG

장소: 미국(뉴욕)

웹사이트 www.sdgbusinessforum.org

## SHARED VALUE LEADERSHIP SUMMIT

주최: Shared Value Initiative

시작: 2011

주제: CSV

장소: 미국(뉴욕)

웹사이트: https://summit.sharedvalue.org

## SHARED VALUE SUMMIT ASIA PACIFIC

주최: Shared Value Project

시작: 2011

주제: CSV

장소: 호주(멜버른)

웹사이트: https://svsummitapac.org

## SUSTAINABLE BRANDS

주최: Sustainable Life Media

시작: 2007

주제: 지속가능성, 브랜드, 임팩트 측정

장소: 미국을 중심으로 전 세계에서 지역 행사 개최

웹사이트: http://www.sustainablebrands.com

# 참고문헌

## 1장

문상호, 주선영. 2013. "나이키의 아동노동착취 소비자 불매운동 이어져." 조선일보. (http://news.chosun.com/site/data/html_dir/2013/05/27/2013052701918.html).

Brundtland, Gro H. 1987. "Report of the World Commission on Environment and Development: Our common future." United Nations.

Clark, John M. 1916. "The Changing Basis of Economic Responsibility." Journal of Political Economy. 24(3): 209-229.

Drucker, Peter. 1942. The Future of Industrial Man: A Conservative Approach. New York: The John Day Company.

Drucker, Peter. 1990. Managing the Non-Profit Organization: Principles and Practices. Oxford: Butterworth-Heinemann. (비영리단체의 경영)

Furtado, Peter. 2008. 1001 Days That Shaped the World. B.E.S. Publishing.

Porter, Michael E. 1985. Competitive Advantage. New York: Free Press.

Porter, Michael E. 1987. "From Competitive Advantage to Corporate Strategy." Harvard Business Review. 65 (3): 2-21.

Porter, Michael E. 1996. "What is Strategy?" Harvard Business Review. 74(6): 61-78. (전략이란 무엇인가)

Porter, Michael E. 1990, "The Competitive Advantage of Nations." Harvard Business Review. 68(2): 73-93.

Goyder, George. 1961. The Responsible Company. Blackwell.

Porter, Michael E. and Mark R. Kramer. 1999. "Philanthropy's New Agenda: Creating Value." Harvard Business Review. 77(6): 121-130.

Porter, Michael E. and Mark R. Kramer. 2002. "The Competitive Advantage of Corporate Philanthropy." Harvard Business Review. 80(12): 56-69.

Porter, Michael E. and Mark R. Kramer. 2006. "Strategy and Society: The Link between Competitive Advantage and Corporate Social Responsibility." Harvard Business Review. 84(12): 78-92.

Porter, Michael E. and Mark R. Kramer. 2011. "The Big Idea: Creating Shared Value." Harvard Business Review. 89(1/2): 62-77.

Sparkes, Russell. 2002. Socially Responsible Investment: A Global Revolution. John Wiley & Sons, Inc.

Taylor, Alan. 2014. "The Exxon Valdez Oil Spill: 25 Years Ago Today." The Atlantic. (https://www.theatlantic.com/photo/2014/03/the-exxon-valdez-oil-spill-25-years-ago-today/100703).

**2장**

김태영. 2012. "지역클러스터, 샘솟는 창업분위기가 생명줄." Dong-A Business Review. 108: 84-89.

Porter, Michael E. 1979. "How Competitive Forces Shape Strategy." Harvard Business Review. 57(2): 137-145.

Porter, Michael E. 1985. Competitive Advantage. New York: Free Press.

Porter, Michael E. 1987. "From Competitive Advantage to Corporate Strategy." Harvard Business Review. 65(3): 2-21.

Porter, Michael E. 1990. "The Competitive Advantage of Nations." Harvard Business Review 68(2): 73-93.

Porter, Michael E. 1996. "What is Strategy?" Harvard Business Review. 74(6): 61-78. (전략이란 무엇인가)

Porter, Michael E. 1998. "Clusters and the New Economics of Competition." Harvard Business Review. 76(6): 77-90. (클러스터와 경쟁의 신 경제학)

Porter, Michael E. 2008. "The Five Competitive Forces that shape Strategy" Harvard Business Review. 86(1): 79-93.

Porter, Michael E. and Mark R. Kramer. 1999. "Philanthropy's New Agenda: Creating Value." Harvard Business Review. 77(6): 121-130. (자선의 새로운 어젠다: 가치 창출)

Porter, Michael E. and Mark R. Kramer. 2002. "The Competitive Advantage of Corporate Philanthropy." Harvard Business Review. 80(12): 56-69. (기업 자선활동의 경쟁 우위)

Porter, Michael E. and Mark R. Kramer. 2006. "Strategy and Society: The Link between Competitive Advantage and Corporate Social Responsibility." Harvard Business Review 84(12): 78-92. (전략과 사회: 경쟁우위와 기업 의 사회적 책임의 연결고리)

Porter, Michael E. and Mark R. Kramer. 2011. "The Big Idea: Creating Shared Value." Harvard Business Review 89(1/2): 62-77. (빅 아이디어: 공유가치창출)

## 3장

김태영. 2013. "CSV: 진짜 목표인가, 세탁용인가?" Dong-A Business Review. 131: 46-51.

김태영. 도현명. 2013. "한 켤레 팔면 한 켤레 기부 탐스슈즈는 CSR기업 or CSV기업?" Dong-A Business Review. 137: 112-114.

CJ. 2018. "CJ제일제당 CSV 사업, 국제 사회서 모범 사례로 조명." CJ. http://images. cj.net/cj_now/view.asp?bs_seq=14080&schBsTp=3&schTxt=표

Centers for Disease Control and Prevention website. 2019. "Micronutrient Facts," http://www.cdc.gov/immpact/ micronutrients/.

DuBois, Shelley. 2011. "Nestlé's Brabeck: We have a "huge advantage" over big pharma in creating medical foods", CNN Money.

Nestlé. 2019. https://www.nestle.com/stories/maggi-cubes-fortified-foods-vitamins-iron-anaemia.

Porter, Michael, Mark Kramer, Kerry Herman, and Sarah McAra. 2017. "Nestlé's Creating Value Strategy." Harvard Business School.

Porter, Michael E. and Mark R. Kramer. 1999. "Philanthropy's New Agenda: Creating Value." Harvard Business Review. 77(6): 121-130. (자선의 새로운 어젠다: 가치 창출)

Porter, Michael E. and Mark R. Kramer. 2002. "The Competitive Advantage of Corporate Philanthropy." Harvard Business Review. 80(12): 56-69. (기업 자선활동의 경쟁 우위)

Porter, Michael E. and Mark R. Kramer. 2006. "Strategy and Society: The Link between Competitive Advantage and Corporate Social Responsibility." Harvard Business Review 84(12): 78-92. (전략과 사회: 경쟁우위와 기업 의 사회적 책임의 연결고리)

Porter, Michael E. 1996. "What is Strategy?" Harvard Business Review. 74(6): 61-78. (전략이란 무엇인가)

Porter, Michael E. 2008. "The Five Competitive Forces that shape Strategy." Harvard Business Review. 86(1): 79-93. (전략에 영향을 주는 다섯 가지 경쟁요소)

Porter, Michael E. 1998. "Clusters and the New Economics of Competition." Harvard Business Review. 76(6): 77-90. (클러스터와 경쟁의 신경제학)

Porter, Michael E. and Mark R. Kramer. 2011. "The Big Idea: Creating Shared Value." Harvard Business Review 89(1/2): 62-77. (빅 아이디어: 공유가치창출)

Prahalad, Coimbatore K. and Stuart L. Hart. 2002. "The fortune at the bottom of the pyramid." Strategy+Business, 26 (First Quarter 2002): 1-14.

Shared Value Initiative, "Nestlé Reformulates Products to Improve Nutrition", accessed May 10th (https://www.sharedvalue.org/groups/nestle-reformulates-products-improve-nutrition)

## 4장. 혁신

김태영. 2012. "CSV는 자본주의 그 자체, 한단계 높은 이윤을 준다." Dong-A Business Review. 96: 46-51.

김태영. 전희종. 2014. "지속혁신의 함정, CSV로 돌파하라." Dong-A Business Review. 145: 44-53.

Bartlett, Christopher A., Brian J. Hall, Nicole Bennett. 2007. "GE's Imagination Breakthroughs: The Evo Project." Harvard Business School Case 907-048.

Bartlett, Christopher and Paul Beamish. 2018. Transnational Management: Text and Cases in Cross-Border Management. Cambridge University Press.

Brady, Diane. 2005. "The Immelt Revolution." BusinessWeek Online. (https://www.bloomberg.com/news/articles/2005-03-27/the-immelt-revolution).

Christensen, Clayton. 1997. The Innovator's Dilemma. Harvard Business Review Press. General Electric Company. 2011. The General Electric Company Annual Report 2000 - 2011. (http://www.annualreports.com/Company/general-electric).

GE Transportation Ecomagination products brochure. 2005. "GE's Evolution Series

Locomotive". GE Transportation.

Hawken, Paul. 1993. The Ecology of Commerce: A Declaration of Sustainability. New York: Harper-Business.

Jarvis, Patrick. 2006. "General Electric Signs Contract to Supply 310 Evolution Series(R) Locomotives to Kazakhstan." GE imagination at work. (https://www.genewsroom.com/press-releases/general-electric-signs-contract-to-supply-310-evolution-seriesr-locomotives-to-kazakhstan-251842).

Laney, Karen and Michael Anderson. 2011. "Rolling Stock: Locomotives and Rail Cars." United States International Trade Commission. Control No. 2011001.

Lustig, David. 2006. "US Loco Market Still a Two-horse Race." Railway Gazette. (https://www.railwaygazette.com/news/single-view/view/us-loco-market-still-a-two-horse-race.html)

Middleton, William D., George M. Smerk, Roberta L. Diehl. 2007. "Encyclopedia of North American Railroads." Indiana University Press.

Schonefeld, Erick. 2004. "GE Sees the Light by Learning to Manage Innovation, Jeffrey Immelt is Remaking America's Flagship Industrial Corporation into a Technology and Marketing Powerhouse." Business 2.0.

**5장. 조직**

김태영. 2012. "CSV는 자본주의 그 자체, 한단계 높은 이윤을 준다." Dong-A Business Review. 96: 46-51.

김태영, 이동엽. 2019. "조직혁신 없는 공유가치 창출은 불가능." Dong-A Business Review. 296: 88-108

Anderson, Ray. 1998. Mid-Course Correction, toward a Sustainable Enterprise: The Interface Model. Atlanta: The Peregrinzilla Press.

Anderson, Ray. 2009. "Ray Anderson: The business logic of sustainability." TED.

Blackford, Blakely. 2013. "Counting to zero: Interface INC. GEARS UP FOR 2020." Working paper.

Crowley, Katie, Pat Hurley, Marty Schneider, and Jared Singer. 2010. "Life Cycle

Analysis of Interface's Bentley Prince Street Carpet vs Traditional Carpets." Sustainability Science.

DuBose, Jennifer. 2000. "Sustainability and Performance at Interface, Inc." Interfaces. 30:190-201.

Hannan, Michael. T. and Freeman, John. 1984. "Structural Inertia and Organizational Change." American Sociological Review. 49(2): 149-164.

Hawken, Paul. 1993. The Ecology of Commerce: A Declaration of Sustainability. New York: Harper-Business.

Interface Global. 1997. "Interface sustainability report 1997." Interface Research Corporation.

Interface, 2012. "EcoMetrics® and SocioMetrics™ at the Core of Tracking Interface, Inc.'s The Advancement toward Sustainability." Interface.

Interface, 1994-2014. "Annual Report." Interface.

Interface, 2014. "2014 Annual Report." Interface.

Kinkead, Gwen and Eileen P. Gunn. 1999. "In the Future, People Like Me Will Go to Jail Ray Anderson is on a mission to clean up American businesses-starting with his own. Can a Georgia carpet mogul save the planet?" Fortune Magazine.

Lennon, Mark. 2005. "Recycling construction and demolition wastes: A Guide for Architects and Contractors." The Institution Recycling Network.

McDonough, William and Michael Braungart. 2010. Cradle to cradle: Remaking the way we make things. North point press.

The Natural Step. 2013. "The Journey of a Lifetime." The Natural Step.

Ouimet, Claude. 2008. "Interface Sustainability Programs," InterfaceFLOR Commercial.

Porter, Michael E. and Mark R. Kramer. 2011. "The Big Idea: Creating Shared Value." Harvard Business Review 89(1/2): 62-77. (빅 아이디어: 공유가치창출)

Rosenberg, Beth and ScD MPH. 2005. "Case study of Interface Carpet and Fabric Company." Dept. of Public Health and Family Medicine, Tufts University School of Medicine.

Rothaermel, Frank T. and Michael Janovec. 2010. "InterfaceRAISE (in 2010): Raising the Bar in Sustainability Consulting," McGrawHill Education.

Rouse, William B. 2006. Enterprise Transformation. Wiley, Inc.

## 6장

김태영. 2016. "'열정'과 '냉정' 사이에서 - 딜라이트의 비즈니스 모델." Asan Entrepreneurship Review. 2(4): 1-31.

김태영, 이동엽. 2019. "조직혁신 없는 공유가치 창출은 불가능." Dong-A Business Review. 296: 88-108

민승재, 박동천. 2011. "CSV 실행, 10단계 전략프레임 활용하라." Dong-A Business Review. 94: 24-28.

Assadourian, Erik. 2010. "State of the World: Transforming Cultures from Consumerism to Sustainability." The Worldwatch Institution.

Bockstette, Valerie and Mike Stamp. 2011. "Creating Shared Value: A How-to Guide for the New Corporate (R)evolution," FSG.

Cemex. 2015. "Patrimonio Hoy: A Home for Everyone." Cemex. (https://www.cemex.com/-/patrimonio-hoy-a-home-for-everyone).

Grameenphone. 2016. "Welcome to A World Unbound Annual Report 2016." Grameenphone Ltd. IBR Editor. 2012. "재무적 가치를 넘어선 새로운 가치를 측정하다: 서울에서 다시 만난 SVT Group의 Sara Olsen과 임팩트스퀘어" Impact Business Review. (http://ibr.kr/785).

Impact Management Project. 2019. "About." (https://impactmanagementproject.com/about/).

Impact Reporting and Investment Standards. 2019. "About IRIS." (https://iris.thegiin.org/about-iris).

Kim, Tai-Young and Yoo-Jin Lee. 2016. "Revitalizing a Village." Stanford Social Innovation Review. Winter: 13-14.

Kania, John and Mark Kramer. 2011. "Collective Impact." Stanford Social Innovation Review. Winter: 36-41.

Nestlé. 2019. "Better Farming." Nestlé Cocoa Plan. (http://www.nestlecocoaplan.com).

SK하이닉스 지속경영추진 지속경영기획팀. 2018. "SK하이닉스 지속가능경영보고서 2018." SK 하이닉스.

Strive Together. "Our approach." Strive Together. (https://www.strivetogether.org/our-approach).

Superbin. 2019. "Possibility 수퍼빈의 무한한 가능성." Superbin. (http://www.superbin.co.kr/new/contents/product.php)

W.K. Kellogg Foundation Evaluation Unit. 2004. Evaluation Handbook: Philosophy and Expectations. W.K. Kellogg Foundation.

Porter, Michael E., Greg Hills, Marc Pfitzer, Sonja Patscheke, and Elizabeth Hawkins. 2011. "Measuring Shared Value: How to Unlock Value by Linking Social and Business Results." FSG.

**7장**

김태영. 2012. "CSV는 자본주의 그 자체, 한단계 높은 이윤을 준다." Dong-A Business Review. 96: 46-51.

Annan, Kofi. 2005. Meeting on "The Business Contribution to the Millennium Development Goals." Paris, France.

Burke, Lee and Jeanne M. Logsdon. 1996. "How corporate social responsibility pays off." Long range planning. 29(4): 495-502.

Crane, Andrew, Guido Palazzo, Laura J Spence, and Dirk Matten. 2014. Contesting the Value of "Creating Shared Value." California Management Review. 56(2): 130-153.

Drucker, Peter F. 1984. "The New Meaning of Corporate Social Responsibility." California Management Review XXVI (Winter): 53-63.

Elkington, John. 1994. "Towards the Sustainable Corporation: Win-Win-Win Business Strategies for Sustainable Development." California Management Review. 36(2): 90-100.

Friedman, Milton. 1970. "The Social Responsibility of Business is to Increase its

Profits." New York Times Magazine.

Hawken, Paul. 1993. The Ecology of Commerce: A Declaration of Sustainability. New York: Harper-Business.

ISO. 2010. ISO 26000: 2010, Guidance on social responsibility. (https://www.iso.org/standard/42546.html).

Kanter, Rosabeth M. 1988. "When a thousand flowers bloom: Structural, collective, and social conditions for innovation in organizations." Knowledge Management and Organisational Design. 10: 93-131.

Levitt, Theodore. 1960. "Marketing Myopia". Harvard Business Review. 38(4): 45-56.

Mackey, John and R. Sisodia. 2013. Conscious Capitalism: Liberating the Heroic Spirit of Business. Boston, MA: Harvard Business Review Press.

Porter, Michael E. and Mark R. Kramer. 2011. "The Big Idea: Creating Shared Value." Harvard Business Review 89(1/2): 62-77. (빅 아이디어: 공유가치창출)

Prahalad, Coimbatore K. and Stuart L. Hart. 2002. "The fortune at the bottom of the pyramid." Strategy+Business, 26(1): 1-14.

Savitz, Andrew W. and Karl Weber. 2006. The Triple Bottom Line: How Today's Best-Run Companies Are Achieving Economic, Social, and Environmental Success-and How You Can Too. San Francisco, CA: Jossey Bass.

Schwerin, David. 1998. Conscious Capitalism: Principles for Prosperity. Boston, MA: Butterworth-Heinemann.

Staw, Barry. M. and Lisa D. Epstein. 2000. "What bandwagons bring: Effects of popular management techniques on corporate performance, reputation, and CEO pay." Administrative Science Quarterly. 45(3), 523-556.

경쟁 없이 지속가능한 시장을 창조하는 CSV 전략

# 넥스트 챔피언

**초판 1쇄 발행** 2019년 5월 27일
**초판 4쇄 발행** 2020년 12월 3일

**지은이** 김태영 도현명
**펴낸이** 유정연

**책임편집** 신성식 **기획편집** 장보금 조현주 김수진 김경애 백지선 **디자인** 안수진 김소진
**마케팅** 임충진 임우열 이다영 박중혁 **제작** 임정호 **경영지원** 박소영

**펴낸곳** 흐름출판(주) **출판등록** 제313-2003-199호(2003년 5월 28일)
**주소** 서울시 마포구 월드컵북로5길 48-9(서교동)
**전화** (02)325-4944 **팩스** (02)325-4945 **이메일** book@hbooks.co.kr
**홈페이지** http://www.hbooks.co.kr **블로그** blog.naver.com/nextwave7
**출력·인쇄·제본** (주)현문 **용지** 월드페이퍼(주) **후가공** (주)이지앤비(특허 제10-1081185호)

ISBN 978-89-6596-322-6 03320

이 도서의 국립중앙도서관 출판예정도서목록(CIP)은 서지정보유통지원시스템 홈페이지(http://seoji.nl.go.kr)와 국가자료공동목록시스템(http://www.nl.go.kr/kolisnet)에서 이용하실 수 있습니다.(CIP제어번호: CIP2019018031)